KB062877

일복 같은 소리

일복 같은 소리
투명한 노동자들의 노필터 일 이야기

초판 1쇄 펴낸날 2023년 5월 1일

기획 한국비정규노동센터
지은이 비정규직 노동자 44인
펴낸이 이건복
펴낸곳 도서출판 동녘

책임편집 정경윤
편집 구형민 김다정 이지원 김혜윤 홍주은
마케팅 임세현
관리 서숙희 이주원

등록 제311-1980-01호 1980년 3월 25일
주소 (10881) 경기도 파주시 회동길 77-26
전화 영업 031-955-3000 편집 031-955-3005 **전송** 031-955-3009
블로그 www.dongnyok.com **전자우편** editor@dongnyok.com
페이스북·인스타그램 @dongnyokpub
인쇄·제본 영신사 **라미네이팅** 북웨어 **종이** 한서지업사

ⓒ 한국비정규노동센터, 2023
ISBN 978-89-7297-086-6 (03300)

한국비정규노동센터 기획
비정규직 노동자 44인 지음

일복 같은 소리

투명한 노동자들의 노필터 일 이야기

동녘

굴뚝에 오르기 전 그들은
어떻게 살고 있었을까

비정규직 문제가 사회적 관심을 끌기 시작한 것은 1997~1998년 외환위기와 뒤이은 경제위기를 거치면서다. 비정규직 문제는 한국 사회에서 양극화의 주범으로 지목되며 주요 정치적 의제가 되었고, 2003년 출범한 노무현 정부하에서는 비정규직 보호를 위한 관계법의 제정·개정을 둘러싸고 열여섯 차례에 걸쳐 진행된 민주노총의 비정규직 권리입법 요구 총파업 투쟁과 함께 사회갈등의 핵심으로 부각되기도 했다.

비정규직 문제의 실태와 해결, 정책 대안을 둘러싼 논의가 난무하는 가운데 온갖 정치인들, 전문가들, 자본가들과 경영단체 간부들, 그리고 노조 간부들이 목소리를 높였지만, 비정규직 노동자들의 목소리를 들을 수 있는 기회는 흔치 않았다. 비정규직 노동자들은 곡기를 끊고 굴뚝에 올라가고 목숨을 걸어야 언론에 몇 줄 단신 기사로 나올 수 있었다. 그나마 핏발 선 요구 조건을 알리는 데 그쳤고, 그들이 왜 곡기를 끊어야 했는지, 굴뚝에 올라가기 전엔 어떻게 살고 있었는지, 목숨을 걸어야 할 절박함으로 내몰린 그들의 마음은 어떠했는지 우리는 들을 수 없었다.

비정규직 노동자들이 자신들의 이야기를 하며 소통하는 공간이 필요하다는 공감대는 일찍부터 형성되어 있었다. 비정규직 가운데 노동조합으로 조직된 노동자들은 노동조합을 통해 소통하고 목소리를 낼 수 있지만, 노동조합 밖의 미조직 비정규직은 어디 하소연할 곳도 찾을 수 없기 때문이다.

2010년 한국비정규노동센터는 10주년을 맞아 비정규직 노동자들의 글쓰기를 독려하는 사업을 기획하기 시작했다. 과거의 비정규직 글쓰기 관련 사업 경험을 살려 2010년 비정규직 글쓰기 교실을 시작했고, 이듬해 아름다운재단의 지원을 받아 글쓰기 교실 수강자들을 중심으로 글쓰기 모임 '쉼표하나'를 결성해 운영했다. 이렇게 모아진 동력으로 2011년에는 '비정규노동 수기 공모전'을 시작할 수 있었다.

수기 공모전은 문학상 경쟁이 아니다. 글쓴이의 맛깔나는 글 솜씨나 수려한 문장력, 뛰어난 문학적 감수성을 뽐내는 자리가 아니다. 비정규직 노동자들이 자신들의 삶을 기록하고, 그 속에 자신의 경험과 생각과 느낌을 담아 풀어내는 공간이다. 비정규직 노동자들이 생산현장과 생활세계에서 일상적으로 겪는 고단함, 고달픔, 피곤함은 물론 약간의 보람과 마음의 여유를 담아내면 된다. 넋두리나 신세타령만을 늘어놓아서도 안 되겠지만, 거창한 논리와 엄선된 통계 수치로 정교한 정책 대안을 제시할 필요도 없다. 자신들의 살아가는 이야기를 진솔하게 기록해 들려주면 된다.

비정규직 노동자 한 분 한 분의 이야기가 모이면 우리 사회의 기록이 되고, 우리 시대의 기록이 된다. 비정규직 노동자들의 글쓰기 작업은 결과물로 공유되는 이야기들을 통해 서로의 경험을 공유하고, 우리 사회의 구조적 실패를 함께 아파하고, 서로에게 위로가 되고, 자신의 자존감을 되찾을 수 있게 한다. 그렇게 글쓰기 작업은 비정규직 노동자들을 하나로 묶어내는 힘이 있다. 그뿐 아니라 방관자적 시민들에게 때로는 불편한 죄책감을 안겨주기도 하지만 때로는 가슴속 울림과 함께 감동을 주기도 한다. 이는 좀 더 나은 사회로 나아갈 수 있게 하는 움직임의 불씨가 된다.

수기 공모전에 제출된 비정규직 이야기들은 참으로 다양하다. 직종으로 보면 학교 교무행정 비정규직 노동자, 학교 급식 노동자, 방과후 강사, 학습지 교사, 방송 구성작가, 콜센터 상담원, 퀵서비스 노동자, 택배 노동자, 조선소 도장공, 인터넷 설치기사, 돌봄 노동자, 마트 노동자, 알바 노동자 등 없는 게 없다. 고용 형태별로는 기간제, 간접고용, 초단시간, 특수고용 등 다양한 비정규직 고용 형태를 망라하고, 연령대로 보면 청년 알바에서 노인 일자리 참여자까지 남녀노소 골고루 분포되어 있다.

수기 집필자의 다양성은 비정규직이 사회 구석구석을 놓치지 않고 빼곡 채우는, 우리 사회의 보편적 현상으로 존재한다는 의미다. 노동시장에서 비정규직 노동자는 임금노동자의 절반을 넘는다. 따라서 비정규직 노동자의 삶에 상처를 내고 아픔을 주는 것은 노동자와 그의 가정은 물론 그가 속한 공동체의 안정성과 통합까지 훼손한다는 뜻인데, 우리 사회는 아무렇지도 않은 듯 굴러가고 있다.

매년 접하는 비정규직 수기를 보면 직종, 고용 형태, 경험이 다양하고 해마다 새로운 이야기들이 쏟아져 들어온다는 느낌을 받는다. 이와 동시에 비정규직의 현실은 20여 년 전이나 지금이나 별로 달라지지 않앉음을 느낀다. 여전히 비정규직 노동자는 법정 휴게시간도 제대로 챙길 수 없고, 화장실도 마음대로 가지 못하며, 쉬고 싶어도 쉬지 못하고, 시간 외 노동을 해도 정당한 보상을 받지 못하며, 어깨가 으스러져도 일을 해야 하고, 오줌에 발암물질이 검출되어도 위험 업무를 마다할 수 없으며, 잘못하지 않아도 사과해야 한다.

비정규직 노동자들의 마음을 더욱 힘들게 하는 것은 유령인간 취급을 받으며 살아가는 현실일 것이다. 정규직과 같은 일을 해도 임금은 정규직의 절반 이하이고, 정규직에게 지급되는 명절상여금과 각종 수당은 그림의 떡이며, 정규직은 아무 때나 갈 수 있는 화장실도 비정규직에겐 휴식시간에만 허용되고, 같은 불량이 발생해도 정규직은 쉽게 넘어가지만 비정규직은 시말서를 쓰고 징계를 받아야 한다. 그런데 문제가 생기면 '자본가 앞잡이'라고 욕먹는 관리자보다 더 먼저 와서 소리 지르고 쌍욕을 하는 게 정규직이란다. 차마 단행본에 다 실을 수 없었던 이야기들도 많다.

그래도 비정규직 노동자가 자신의 이야기를 기록하고 공유하는 것은 더 나은 삶을, 좀 더 나은 세상을 포기하지 않았기 때문일 것이다. 정규직 노동자와 노동조합을 향해 불만을 토로하지만, 그래도 비정규직 노동자에겐 노동자가 희망이고 민주노조가 꿈이다. 비정규직 글쓰기는 비정규직 노동자들의 삶과 경험을 하나로 엮어내는 것이며, 이러한 그물망이 희망을 건져줄 것으로 믿는다. 그것이 비정규직 노동자들의 수기들을 모아 한 권의 책으로 출간하게 된 이유다.

이 책은 한국비정규노동센터가 지난 10여 년 동안 수행해온 비정규직 글쓰기와 수기 공모전 사업의 성과물인데, 많은 분의 헌신과 노력의 산물이다. 그동안 응모작을 심사하는 수고를 해주신 김하경·이시백·

안미선·안건모·황규관·하종강·박일환·송경동 심사위원님들, 당선작들과 응모작들을 게재해준《한겨레》와《매일노동뉴스》, 수기 공모전과 비정규직 글쓰기 '쉼표하나'에 참여해주신 많은 분들, 이 과정을 지원하고 관리해주신 한국비정규노동센터의 강인수·김남수·변정윤·이혜정 활동가님들, 그리고 이 책의 출판을 맡아주신 도서출판 동녘 관계자 여러분들께 감사드린다.

2023년 4월
한국비정규노동센터 대표 조돈문

가로수길

서울특별시 강남구 신사동에 위치한 번화가.

'유럽 여행', 늦으면 못 간다. '젊었'을 때 가봐야 한다. '청춘'이라면 사서 고생해야 한다. 군 생활을 하던 내게 선후임 할 것 없이 유럽 여행에 대한 낭만을 떠들었다. SNS에는 유럽 여행으로 청춘을 즐긴다는 사람들이 많았다. 마치 이국땅 한번 안 밟아보면 청춘 취급을 안 하려는 것 같았다. '아프니까 청춘'이라는 말에 한번 아파보려는 사람들이 꽤나 있었다.

'아프려면' 돈이 필요했다. 그래서 군대를 전역하고 나도 한번 '아파보려고' 돈을 벌고자 했다. 전역과 동시에 휴학을 하고 백화점에서 일을 했지만 돈이 모이지 않았다. 박봉에 돈 쓸 일이 많았다. 일을 그만두고 쉬던 중에 가로수길에 있는 친구 아버지 가게에 직원이 필요하다고 했다. '월급 200만 원'이라는 말에 바로 연락을 했다. 그때는 '월급 200'만 눈에 들어왔으니까. 돈 쓸 시간도 없었기 때문에 세 달 만에 목표했던 돈을 모았다. 나도 이젠 '아플' 수 있겠지. 용기를 내 500만 원을 들고 유럽으로 떠났다.

'아픈 청춘'은 유럽에 다녀온다고 되는 게 아니었다. 유럽 여행을 다녀오니 빈털터리가 되었다. 드디어 나도 한번 '아파본' 청춘이 되었는데, 청춘은 계속 아파야 하는 존재였다. 당장 복학을 해야 했고 돈이 필요했기에 나는 다시 신사동 가로수길로 일을 나갔다. '사장님', '저기요', '여기요', '소주/맥주요', '주문이요', '오빠', '아저씨', '총각' … 오후 5시부터 새벽 5시까지 내 호칭은 다양해진다. 보통 데이트 코스나 쇼핑거리, 젊음 등을 떠올리는 그 거리에서 나는 제일 먼저 '손님'을 떠올린다. '청춘'을 즐기는 사람들이 모이는 곳에서 나는 그 청춘들을 맞이하는 또 다른 '청춘'이 되었다.

정말 다양한 손님들을 많이 봤다. 데이트 코스답게 연인들도 많이 오고, 잠재적 연인들과 잠재적 남남도 많이 왔다. 다양한 방식으로 배설물을 쏟아내는 사람도 있었고, 멱살을 잡다가 가게를 부순 사람도 있었고, 술에 취해 남의 물건을 가져간 사람도 있었다. 다양한 사람들이 이야기를 풀어내고 고된 하루를 달래고 다음을 기약하는 곳. 나는 가로수길의 '여기요'이고 '저기요'였다. 복학만 하면 밤 생활은 청산해야지 이제 밤에 달이랑 살지 말고 낮에 해랑 살아야지. 그러나 방학이 되면 나는 다시 달을 찾아 신사동 가로수길로 갔다.

오후 5시부터 새벽 5시까지. 해질녘 출근해서 동틀 무렵 퇴근하는 게 썩 낭만적으로 느껴지기도 했다. 출근 때 차로 가득했던 강남대로는 퇴근 때 공허한 신호등 빛만이 도로를 채우고 있었고, 사람으로 가득했던 가로수길이 고요해지는 것도 볼 만했다. 새벽 첫차에 사람이 가득한 걸 보고 나 같은 사람이 적지 않구나 하며 위로를 얻었고, 다들 힘냈으면 좋겠다고 생각했다. 일주일에 하루만 쉬니 돈도 금방 모였다. 저녁 7시부터 9시, 밤 10시부터 12시 피크타임만 지나면 크게 할 일도 없었다. 혼자 일하니 마치 내 가게 같았고, 금토에 일 도와주러 오는 형도 좋은 사람이었고 마찰도 없었다. 술을 파는 곳 치고 진상 손님이 잦은 것도 아니었다. 손님 없는 일요일이나 한가한 시간대면 핸드폰을 보고 있거나 가게 티브이를 보거나 옆 가게 사장님과 시시한 대화를 나누기도 했다. 퇴근하고 샤워하고 잠자리에 들면 하루가 너무 뿌듯하고 보람 찼다. 그렇게 나는 가로수길의 한 부분이 되어갔다.

오후 5시부터 오전 5시까지. 겨울엔 해를 보기 어렵고, 여름엔 해가 중천일 때 나가서 해가 뜨면 집에 들어왔다. 새벽 첫차에 몸을 싣는 사람들이 어떤 사람들인지 그때 처음 알았다. 새벽 퇴근인데도 사람들 틈바구니에 눌려 간다는 게 싫었고, 밤새워 놀다가 첫차를 탄 사람을 보면 짜증부터 났다. 일주일에 하루만 쉬니까 사람 만날 여유조차 허락되지 않았다. 그 하루는 혼자 휴식을 취하는 데만 써도 모자랐다. 저녁 7시, 밤 10시만 되면 사람이 싫어진다. 저들에게는 '불금', '불토'가 나에겐 불지옥이었다. 혼자 있으면 외로웠고, 사람으로 가득 차면 죽을 맛이었다. 금토에만 추가로 직원을 붙여주는 사장님이 야속했다. 이 시간대의 술집은 진상 천국이다. 문만 열고 들어와도 진상이고, 술을 많이 먹어도 진상이고, 안주만 먹고 있어도 진상이다. 한가한 시간대면 여기서 내 젊음이 이렇게 소진되는구나 하는 생각이 들었고, 옆 가게 알바 형이랑은 눈으로 손님 욕을 주고받았다. 퇴근 후 샤워하고 누우면 몇 시간 후에 또 출근해야 한다는 생각이 나 '염병' 소리가 절로 나왔다. 내 '청춘'은 이렇게 월 200만 원짜리가 되었다.

'학기 중에는 공부에 집중하자. 기숙사에 있으면 공부만 해도 될 거야.' 그러나 주말이 되면 나는 또 손님을 맞이하러 가로수길에 갔다. 주말의 가로수길에는 정말 많은 사람들이 지나다닌다. 셀 수 없을 만큼 다양한 사람들이 신사역 8번 출구로 나와 각자의 이유로 가로수길에 진입한다. 내가 일하는 가게만 해도 하루에 수십 명이 오간다. 다양한 사람들이 더 다양한 이야기를 쏟아낸다. 술을 마시고, 담배를 태운다. 술을 마시면 사람들의 입에서 불만 섞인 이야기들이 터지기 시작한다.

취기 오른 사람들의 얘기를 듣고 있으면, 가장 많이 들리는 말은 "내 얘기 좀 들어봐"다. 평소 얼마나 '내 얘기'를 듣는 사람이 없으면 취기를 빌려 '내 얘기'를 들어보라고 하는 걸까. 네 명이 앉아 서로에게 "내 얘기 좀 들어봐"라고만 하니, 정작 듣는 사람은 없고 말하는 사람만 생긴다. 그렇게 술집에 있는 손님들의 목소리는 커진다. '내 얘기'들은 공감하지 못한 채 허공으로 흩어진다. 다 타버린 담배꽁초, 비워진 술병, 먹다 남은 안주 등으로 남겨진 그 흔적은 당연히 술집의 시급 얼마짜리 청춘이 치운다. 이제는 한 손에 술병 예닐곱 병은 기본으로 나르는 어느 휴학생 말이다.

금토일 밤을 새고 학교에 가면 월요일은 수업만 듣고 잠만 잤다. 화수목에는 어떻게든 다시 낮 시간에 적응해도, 금토일에는 어김없이 가로수길에서 야행성이 되었다. 토요일 오전에 스터디라도 있으면 두 시간만 자고 출근하기도 했다. 일하다 터진 코피가 서빙하는 음식에 들어가 다시 내놓은 적도 있다. 일은 학교를 졸업하고 나서야 그만둘 수 있었다. 여유가 생겨서 그만둔 것은 아니었다. 취업 준비로 하루하루를 보내던 어느 날, '금요일에 알바 해라'라고 찍힌 문자가 왔다. '해줄 수 있냐', '시간 되냐' 정도만 되었어도 가로수길로 향했겠지만, 일방 통지 같은 문자에 이제 더 이상 일할 상황이 아니라고 했다. 나의 알바는 그렇게 누군가에겐 당연해졌나 보다.

가로수길에는 정말 많은 사람들이 일을 하고 있다. 강남대로 건너편에는 높은 건물들이 즐비하다. 다양한 직급, 다양한 직종, 다양한 정규/비정규 노동자들이 가로수길과 길 건너 높은 빌딩을 채우고 있다. 손님을 제외해도, 가로수길에서 일하면서 만나는 사람들은 다양하다. 소규모 영업장인 옆 가게 사장님부터, 자기 꿈이 있었던 그 가게의 알바 형, 사장과 싸우고 그만둔 다른 가게 형, 작은 가게로 시작해 몇 군데 체인점을 둔 사장님, 하루 8만 원을 받고 주방보조를 나왔던 파출 아주머니들, 장성한 손자를 둔 주방이모, 일 해보겠다고 왔다가 하루 만에 그만둔 직원, 술 대여섯 짝을 등에 짊어지고 오던 주류업체 직원들, 한겨울에 술집 곳곳을 돌며 주류 판촉을 나왔던 '처음처럼'과 '참이슬' 청년들 … 그들에게는 각자의 이야기와 각자의 불만이 있다.

12명이 휩쓸고 간 테이블을 3분 안에 치우고, 다음 손님을 받고, 양손 가득 빈 병을 나르고, 한 손에는 안주, 다른 손에는 여러 테이블의 술을 들고, 포스기에서 튀쳐나오는 각종 오류들과 씨름하면서 주문을 받는 동시에 계산을 하고, 새로 온 손님들을 위해 테이블을 치우고 다음 세팅을 하는 나는 정작 대학생이다. 하지만 공부하고, 발표하고, 자료조사를 하고, 시험보고, 과제하며, 연애하고, 친구들과 술을 마시는 나는 가로수길의 알바생이다. 나는 친구들과 술을 마셔도 테이블 벨소리에 눈을 돌리거나, 손님을 맞이하고 안주를 서빙한 뒤 조별 과제 단톡방에서 과제에 대해 이야기를 나눈다.

어떤 이들은 최저임금이 오르면 많은 청춘들이 취업의지를 상실하고 알바로만 생계를 유지할 것이라고 한다. 알바를 잘 대우해주는 것이 마치 세상의 모든 직업정신을 무력하게 만들 것처럼 얘기한다. '알바

도 능력'이고 '알바를 리스펙'하라는 광고와 달리, 알바는 그저 한낱 알바일 뿐이다. 그러면서 우습게도 알바에게 '직업정신', '서비스 정신', '희생', '근로'를 요청한다. 그 일을 하는 이유와 그 일의 가치는 외면당한 채 수많은 알바 노동자들은 '시급'으로만 존재 가치가 표현된다. 그러나 내가 그랬듯 그들 역시 인간의 존엄함을 지닌 노동자이며, 각자의 삶을 위해 고단한 하루를 살아내는 사람들이다.

가로수길에서 나는 가장 뜨거운 안주와 가장 차가운 술을 서빙했다. 차가운 자본주의 사회에서 뜨겁게 하루를 살아내고 식어버린 사람들에게 열기와 취기를 대령했다. 뜨겁게 달궈진 그들은 나름의 불만을 토해냈다. 공감할 수 없는 이야기들의 한편에는 공감할 수 있는 불만들이 자리하고 있었다. 임금으로 표현된 사람들이 삶을 채워 넣으러 오는 곳. 나는 가로수길의 술집 알바 노동자다.

신진호(2019)

가습기 공장

✦

수증기를 발생시켜 실내의 습도를 조절하는
전기 기구를 제조하는 곳.

며칠째 현장이 너무 춥다. 외부로 통하는 문 옆에 깔아놓은 라인들과 자재들이 세척 후 물에 젖은 상태로 비닐에 담겨져 왔다. 하루 종일 일을 하면 면장갑에 고무장갑을 껴도 손이 시리다. 오늘은 더 춥단다. 며칠 전부터 뉴스에서 추위에 단단히 대비하라는 뉴스가 나왔다. 여느 때처럼 아침 5시 40분에 일어나 다른 날보다 위아래 옷을 하나씩 더 껴입고 출근했다. 그래도 몸속으로 파고드는 찬바람은 밖이나 현장이나 매한가지다.

나는 제습기와 가습기 만드는 회사의 파견 노동자다. 결혼한 지 다섯 달 만에 구한 직장이다. 입사한 이후로 나의 이름은 '아줌마'가 되었다. 영하에 가까운 날씨에도 춘추 작업복에 의지하며 하루 8시간에 3시간을 더 보태 꼬박 11시간을 서서 일한다. 내가 일하는 라인은 가습기의 핵심 부품인 '디스크'를 제작하는 라인이다. 정규직 노동자 6명과 파견 노동자 5명이 한 라인을 구성하고 있다. 라인을 기준으로 쭉 양옆으로 서서 각자 디스크를 제작해 라인을 태우면, 세척과 건조 과정을 거쳐 2층에서 가습기 완제품 조립으로 이어진다. 내가 일하는 라인이 더뎌 물량이 줄게 되면, 영락없이 2층 완제품 라인은 손을 놓는 수밖에 없다.

오늘도 추위에 떨며 정신없이 일하고 있는데, 반장이 겨울 작업복을 가져왔다. 정규직 노동자들에게만 쭉 나눠준다. 바쁜 와중에 잘 맞나 입어보고 난리다. 그들은 이미 춘추복에 동복 조끼까지 입고 일하는데 말이다. 아이씨! 짜증이 치밀어 오른다. 추위에 떨고 있는 우리는 보이지도 않는 건지. 쉬는 시간을 알리는 종소리가 울리자 옆에서 일하던 언니가 짜증을 낸다. 그는 나와 소속이 같다. 파견 노동자는 추위도 스스로 감당해야 하나. 서러웠다. 함께 일하는 라인에서 누구는 정규직, 누구는 파견직이다. 같은 일을 하고 월급을 적게 받는데도 문제라고 생각하는 사람은 없다. 정규직 노동자들은 물론이고 파견 노동자들도 마찬가지다. 작업복을 제때 못 받아도 걱정해주는 사람 하나 없다. '파견 노동자'이기 때문이다. 일하는 능력에 하자가 있는 것도 아닌데, 파견 노동자라는 이유만으로 차별받는 것이 당연하게 여겨진다.

추워서 몸을 녹이러 탈의실을 찾았다. 탈의실은 이미 만원이다. 정규직 사원들이 쭉 누워 있고 그 아래로 그나마 기간이 조금 오래된 파견 노동자들이 누워 있다. 최근에 들어온 파견 노동자들은 탈의실에서 몸을 녹일 만한 공간도, 소지품 넣을 캐비닛 하나도 없다. 파견 노동자들을 현장의 뜨내기로 만드는 것은 파견 노동자 스스로가 아니라 회사라는 생각이 든다.

하루에도 몇 명의 파견 노동자들이 일을 하다 떠나는지 알 수 없다.

오늘도 세 명이 라인에 새로 왔는데 한 타임도 견디지 못하고 갔다. 춥다는 이유였다. 이걸 두고 한 관리자가 "한 놈은 10시에 가고 한 년은 9시에 가고 또 한 년은 화장실 간다 하고 갔다"며 파견회사에 항의했단다. 누구보고 놈, 년이래 자기보다 나이도 많은 사람들에게! 파견 노동자는 인권도 없는 줄 아나! 며칠 전 한 여성 노동자가 세척 라인으로 자리를 배치 받았는데, 신발에 물이 튀고 옷이 젖어도 누구 하나 신경 쓰는 사람이 없었다. 정규직들은 장화도 있고 앞치마도 있는데, 누구 하나 챙겨주지 않는다. 결국 그 사람은 다음 날 오지 않았다. 3개월을 채우기 전에는 작업복도 내 돈으로 물어줘야 하는 판에 다른 물품들을 잘 챙겨줄 리가 만무하지. 서러움은 체념이 된다.

서울 영등포에 산다고 했던 한 남성 노동자는 일자리를 구하다 구하다 내가 일하는 이곳까지 왔다. 새벽 6시 지하철에 몸을 실은 뒤 내려서 20분을 걷고 그 다음에야 통근버스를 타고 회사에 출근한단다. 새벽에 일찍 일어나 나오는 것도 힘들 텐데 회사 오는 길이 천 리나 되는 듯하다. 사정을 들어보니 통근버스를 정확히 어디서 타는지 몰라 매일 20분씩 걸어서 탄다고 한다. 결국 며칠 후 얼굴이 보이지 않았다. 하루 11시간을 서서 일하는 것도 힘든데 출퇴근도 그리 힘들어서야. 누군가가 지하철역 바로 앞에서 통근버스를 탈 수 있다고 알려만 줬어도 이곳을 조금 더 안정적인 일자리로 생각할 수 있지 않았을까?

으레 회사에서는 "파견 노동자들이 다 그렇지 뭐" 이렇게 말한다. 함께 일하는 정규직 노동자들 역시 이렇게 말하는 사람이 부지기수다. 하지만 파견 노동자들에게 조금만 관심을, 또 신경을 써주고 따뜻한 어투로 작업지시를 했다면 우리들이 회사의 천덕꾸러기, 뜨내기가 됐을까?

이 회사는 파견 노동자만 150명이 넘는다. 일하는 사람을 파견하는 회사도 네 군데나 된다. 출퇴근 때마다 자신의 출근카드를 찾고 찍느라 회사 정문은 부산스럽다. 지금은 비수기라 이 정도고, 제습기 생산이 많은 봄부터 초여름까지는 파견 노동자가 정규직보다 월등히 많다고 한다. 같은 라인에서 일을 해도 작업복에 회사 로고가 찍힌 옷을 입고 있으면 정규직이다. 그런데 아무리 뒤져봐도 로고 없는 옷을 입고 있는 사람들이 더 많다. 성수기가 아닌 지금도 정규직보다 파견 노동자들이 더 많다는 말이다.

지난 11월 1일은 회사 창립 40주년이 되는 날이었다. 40주년을 기념하며 식당에서 풍성한 식사를 준비했다. 고생한 직원들의 노고에 감사드린다는 인사 문구와 함께 말이다. 그렇지, 현장에서 하루 11시간씩 일하며 주말 특근도 마다 않고 일해준 현장 노동자들이 고생이 많지. 그중에서도 파견 노동자들의 노고는 특히 인사 받아야 마땅하다. 정규직보다 많은 파견 노동자들은 같은 일을 하고도 월급이 적을뿐더러 작업복조차 제 돈으로 사 입는다. 또 정규직 노동자가 받는 500퍼센트 상여금과 명절·휴가 수당 90만 원을 '당연히 반납'하고 일한다. 그러니 파견 노동자들이 먹여살리는 회사라 해도 과언이 아니지 않은가? 그런데도 파견이라는 이유만으로 왠지 주눅 드는 이유는 뭘까?

며칠 전에는 함께 일하는 언니에게 짜증을 냈다. 마칠 시간이 다 되어가는데도 손을 놓지 못하고 정신없이 일하는 언니를 보고 있으니 나도 모르게 짜증이 나서 "그만하라"고 소리를 질러버렸다. 파견 노동자가 정규직 노동자가 되기 위해서는 무조건 열심히 해야 한다. 이 회사에서 파견 노동자로 취업했다 정규직 노동자가 된 사람들의 이야기를 들어보면 근태는 무조건 좋아야 하고 손도 빨라야 반장 눈에 들고, 그래야만 정규직 추천을 받을 수 있다고 했다. 언니는 올해 47살이다. 고등학생 딸과 초등학생 딸이 있는데, 매월 학원비로 생각보다 많은 돈이 들어간다고 했다. 언니는 잔업은 물론이고, 주말 특근도 빠지지 않는다. 심지어 11시까지 심야근무도 한다. 애들을 위해 돈을 벌어야 하는 이 언니의 현실을 뒤로 하더라도, 정규직이 되기 위해 남들보다 더 열심히 잔업도 일요일 특근도 빠지지 않는 모습이 안쓰러워 울컥 화가 치밀어 올랐던 것이다.

파견계약이 무슨 노예계약인가? 아파도 병원도 안 가고, 일이 있어도 미루고, 오직 정규직이 되기 위해 일만 해야 하는 현실이 서글프다. 어느 날 친정에 내려갈 일이 있어서 특근을 빼러 반장에게 갔다. 말이 끝나지도 않았는데 잔뜩 찌푸린 얼굴로 "이미 명단 다 올렸는데 자꾸 빠지면 위에서 자리 빼라는 말 나온다"며 윽박지른다. 잔업 특근은 노동자의 동의가 있어야 한다고 했던 것 같은데. 괜히 주눅이 들어 돌아나오면서도, 일방적으로 명단 올려놓고 왜 성질인지 짜증만 난다. 할 말 못하고 주눅 드는 내 자신도 짜증난다.

주변에서 파견으로 일하는 노동자들을 보면서 내가 그렇게 될 것이라 꿈에도 생각하지 못했다. 그러나 막상 오래 다니던 회사를 그만두고 다시 일자리를 알아보니 정규직 채용은 찾아볼 수 없고 죄다 파견사원 모집 광고만 난무하고 있었다. 그렇다고 해서 일자리 정보가 제대로 공개된 것도 아니었다. 이 회사에서 일하기 전에 다른 일자리를 구한 적이 있는데, 제약회사로 파견하는 곳이었다. 한 자리가 났다며 다음 날까지 나오라고 해서 잔뜩 기대하고 출근했지만, 탈의실 바로 앞에서 퇴짜 맞았다. 일을 시작하지도 못했는데 "자리가 없다, 파견회사에서 잘못 알았나 보다"라고 하면서 정규직 노동자가 나를 집으로 돌려보냈다. 울컥 눈물이 쏟아질 것 같았는데 꾹 참았다. 성질도 났지만 공친 하루 일당은 어디서 보장받아야 하는지 깜깜했다. 그러고는 하루 종일 우울했다. 취업을 하고 돈을 벌고, 잠깐이나마 품었던 구직의 희망이 사라졌다. 사람이 그저 수수료 몇 퍼센트로만 보이는 파견회사에서는 이런 심정을 이해하기 힘들겠지?

이후 구직활동이 좀 두렵긴 했지만 그래도 먹고 살아야겠기에 다시 파견회사의 문을 두드렸고, 이 회사에 오게 된 것이다. 생각했던 것보다 파견 노동자가 겪는 정신적 서러움은 크다. 딱히 누가 뭐라고 하지 않더라도 일상적으로 진행되는 차별과 무시는 같은 인간임에도 불구하고 나를 어딘가 하찮은 사람으로 여겨지게 만든다. 이것이 파견 노동자의 현실이다. 같은 일을 시키고도 월급을 적게 줘도 되고, 마음에 안 들면 자리를 빼버려도 말 한마디 못하고 당해야 하는 것이 파견 노동자의 현주소이다. 뭐가 잘못돼도 한참 잘못됐다.

지금도 잊을 수가 없다. 두 달에 한 번씩 나오는 상여금 명세표를 손에 쥐고 기쁜 표정을 짓는 정규직 노동자들 옆에서, 겉으로는 태연한 척했지만 속으로는 부글부글 끓어오르는 분노를 삼키며 일했던 내 모습을. 나는 그런 파견 노동자가 아니라 생각했지만, 어느새 내 모습이 됐다.

| 김현정(2013) |

고용센터

✦

**취업 알선과 직업 훈련 등의
서비스를 제공하는 원스톱 행정기관.**

아침에 출근하자마자 컴퓨터를 켜니 이번 달 실적표가 메일로 와 있다. 28명 상담원의 실적 결과가 나온 것이다. 제일 앞자리에 있는 사람은 이번 달 학습모임에서 성공사례 발표를 할 것이다. 실적이 제일 낮은 세 명은 자아비판을 겸한 경위서를 작성해 팀장에게 보내야 한다. 얼른 내 순위를 본다. 중간이다. 안도하는 내 자신을 느낀다. 이곳은 어느 보험회사나 카드회사의 영업 현장이 아니다. 취업 상담을 하는 고용노동부 고용센터의 일상이다. 나는 고용노동부 고용센터 4년 차 무기계약직 상담원이다. 취업성공패키지 사업에 필요한 상담원을 채용한다고 공고가 났을 때 직업상담사 자격증이 있었기에 주저하지 않고 지원했다.

아홉 시가 되자마자 밀려드는 내담자들을 붙들고 상담에 돌입한다. 화장실 가는 시간도 아까워하며 일을 한다. 꼬르륵 소리에 고개를 드니 열두 시다. 근처 구청 식당에서 4000원짜리 점심을 폭풍 흡입한다. 회사로부터 식비 한 푼도 받지 않는데 4000원도 만만찮다. 한 시간의 점심시간이 끝나면 다시 밀려드는 구직자와 상담해 진로를 결정하고 수당을 준다. 한 사람과 상담하는 시간은 삼십 분에서 한 시간 남짓이다. 상담 중에도 계속 걸려오는 전화를 받는다. 전화를 받지 않으면 수신율이 좋지 않다고 지적받기 때문이다. 그런데 전화를 받으면 상담의 흐름이 끊어져서 앞에 앉은 내담자는 맥 빠지는 표정을 짓는다. 연신 사과하거나 눈치를 살피며 전화를 간단히 마무리하려 하지만 상대방은 쉽사리 끊지 않는다. 수화기를 든 나의 얼굴은 흙빛으로 변해간다.

첫 출근 때 고용센터 정문 옆에는 "일자리 반드시 찾아드립니다"라고 적힌 대형 플랜카드가 펄럭이고 있었다. 나는 희망에 부풀어 '그래! 일자리를 꼭 찾아주어야지' 다짐했다. 남녀노소 가리지 않고 만나는 대면 상담 업무도 나쁘지 않았다. 그들의 힘든 얘기도 거뜬히 들었다. 그러나 들끓던 열정은 오래가지 못했다. 내가 감당해야 할 구직자들은 100명에서 200명으로 금방 늘어났고, 연말이 다가오자 300명이 되었다. 연말에 우리 상담사들은 구직자 취업은커녕 자신의 재계약 문제로 불안에 떨어야 했다. 어떤 동료는 재계약 발표가 있던 날 탈락될 때를 대비해서 초라해 보이지 않으려 멋진 코드를 입고 왔다고 고백했다. 내심으로는 일이 이렇게 많은데 설마 우리를 짜르겠냐고 다소 낙관적으로 생각하기도 했다. 그런데 14명 중 한 명은 재계약되지 못했다. 나이가 비교적 어린 친구였는데, 나이 많은 구직자들 상담을 잘 하지 못한다는 이유였다. 우리는 마음 아파하거나 분노할 사이도 없이 다시 몰려드는 구직자와 전쟁 같은 상담과 행정 업무를 이어갔다.

나는 구직을 원하는 사람이 고용센터를 방문해 취업성공패키지 사업에 참여하면 그의 이전 경력과 어떤 일자리를 원하는지 확인한다. 그 일을 하는데 필요한 기술이나 자격증이 있는지도 상담해 학원이나 기술학교를 보내고 훈련수당도 준다. 또 처음의 의욕을 계속 유지해갈 수 있도록 격려한다. 훈련을 잘 받고 나면 이력서와 자기소개서 작성을 도와주고, 일자리를 알선하고 취업을 돕는다. 아울러 취업에 성공하면 성공수당을 주고 그 사람을 채용한 회사에는 고용촉진금도 제공한다. 이 모든 업무는 1년에 걸쳐 이루어지기 때문에 내가 담당하는 사람이 많아질수록 일도 기하급수적으로 늘어난다. 구직자 한 사람이 이 프로그램에 참여해 받을 수 있는 지원은 총 1560만 원에 이르고, 이보다 더 많아질 수도 있다.

그런데 이런 사업을 하는 우리들의 임금은 취업 첫해부터 150만 원이었다. 그리고 4년이 지난 지금도 150만 원 수준이다. 그나마 세금을 제외하면 140만 원 남짓 손에 쥔다. 2014년이 되면서 우리는 무기직 전환은 되었으나 임금은 오르지 않았다. 몇 해가 지나도 임금이 한 푼도 오르지 않은 것이다. 오히려 거침없이 오르는 물가와 비교하면 급여는 삭감이나 다름없다. 걸어서 출근하라는 건지 교통비도 없고, 점심도 먹지 말라는 건지 식비도 없다. 명절도 지내지 말라는 건지 공무원들에게는 다 주는 명절 상여금도 없다. 오로지 기본급 150만 원이 전부였다. 올해부터 가족수당은 준다. 배우자는 4만 원, 자녀는 2만 원이다. 미혼이거나 아이가 없는 사람들은 받을 수 없다. 모든 사람이 똑같이 받을 수 있는 방식을 놔두고 가족수당 만드느라 욕봤다고 우린 속으로 욕을 했다. 하는 일은 공무원과 똑같은데 받는 임금을 비교하면 일을 하다가도 힘이 빠졌다.

고용노동부에는 1600여 명의 계약직 노동자들이 있다. 직종과 임금도 다양해서 원래는 '사무원'부터 '전임상담원'까지 6~7종의 계약직

종이 있었고, 임금체계도 다양했다. 노동부가 새로운 사업을 하면서 그때그때 서로 다른 조건으로 계약직을 고용했기 때문이다. 그런데 2014년 말부터 노동부가 계약직의 직무순환을 위해 거의 모든 계약직 상담원들을 일반 상담원이라는 하나의 직렬로 통합하려 했다. 업무에 따른 부서 배치를 원활하게 하고 상담원들의 활용도를 높이려는 의도 같았다. 그러면서 호봉제를 도입한다고 선언했는데, 호봉 간 차이는 겨우 3만 5000원 정도에 불과했고, 이전 경력도 50퍼센트만 인정한다고 했다. 기본급은 하나도 인상되지 않았고 1호봉은 오히려 기존 급여보다 감액되었다. 그런데도 여기에 상여금 600퍼센트가 포함된 것이라고 해 실소가 나왔다. 도대체 140만 원에 상여금 50퍼센트가 포함된 것이면 기본급이 얼마란 말인가. 최저임금보다 적은 임금을 주는 고용노동부에 고용된 노동자가 된 것이다.

근로조건도 정말 악 소리가 난다. 고용센터는 실업자가 많이 찾는 기관이라 민원인들이 예민하고, 조금만 맘에 들지 않아도 "공무원들이 이러면 안 되는 거야!" 하고 큰소리가 나온다. 그래도 "높은 사람 나오라고 해!" 하는 구직자는 나은 편이다. 인터넷을 잘하는 구직자들은 신문고에 불만을 올린다. 그러면 답변하느라 쩔쩔매며 많은 시간을 소비한다. 4년간 상담 업무를 맡았던 두 명은 청각 손상과 관련된 병가를 낸 상태다. 내방 민원 못지않게 많은 것이 전화 상담이라 귀를 혹사시키고 스트레스를 받아 이명이니 이석증이니 하는 병이 생긴다.

어떤 상담사는 민원인에게 고발당했다. 규정상 해줄 수 없는 것을 내놓으라고 요구하며 쉰 살 가까운 상담사에게 "부모가 교육을 그렇게 시키더냐"며 고함을 쳐서, 참다못해 한마디 하니 고소장을 갖고 나타난 것이다. 고소 내용은 '직권남용', '명예훼손' 등이다. 말단 상담원이 무슨 권한이 있어 직무 권한을 남용했다는 걸까? 순전한 억지지만 민원인을 어떻게 할 수가 없다는 것이 책임부서의 대답이었다. 이런 악성 민원인들을 계약직 상담원이 맡도록 내버려두고 조치를 취하지도 않았다. 어떨 때는 흉기로 둔갑할 만한 필기구를 책상 밑으로 숨기라는 지침도 내려온다. 보안요원도 건물에 한 명밖에 없어서 불상사가 일어나도 적극적인 대처가 어렵단다.

세상 살아가기가 힘들다 보니 취업 지원 프로그램에 참여하는 내담자들 중 일부는 정신적으로 불안정하기도 하다. 나는 가끔 이 프로그램의 목적이 취업이 아니라 사회적 불안을 야기할 수 있는 사람들을 관리하려는 게 아닐까 하는 생각이 들기도 한다. 구직자 한 사람을 일 년이나 챙기면서 관심을 가져주는 사회적 지원제도가 또 있을까 싶어서다. 내 옆자리의 상담사는 매일 한 내담자로부터 전화를 받았는데, 자신에게 신이 내렸다면서 신이 준 말씀을 전한다고 받아 적으라고 한다. 앞에 앉은 구직자와 상담을 해야 하는데 밑도 끝도 없이 전화를 하니 너무 힘들어서 "선생님, 이러시면 대화한 내용을 녹음하고 녹취해 보고하겠습니다" 하니 놀라서 전화를 끊기는커녕 더 또박또박하게 했던 말을 다시 하더라는 것이다. 녹음을 잘해서 기록에 남기겠다고 했단다. 이 정도면 상담사들이 제정신으로 일하는 것이 용하다고 할 지경이다.

이나마 일을 하는 우리를 부러워하는 구직자들을 볼 때는 마음이 아프다. 어제 온 구직자는 세탁공장과 세탁소에서 거의 30년을 일한 40대 후반의 세탁기능공이었다. 그런데 지금은 일자리가 줄어 일할 곳이 없다고 한다. 좋은 기술이 있는데 왜 일할 곳이 없냐고 하자 "요즘은 사람들이 아웃도어 입고 상갓집까지 가는 세상인데 세탁소에 옷을 맡기겠어요?" 한다. 며칠 전에 온 제화공이었던 50대 구직자는 "사람들이 구두를 안 신어요, 미니스커트 입고도 운동화 신고 다니는 세상이니 구두가 팔리겠어요?"라고 하소연한다. 요양보호사 자격증을 따겠다고 온 여성 어르신은 본인이 요양보호를 받아야 할 상황으로 보인다. 그런 분들에게 드릴 수 있는 일자리가 없다. 정말 없다. 노동부 취업사이트 워크넷에는 최저임금을 겨우 맞춘 일자리가 즐비한데, 그것도 나이 든 분들은 노 땡큐다. 기껏 해드릴 수 있는 것이 경비나 청소 일자리다. TV를 보면 호화롭고 값비싼 온갖 것들이 눈을 사로잡고, 커피도 한 잔에 사오천 원인데 최저임금 117만 원으로 어떻게 한 달을 사나. 그러니 임금 150만 원 주는 일자리 한 곳이 나오면 하루 만에 30명 넘는 구직자가 몰려 인터넷에서 문전성시를 이룬다. 참으로 서글픈 현실이다.

나는 구직자의 마음을 어루만지는 직업상담사가 되고 싶었다. 실직의 아픔과 고통을 같이 나누고 좀 더 나은 일자리를 위해 노력하는 구직자들에게 당신은 혼자가 아니며, 당신의 취업을 위해 같이 노력해주는 사람이 있다고 위안을 주는 동반자가 되고 싶었다. 그러나 지금 우리에게 주어진 업무는 그 역할을 가로막는다. 사업지침과 목표에도 나와 있는 '마음을 다하는 상담과 상담사로서의 역할'은 어디 갔는지, 더 많은 구직자를 고용센터로 불러 모아 인원수 늘리기에 급급한 물량(구직자를 '물량'으로 취급한다) 위주의 사업이 되었다. 다행히 우리 상담사들은 지난 1월에 노동조합을 만들었다. 아직 힘은 미약하지만 얼마나 든든한지 모른다. 11월 14일에는 노조 이름으로 전국 집회도 참석했다. 날씨도 쌀쌀하고 비도 왔지만 우리가 겪은 차별과 저임금, 과다한 업무량에 야근을 다반사로 하는 현실이 더는 견디기 힘들어 목소리를 높였다. 난생처음 집회에 참여한 상담사들도 있었으나 다른 부처 공공기관 비정규직 노동자들과 함께하니 힘이 솟았다.

　지난 4년간 공공기관 비정규직으로 일하면서 우리 안에는 암묵적인 규칙이 생겼다. 바로 '절대 나서지 말고 튀지 말고 중간만 하라'는 것이다. 공무원 조직 안에서는 눈에 띄어봐야 좋을 것이 없다는 뜻이다. 이제 우리는 나서려고 한다. 많은 시간을 보내고서야 나서지 않으면, 요구하지 않으면 좋아지는 게 하나도 없다는 것을 깨달았다. 일자리 찾아내라고 날마다 전화하는 민원인에게 한 번이라도 더 일자리를 알선하게 되는 것처럼, 나도 내 권리를 요구할 줄 아는 노동자일 때 나를 믿고 찾아오는 구직자들에게 당당해지라고, 구직자도 업체를 면접 볼 수 있다고 얘기해주는 상담사가 될 수 있을 것이기 때문이다.

장다연(2015)

공사장

✦

토목이나 건축 등의 일을 하는 곳.

나는 연극배우다. 반년 넘게 공연도 없고, 단역으로라도 불러주는 촬영 일정도 없었다. 불안하고 우울한 나날이 지속되는 일상이었다. 아무래도 안 되겠다, 아무 일이라도 해야 하는 상황이 닥친 것이다. 생각 끝에 얼마 전까지 건설 현장에서 일했다는 후배에게 전화해서 만나자고 했다. 돼지 저금통을 따서 소주값 몇 푼을 들고 후배를 만났다. 후배가 일했다는 건설 현장에 가서 나도 일할 수 있느냐고 물었다. 그런데 그곳은 머나먼 남쪽 지방이었다. 후배는 그곳에서 몇 개월간 먹고 자며 일을 했다는 것이었다. 나는 홀어머니를 모시고 살고 있어서 그럴 수는 없었다. 그래서 서로 사는 이야기만 하다가 자리를 파했다. 헤어질 때쯤 후배가 말했다. "아 참, 형! 건설 현장에서 일하려면 안전교육 이수증을 먼저 따야 돼요." 후배를 만나지 않았더라면 알 수 없는 정보였다.

　다음 날 인터넷으로 건설업 안전보건 교육을 무료로 해주는 곳을 검색하고 찾아갔다. 오후에 네 시간 교육을 받고 이수증을 그 자리에서 발급받았다. 국가공인 자격증을 취득한 것 같아 괜스레 뿌듯했다. 집에 오는 길에 역시 인터넷으로 인력사무소를 검색해봤다. 여러 군데가 나와서 집과 가장 가까운 곳에 전화했지만, 받지 않아 다른 곳에 해보니 전화를 받는다. 그런데 요즘 일을 줄 수 없는 상황이란다. 몇 군데 전화해보는데 살짝 두려움이 스며든다. 나 같은 무경험자에게도 일을 줄까? 어떤 기술이 있어야 하는 건 아닐까? 몇 시에 나가서 몇 시에 마치는 것일까? 복장은 어떻게 입고 가야 할까? 하지만 지금은 이런저런 사정을 따질 때가 아니었다. 그야말로 내 코가 석 자.

이윽고 한 인력사무소와 연결이 되었다. 집에서 지하철로 네 정거장 떨어진 곳이었다. 아침 5시까지 사무실로 오란다. 지하철 첫차도 다니지 않는 시각인데 어떻게 가냐고 했더니 버스 타고 오면 되지 않느냐고 한다. 하아, 한 번에 가는 버스가 있어야 말이지. 이런 일은 처음인데 뭘 준비해가느냐고 물었더니 안전화는 있냐고 묻는다. 안전화? 군대에서 신던 전투화를 신고 갈 것이라고 했더니 펄쩍 뛰며 안 된다고, 꼭 안전화를 신어야 한다고 한다. 각반이랑 목장갑은 사무실에서도 판매하니까 내일 아침 사무실에 와서 구입해도 된다고 한다. 마지막으로 무슨 일을 하게 되느냐, 기술이 있어야 하냐고 물었더니, 기술 필요 없단다. 그냥 청소 정도 하면 된단다. 청소 정도야 뭐. 알았노라고 대답한 뒤 전화를 끊었다.

일단 안전화를 구입해야 했다. 언젠가부터 건설 현장에서는 의무적으로 안전화를 신는다고 했다. 인터넷으로 주문하면 며칠 걸릴 것 같아 동네 시장으로 발길을 옮겼다. 디자인은 다 비슷비슷한 것 같았다. 하긴, 지금 멋을 따질 때가 아니지. 얼마냐고 물었더니 6만 원. 깎아서 5만 5000원에 안전화를 샀다. 집에 들어와 일찍 잠자리에 들었다. 5시까지

인력사무소에 가려면 4시에는 일어나 대충이라도 아침을 챙겨 먹고 가야 했다. 첫날이라 택시를 타고 갈 생각이었다. 모든 게 처음 맞닥뜨리는 일이었다. 두려움 반, 설렘 반으로 잠을 못 이루고 밤새 뒤척였다.

알람 시각보다 일찍 잠에서 깼다. 냉장고에서 찬밥을 꺼내 반찬 두어 가지에 아침을 먹으려니 어머니가 안방에서 나오신다. 어머니는 매일 4시에 새벽 기도를 가신다.

"어디 가니?"

"아, 네. 촬영이 있어서요."

"어디로 가는데?"

"가까워요."

어머니에게 사실대로 말할 수가 없다. 생전 해보지 않은 일을 하는데 괜한 걱정을 끼쳐드리고 싶지 않아서다. 괜히 코끝이 찡해진다. 낡은 가방에 수건과 티셔츠 한 장, 집에 있던 목장갑 한 켤레를 넣은 뒤, 역시 낡은 청바지와 티셔츠를 입고 집을 나섰다.

택시를 잡아탔다. 인력사무소에 5시도 안 되어 도착했다. 조금 있으니 사람들이 하나둘 들어와서 금세 앉을 자리가 사라졌다. 사무소장이 처음이냐고 묻는다. 안전화와 각반은 준비했는지 등을 물어본다. 일당은 일 끝내고 사무실에 와서 받아도 되고, 원하면 계좌로 넣어줄 수도 있다고 한다. 소개비 10퍼센트를 제하고 9만 9000원이라고 한다. 혹시 몰라 목장갑도 두 켤레 샀다. 6시가 다 되어갈 즈음, 계속 전화하던 사무소장이 대기하던 사람들을 호명했다. 일단의 사람들을 묶어 어디 어디 현장으로 가라고 지시했다. 나는 집에서 가까운 현장으로 배정받았다. 같이 배정된 이들과 지하철을 탔다. 가는 동안 다들 아무 말도 하지 않는다. 하긴, 새벽 일찍부터 나와 다들 피곤할 터인데 낯선 이들과 무슨 대화를 하겠는가. 나는 지하철 첫차에 왜 그렇게 승객이 많은지 이 날 처음 알았다.

　도착한 곳은 대형 쇼핑몰 리모델링 현장이었다. 서울에 올라온 시골 쥐처럼 아무것도 몰라 우왕좌왕하고 있는데, 어떤 중년의 책임자가 나와 다른 인력사무소에서 온 사람들 몇몇을 창고로 데려갔다. 그곳에서 안전모를 나눠주고는 티비엠TBM, tool box meeting에 참석하라고 한다. 작업 일정을 설명해주고, 주의사항을 전달하고, 안전모나 각반 착용 여부 등의 복장 상태를 점검하는 시간이다. 티비엠을 마치고 책임자한테 그날 할 일을 배정받았다. 건물 한 층의 좁은 배수구 청소였다. 혼자 하는 일이라 마음 편하고 차라리 잘됐다 싶었다.

　그 넓은 층의 좁은 배수구와 주변을 청소하는데, 처음에는 그런대로 진도가 나갔다. 하지만 조금 있으니 허리가 끊어질 듯했고, 다리도 무척 아팠다. 한참을 작업했다 생각하고 시계를 보니 아직 30분도 지나지 않았다. 눈앞이 캄캄했다. 벌써 이러면 남은 하루를 어떻게 버틴다? 쓰레기를 쓸고, 굳은 흙은 망치로 쪼아 잘게 부수고 다시 쓸어 구간마다 마대자루에 모아놓는 일이었는데 아무리 해도 진척이 없는 것 같았다. 그래도 꾸역꾸역 작업하고 있는데, 책임자가 오더니 놔두고 자기를 따라오란다. 이번엔 폐자재 옮기는 일이었다. 건설 현장에서 기술자들이 작업하고 나면 폐자재와 각종 쓰레기가 나오는데, 그다음 공정이 수월하도록 우리 같은 잡부들이 뒤따라가며 청소하는 것이었다. 여기저기 옮겨 일하길 수차례, 아무리 작업을 해도 점심시간은 너무나 더디 왔다. 하루가 이렇게 긴 시간이라는 것을 군대에 이어 인생에서 두 번째 느껴보는 것 같았다.

　드디어 점심시간, 나도 눈치를 보며 일행을 따라 나갔다. 함바집에서

밥이 입으로 들어가는지 코로 들어가는지 모를 정도로 아귀아귀 먹었다. 그러지 않으면 살아남을 수 없을 것 같다는 느낌이 들었다. 점심을 먹고 부랴부랴 현장에 와보니 사람들이 다들 스티로폼이나 합판 등을 깔고 낮잠을 자고 있었다. 나는 피곤했지만 잠이 오지 않았다. 오후에는 어떤 일을 하게 될까? 하루가 정말 길고 길었다. 오후에는 주차장 층으로 가서 물을 퍼냈다. 전전날 내린 비에 물바다였다. 역시 허리가 끊어지는 것 같았다. 오전부터 흘린 땀으로 옷은 이미 젖어 있었고, 목에 둘렀던 수건도 다 젖어 있었다. 내 땀 냄새도 나를 무척 힘들게 하고 있었다.

4시 30분이 되니 다들 슬슬 작업을 정리하고 작업 도구들을 챙긴다. 나도 눈치를 보며 도구들을 챙겼다. 안전모를 반납하고 땀에 젖은 티셔츠와 수건을 가방에 넣고 여벌로 갈아입은 뒤, 작업 확인증에 책임자의 사인을 받아 현장을 나왔다. 허리는 끊어질 듯하고 다리도 뻐근하다. 지하철을 타고 다시 인력사무소로 가 확인증을 제출하니 소장이 그 자리에서 10만 원을 건넨다. 나는 1000원을 거슬러 주었다.

지하철역으로 가며 돈 계산을 해보았다. 안전화 5만 5000원, 택시비 4500원, 각반 2000원, 목장갑 1000원, 점심값 5000원, 그래서 지출은 6만 7500원, 오늘 일당은 9만 9000원. 나는 오늘 나의 몸으로, 나의 노동으로 3만 1500원을 벌었다. 이미 투자한 인프라가 있으니 내일은, 또 모레는 내 수익이 더 늘 것이다. 매일 건설 현장에 나가기엔 여러 어려움이 있겠지만 조금만 애를 쓰면 나의 어려운 한 시절을 건너갈 수 있을 것이다. 골목에서 담배 한 대를 피웠다. 하얀 담배 연기가 하필 눈에 들어가서 눈꼬리가 살짝 젖어버렸다.

리우진(2020)

교무실

✦

학교에서 교사가 교재를 준비하는 등
여러 가지 일을 맡아보는 곳.

2016년 12월, 학교 교무행정사 면접을 앞두고 가장 큰 걱정은 (나이를 보면) 당연히 물어볼 결혼과 아이 계획에 대한 것이었다. 결혼은 2월에 예정되어 있었지만 방학 기간이라 어떻게 넘어갈 수도 있을 것 같은데, 아이 계획을 물어보면 뭐라고 답해야 할까. 일단 당분간은 계획이 없다고 자신 있게 이야기해보는 것으로 마음먹고 교무실을 찾아갔다. 면접을 본 선생님은 세 분이었는데, 그중 여자 선생님(알고 보니 교감선생님)이 역시나 그 질문을 했다.

"결혼하고 아이 바로 생기면 어떻게 해?!"

질문이 아니라 아이가 바로 생기면 곤란하다는 말투였다. 다행히 옆에 있던 선생님들이 "그건 그때 가서 생각하면 되죠. 미리 그런 걱정을 하세요"라고 말해줘서 더 이상 곤란함을 겪지 않았고, 그날 오후에 다음 주부터 출근하라는 전화를 받았다.

고등학교 교무행정사의 주 업무는 '방과후학교'라는 프로그램을 담당하는 것이다(학교마다 다를 것이다). 선생님들에게 계획서를 요청해 받고, 학생들이 신청할 수 있도록 시스템을 갖추고, 온·오프라인 신청과 취소를 받고, 수강료·강사료를 계산해 각 교실에 돌아다니면서 부착하고, 교실에 공지하고, 행정실과 소통해 CMS 인출을 요청하고 결재를 올린다. 이외에도 할 일은 늘 끊이지 않는다. 학생부 종합전형이 중요하니 상장도 종류가 어찌나 많은지 상장 출력 요청도 자주 있고, 점심시간 식당지도도 순서를 짜서 아침마다 선생님들에게 확인한다. 매일 우편물을 분류해서 행정실과 교장실은 물론 선생님들 자리마다 올려놓고, 교무실에 A4 용지와 분필이 떨어지지 않도록 체크하고 갖다놓는다. 수능을 앞두고는 재수생들의 원서 접수를 받거나 모의고사 감독을 보기도 한다. 교재나 방과후학교를 지원받는 학생을 챙기는 일도 한다. 어쩌다 할 일이 없는 날엔 희한하게도 선생님들의 부탁이나 가정통신문 복사, 문서철 요청 등이 들어온다. 교무실에 들어오는 과일이나 간식 등을 나눠주고 세팅하는 일도 당연히 내 몫이었다.

　예전 다른 곳들에서 일했던 경험을 생각해보면 그래도 여긴 괜찮은 직장이었다. 학교는 달력에 적힌 일정이 거의 그대로 진행되며, 갑자기 야근하는 일도 거의 없고, 월급까지 안정적으로 들어오는 '좋은 직장'이었다. 물론 학교마다 분위기가 워낙 달라서, 어느 학교에선 교무행정사의 책상을 뒤져 필요한 물품을 가져가거나 간식까지 말없이 가져가는 이해 못할 일도 있다고 하고, 원할 때 연차를 쓰는 것도 눈치를 봐야 한다고 하니, 늘 그래왔듯 '더 안 좋은 상황'이 아님을 다행으로 생각하게 되었다. 월급이 적긴 하지만 몇 시에 퇴근하는지 알 수 있고, 매달 월급이 꼬박꼬박 들어온다는 것만으로도 괜찮은 직장이었다. 그래서 내년 2

월에 재계약이 될 수 있도록 1년 동안 열심히 일해야겠다, 그리고 무엇보다 선생님들 사이에서 좋은 평을 받아야겠다는 생각이 앞섰다.

차가운 바람이 사그라들고 벚꽃이 거리마다 흐드러지던 4월 어느날, 아기가 생겼음을 알게 되었다. 병원에서 확인하고 나올 때 기쁨보다는 복잡한 마음이 들었고, 머릿속은 갖은 걱정들로 가득했다. 12월에 출산을 하면 2월 재계약은 어렵겠구나. 출산 전에 빨리 그만두라며 눈치를 주면 어쩌나. 임산부라고 선생님들이 불편해하면 어쩌지. 언제 어떻게 이야기를 꺼내야 하나. 면접 때 그 교감선생님은 어떤 반응을 보일까. 출산 휴가는 가능한 걸까. 육아 휴직은 어렵겠지. 언제까지 버텨야 실업급여가 가능할까 …. 예전에 뉴스 기사에서 회사에 임신 소식을 알리자 '축하한다'는 말을 한마디도 못 들었다던 임산부의 이야기가 떠올랐고, 이게 당장 내 문제로 왔음을 실감했다. 나이가 적은 것도 아니고 난임과 저출생이 사회적 문제로 떠오른 요즘, 결혼하고 바로 아이를 가진 것이 얼마나 축복받은 일인가. 하지만 역시 마주해야 할 현실은 기쁨과 행복보다 걱정과 불안이었다.

5~6월엔 입덧이 있어 어지럽기도 했고 속도 자주 안 좋았지만, 임신했다고 조퇴나 병가를 낸다는 말을 듣기 싫어서 참고 참다가 딱 한번 조퇴를 썼다. 속이 너무 안 좋을 때도 선생님들에게 들키기 싫어서 아무도 없을 때만 화장실을 찾았다. 임산부들의 고충을 담은 기사를 접하거나 친구들이 비슷한 어려움을 토로할 때 '당당하게 이야기하라'며 큰소리치던 나도 직장에선 영락없이 을의 위치에서 고민하고 행동할 수밖에 없었다. 다행히 입덧이 좀 괜찮아지고는 몸도 좀 나아져서 일은 계속할 수 있었다. 일하는 동안에도 많은 사람들의 배려로 큰 문제없이 다녔다. 무거운 걸 들 일이 생기면 도와주시는 분들도 있었고, 먹을 걸

챙겨다주시는 분들도 있었으니. 하지만 눈치는 주는 게 아니라 받는 것이라고 했던가. 임신이 아니었으면 저런 일도 내가 해야 할 텐데 임신 중이라 못한다고 생각하겠구나, 다음에 사람 뽑을 땐 당장 임신 안 하는 사람을 찾겠구나 하는 생각이 드는 건 어쩔 수 없었다.

출산 휴가는 석 달. 주변에 있는 친구들과 언니들 대부분은 출산 후 휴가 기간을 최대한 늘리기 위해 다닐 수 있을 만큼 만삭으로 다니다가 출산 휴가를 썼다. 그리고 안정적으로 육아 휴직을 보장받을 수 없는 많은 엄마들은 출산 휴가가 끝나자마자(출생 100일이 지나기 전에) 직장으로 돌아온다. 나도 벌써 출산이 한 달여 앞으로 다가왔고 이제는 휴가를 써야 할 때가 되었다. 출산 휴가에 대해 눈치를 주는 분위기는 아니었지만 문제는 재계약이었다. 2월에 복귀할 수 있다는 내 의지와 의사를 드러내야겠다고 마음먹고 어렵게 이야기를 꺼냈다. "그동안 열심히 해왔으니 재계약해야죠", "아이 낳고 바로 괜찮겠어요? 다시 온다면 우리야 좋죠"라는 대답을 조금이라도 기대하면서.

"11월 ○○일부터 출산 휴가를 썼으면 해서요."

"아, 예정일이 언제였죠? 일단 알겠어요."

"출산 휴가가 2월 중반이면 끝나는데요. 그때 복귀할 수 있는데 혹시 2월 재계약은 어떻게 ….."

"아마 어렵겠죠? 교장선생님과 상의해볼게요."

말 꺼내자마자 어려울 거라는 대답을 들으니 혹시나 했던 기대가 순진한 생각이었음을 깨달았다. 그날 신랑을 붙잡고 한참을 울었다. 당장 그만두는 건 아니었지만 해고라도 된 것처럼 서러웠고 허무했다. 일을 못해서, 혹은 다른 이유라면 받아들이기 어렵지 않을 것 같았는데 '아이 때문에'라고 생각하니 속상했고 억울했다.

내가 재계약이 되지 못할 수도 있다는 이야기를 하자 노동조합 간부 언니가(나는 학교비정규직 노동조합 조합원이다) "이런 문제 때문에 1년, 2년 계약직들이 다 아이 갖는 걸 미루게 된다"며 (내 의지가 된다면) "노조에서도 도울 수 있는 게 있다면 돕겠다"는 말을 한 적이 있었다. 큰 문제가 없다면 대부분 1년 더 연장되는데 아이를 낳았다는 이유로 계약해지를 당하면서 아무 문제제기도 하지 않는 건 억울하다는 생각이 들었지만, 결국 난 아무것도 하지 않기로 했다.

다른 무엇보다 나를 좌절시켰던 건 "나 같아도 연장 안 해주겠다"고 이야기하던 주변의 반응이었다. 나를 지지해주고 상황을 불합리하다고 생각하는 사람들이 많아야 문제제기라도 해볼 마음을 가질 텐데, "그래 애 낳았다고 재계약 안 해주는 건 너무하지", "애 낳고 복귀하겠다는데 왜 재계약을 안 해주겠어"라고 말해주는 사람은 하나도 없었다. 상황은 안타깝지만 어쩔 수 없다고 받아들이라는 사람들의 반응 속에서, 당장 부딪히는 벽은 학교만이 아니라 이런 문제가 당연시되는 현실임을 새삼 깨달았다. 학교가 법을 어겼거나 출산 휴가 도중에 계약 해지 통보를 하는 등의 부당한 행동을 한 것은 아니었다. 하지만 법을 어기지 않았다고 다 '옳은' 것은 아니다. 사측 입장은 고려되지만 일하는 사람 입장은 고려되지 않는 현실. 당장 재계약이 안 되는 문제보다도 서러운 건 그것이었다.

여성에겐 노동시장 초기 진입이 중요하단 말을 들은 적 있다. 공무원이나 대기업으로 진입하면 출산을 해도 안정되게 돌아갈 수 있지만 비정규직은 임신, 출산과 동시에 직장을 잃어야 한다. 그렇게 아이를 키우다가 새로 구하는 직장은 공부했고 일해왔던 곳의 경험과는 동떨어진 곳이 많다. 이것이 사회적으로 제기되는 '경력 단절' 문제다.

40~50대 여성들의 서비스업 취업률이 높다는 것이 이를 보여주지 않는가. 임신 사실을 알고 관련된 책을 사러 대형 서점에 갔다가 베스트셀러 코너에 있던 《82년생 김지영》만 사 들고 돌아온 적이 있다. 나도 82년생이어서 그랬을까, 나에게 곧 닥칠 고민들이어서 그랬을까. 마지막 페이지까지 단숨에 읽어 내려갔던 그날이 떠올랐다.

얼마 전 학교에서 지진 대피 훈련이 있었다. 실제를 가장한 훈련이라며 전 학년이 반별로 정해진 순서에 따라 운동장으로 피신했고, 교무실은 물론 행정실의 전 직원도 운동장으로 모이는 훈련이었다. 그날 내게 맡겨진 것은 빈 교무실에 남아 혹시 모를 전화를 받는 일이었다. 훈련일 뿐이니 대수롭지 않게 "진짜 지진 나면 나만 죽는 거 아니냐"며 웃고 말았지만, 얼마 전 진짜 지진이 났을 때 학교 비정규직이 홀로 교무실에 남았다는 기사를 보니 등골이 서늘해졌다. '비정규직'이라는 말에 생명과 안전도 보장받지 못하고 아이를 가져도 축복받지 못한다는 의미까지 포함되어 있진 않을 텐데 말이다.

| 오세연(2017) |

교실

✦

학교에서 학습 활동이 이루어지는 방.

창밖의 맑은 가을 하늘이 안방 한쪽으로 햇살을 비추고 있다. 어느덧 집 안에서 책을 읽고 햇살을 만끽하는 것이 일상이 되어버렸다. 커피를 한잔 내려 향긋한 내음을 즐기며, 바삭한 토스트에는 달달한 누텔라크림을 바르고 건강이라도 생각하듯 바나나를 썰어 올린다. 어찌 보면 아주 여유 있는 작가나 부유하게 사는 사람의 이야기 같다. 작가나 부유한 자를 비하하려는 의도는 없다. 누군가는 오전의 저 여유를 부러워할 만하다. 그러나 현실은, 일을 할 수 없는 상황에서 기다리며 지금을 살아내는 어느 노동자의 처절하리만치 아름다운 여유다. 차가운 계절을 지나 한 해를 잘 버텨온 내가 참 대견하다.

나는 방과후 강사다. 누군가는 "선생님이네, 멋지다!"라고 말하고, 누군가는 "그게 뭐야? 선생님 같은 건가?"라며 있는지도 잘 모르는 직업군이다. 방과후 강사도 개인이나 업체 소속 등으로 나뉘는데, 나는 업체 소속으로 계속 일을 해왔다. 그러나 코로나 사태를 맞이하면서 내가 계약상 프리랜서라는 이유로 어떤 보호나 조치도 받지 못했고, 따뜻한 위로의 말 한마디도 들은 적이 없다. 이제 나는 20년째 존재하며 학교 울타리 안에서 일해온 강사들, 즉 비정규직 프리랜서 강사들의 이야기를 해보려고 한다. 나는 올해 10년 차 방과후 강사로, 벌이가 꽤 괜찮은 상위 5퍼센트 내의 우수 강사라고 자부해왔다. 코로나가 나의 현실을 너무나도 적나라하게 보여주기 전까지 말이다. 2020년 3월, 수업이 없으면 수강료도 없으니 당연하게 월급도 없다는 무언의 통보.

전년도 여름방학에도 학교 공사 때문에 갑자기 방과후 수업이 중지되었다. 회사에 알린 후 대책을 강구했으나 수업을 쉬어야 한다는 사실은 변함이 없었다. 당연히 기본급이라는 것도 없는 …. 나는 그 여름 한 달의 휴가를 얻었지만 수입은 0원이었다. 휴가비? 하하! 10년 동안 일하면서 들어본 적도 없는 말이다. 9년을 일하며 평일에 쉰다는 것은 있을 수 없는 일이고, 가족과 함께 긴 여행을 꿈꾸지도 못했다. 나를 대신할 아르바이트를 구해서 내가 직접 임금을 줘야 하는 프리랜서이기 때문이다. 조금이라도 쉬고 싶은 마음에 무급이라도 한 달만 쉬었으면 좋겠다며 농담하던 나를 원망한다. 그럼에도 프리랜서니까 당연한 거라고 나 자신을 위로했다. 이게 맞는 걸까? 여러 생각이 들었지만 일을 그만둘 게 아니니 그냥 한 달 쉬어간다 생각하자며 다독였다.

그런데 이것이 코로나 때도 적용되었다. 당연하다며 3~4월을 보내다가 이건 아니다, 이러다 내가 굶어 죽겠다는 생각이 들었다. 학교에서 일하는 직업이다 보니 처음에는 혹여나 감염이라도 되어 슈퍼전파자가 될까 봐 무서웠다. 후폭풍을 감당할 수 있을까 하는 생각에 집 안에서 꼼짝도 하지 않았다. 두 달 동안 상실감, 두려움과 슬픔의 감정들에 사로잡혀 이러다 내가 우울증으로 생을 마감하겠다는 생각이 들었다. 그래서 아르바이트 구직란을 뒤지기 시작했다. '웃픈' 것은 혹시 갑자기 학교에서 수업이 다시 시작되면 나갈 수 있도록 오전 일찍이나 저녁에만 할 수 있는 아르바이트를 찾고 있는 내 모습이었다. 결국 걸어서 출퇴근을 할 수 있고 근무 시간도 그리 길지 않은 동네 작은 술집에서 서빙 아르바이트를 시작했다. 코로나로 손님이 없어 가만히 서 있는 시간이 반이었다. 뭐든 일하러 나왔지만 걱정이 또 반이라 라텍스 장갑까지 사비로 구매해 껴가며 일했다.

나는 홀서빙 아르바이트였지만, 손님이 없고 한가하다 싶으면 주방의 일도 이리저리 해주곤 했다. 그런데 하루가 되고 1~2주가 지나자 너무나도 당연한 내 일이 되었다. 어느 날은 홀에 손님이 너무 많아서 바쁜 와중에도 쪽파 한 단을 내가 끝까지 다듬고 있었다. 손님이 부르면 주문받고 서빙하고, 돌아오면 당연한 듯 한쪽 자리에서 쪽파를 다듬으라는 무언의 눈빛과 제스처 …. 내가 주방 아르바이트 자리를 구한 것인가? 나는 가게 전체 관리자인가? 알 수 없는 노릇이었다. 부당하다고 생각했지만 학교에서 연락받기 전까지 무언가를 해서 살아야 하기에, 그래야 월세를 내고 의식주를 해결할 수 있기에 쉽게 그만두지 못했다. 아마도 모두가 같은 마음이었을 것이다. 주머니는 텅텅 비어가고, 적금을 깨 보험에서 대출을 받고, 신용대출을 받고. 그런데 프리랜서는 신용보증이 안 되다 보니 대출금액은 너무나 적고 금리는 높고 …. 나의 현실을 마주하는 시간이었다.

가게 손님은 사장님 주변 지인들이 대부분이었다. 본인들은 괜찮다며 술 한잔을 권하곤 했는데 나는 거기 앉아서 술을 마셔야 할 의무가 없었다. 그래서 두어 번 거절한 후 아예 그만두겠다는 말을 건넸다. 마스크 또한 허락되지 않았다. 사장님이 쓰질 않았다. 나중에 급여를 정산하러 가보니 사장의 딸이 아르바이트 중이었는데, 그 딸은 당연한 듯 마스크를 쓰고 있었다. 너무나도 씁쓸한 경험이었다. 다행히 학교에서 연락이 와 긴급돌봄으로 투입되어 오전에라도 학교 일을 하고 시급으로 급여도 받을 수 있게 되었다. 시급 1만 5000원! 원래라면 웃어넘겼을지 모르겠지만, 시급 8590원짜리 저녁 아르바이트를 하고 보니 이게 얼마나 귀한 돈인지 새삼 깨달았다.

나라에서 방과후 강사를 위해 대출을 해준단 소식을 들었다. 무려 거금 300만 원이었다. 한 달 생활비가 200만 원이 넘고, 몇 달을 쉰 터라 이미 낸 빚이 1000만 원이 넘었다. 300만 원도 고마울 수밖에 없었다. 그런데 이자율 할인을 받기 위해 학교장 도장을 받아야 한단다. 어디 부끄러워서 도장을 받겠는가. 결국 전국 강사 중 3퍼센트만 대출 신청을 했다는 이야기를 후문으로 듣고 쓴웃음이 나왔다. 차라리 2000만 원, 3000만 원 해준다면 기꺼이 받아들이겠다. 그런데 300만 원이라…. 그 정도면 차라리 현금서비스를 받겠다는 강사들이 주변에 대부분이었다. 나 또한 그랬다. 차라리 보험에서 약관대출을 받거나 일부 출금을 선택하련다. 그런데 학교에서는 방과후 강사들이 돈이 많아서 그 대출을 거절한 줄 알더라. 우리 먹고살 만한가요?

그러다 8월, 디지털 역량 강화 교육 강사·서포터스 모집 공고를 접했다. 코로나 이후 전 국민 디지털 역량이 너무 차이가 난다며, 무료로 디지털 역량을 키울 수 있는 시스템을 구축하고 강사와 서포터즈를 모집한다는 것이다. 나는 컴퓨터 강사이기에 더 유리할 것이라 생각해 신청했고 AI 면접도 보았다. 그러나 생애 첫 AI 면접은 나의 안일함을 일깨워주는 시간이었다. 그동안 내 삶과 수업 방식에만 만족하며 살았구나, 빠른 시간에 많은 것이 변했구나 하는 생각이 들었다.

그래도 9월부터 일할 수 있어 얼마나 행복했는지 모른다. 그런데 이 또한 정직원이 아닌 단기 비정규직이다. 나는 비정규직으로 살아야 할 인생인가? 그래도 고용보험도 넣어주고 매달 우수강사 수상도 하고, 교육 기간에 교육비도 주기에 나는 오랜만에 사람 취급을 받는 것 같았다. 사업이 더 잘 알려져 많은 효과가 나타나 계속 유지되었으면 하는 간절한 바람도 생겼다. 단기 근무지만 사람 냄새 나는 느낌이 얼마 만이었는지 너무나도 즐겁게 일을 했다. 그 와중에 회사에서 한 번 연락이 왔다. 추석을 맞이한 것도 있겠지만 현재 디지털 역량 교육에 대해 자료나 지식을 잘 습득해두라는 취지의 안부 글이었다.

11월부터 수업을 시작하겠다는 학교의 반가운 소식이 들렸다. 그러나 수업 시간이 변경되었고, 수업 인원은 제한이 걸렸으며, 수업 전후에 필요한 방역 활동이 많아졌다. 수업 준비를 위한 노력에 다른 일이 더해진 것이다. 그러나 회사는 아무런 말이 없다. 나는 수업을 준비하는 10월에도 여전히 무급으로 일을 했다. 수업 준비는 당연하다는 관행 아래 집에서 시간표를 다시 짜고 안내장을 만들고 수업계획서를 작성하고 안전수칙을 정했다. 신청 학생 명단을 정리하고 학부모들에게 전화와 문자를 보내는 일도 해야 한다. 근무 때와 다르지 않게 학부모들과의 상담과 수업 조정도 바빴다. 그러나 무급이다. 왜일까?

10월의 마지막 주는 11월부터 다시 시작되는 방과후 수업의 등록을 받는 주간이었다. 월요일 오전부터 일찍 일어나 9시부터 올 문자를 기다리면서 초조하기도 하고 기대감도 들었다. 예년 같으면 수십 건 이상의 문자와 통화로 정신없이 하루를 보냈겠지만, 이번엔 달랑 십여 건의 문자와 두 번의 통화로 마무리되었다. 다행히 3월에 신청했던 기존 수

강생들에게 우선권을 주라는 학교의 배려로 인원수가 반토막까지 줄어든 것은 아니었다. 하지만 등록 기간에 맛본 이런 쓸쓸함은 이 학교에서 만 5년을 근무하면서 처음 느낀 감정이었다. 물론 마냥 쓸쓸함과 슬픔만 있는 것은 아니었다. 내가 수업했던 어느 학생의 학부모와 통화를 하는데 반가운 마음에 눈물이 왈칵 쏟아지기도 했다.

지난 8개월을 버텨오면서 아무도 나를 반기지 않는 것은 아닐까, 내 직업이 이렇게 보잘것없는 것인가 하는 후회와 좋지 않은 생각들이 꼬리에 꼬리를 물었다. 정수기 판매부터 일반 사무실은 물론 교습소를 차릴 생각까지 정말 1부터 10까지 다 알아보고 다닌 것 같다. 그러면서도 내가 내린 결론은 다시 강사였다. 스스로 더 실력을 쌓아 어디서든 찾는 사람이 되어야겠다는 생각! 다만 방과후 한 곳에 올인하는 대신 투잡을 생각하게 되었다. 진짜 프리랜서 강사가 되리라 마음먹고 여러 준비를 시작했다. 나는 소중한 학생들과 학부모들을 통해 다시 나의 위치와 역할과 자부심을 찾아가고 있다. "선생님, 진짜 고생하셨습니다!" 오랜 기다림과 사투를 모두 알아주는 듯한 그 한마디에 다시 나를 찾아 또 한 해를 이겨낼 힘을 낸다.

김슬기(2020)

급식실

✦

학교나 군대, 공장 등에서 구성원에게
식사를 제공하기 위해 마련한 방.

바스락바스락. 누렇게 변한 포플러 나뭇잎을 밟으며 걷는다. 물웅덩이
에 운동화가 젖어 '내일은 레인부츠를 신어야지' 다짐했다가, 막상 부
츠를 사려니 아이들 물건부터 눈에 밟혀 끝내 장만하지 못하기 일쑤다.
원거리 근무지에서 5년을 보내고, 근거리로 전보를 오면서 뚜벅이가 되
었다. 뚜벅이의 장점은 눈이 오나 비가 오나 지각 걱정 없이 제시간에
도착할 수 있다는 것이다. 출근 시간은 오전 8시이다. 그러나 모든 직장
인이 그러하듯 준비 과정이 있기에 오전 7시 40분에 출근한다.

　마흔 일곱인 나는 경력 9년 차가 되었지만 만년 막내다. 도착하니 네
명의 선배님은 벌써 소독수를 만들고, 건조된 도구들을 정리하고, 물을
받고 있다. 아이들을 다 키운 50대 선배들은 고등학생 두 명을 키우는
후배인 나를 배려해 내 몫까지 해주고 있다. 뒤늦게 하얀 작업복에 모
자를 쓰고, 소유하지 못했던 장화도 신어본다. 예쁘기까지 한 분홍색

장화는 200도의 끓는 기름에도 견딜 수 있는 미끄럼 방지 장화다. 이제 열탕한 식기들이 소독고에서 잘 건조되었는지 확인하고, 배식차, 덤웨이터(식기 운반용 소형 승강기) 등 손이 가는 모든 곳에 소독액을 뿌려준다. 오늘 쓸 도마와 칼은 소독물에 담가둔다. 그리고 곧 오게 될 식재료를 받을 준비도 해둔다. 물을 한 잔씩 마시고, 부상 방지를 위한 체조를 시작하면서 하루를 연다. 그러나 나는 물 한 잔을 다 마시지 않는다. 아침도 잘 먹지 않는다. 간헐적 단식을 하는 것은 아니다. 올해 예순이 된 한 선배도 물을 잘 마시지 않는다. 일을 시작하면 화장실에 가기가 어려우니 최대한 가지 않으려는 노력이다.

내년에 정년을 맞는 선배 이외에도 또 다른 두 명의 선배가 정년을 앞두고 있다. 우리 다섯 명은 600명이 넘는 학생의 급식을 맡고 있는 학교 급식실 노동자들이다. 정식 명칭은 '조리사', '조리실무사'이다. 우리는 음식을 조리해야 하기에 화장기 없는 얼굴로 출근을 한다. 그래서 어제의 노동강도를 다음 날 쉽게 확인할 수 있다. 푸석한 얼굴, 퉁퉁 부은 손, 손가락 끝으로 전해지는 통증 ….

"손은 괜찮아?"

몇 해 전, 음식물 쓰레기통에 손이 깔리는 사고를 당한 한 선배는 고질병이 되어버렸는지 테이핑을 하지 않으면 손에 힘이 들어가지 않는다고 한다. 일명 챔피언 벨트라고 부르는 복대는 허리 아픈 맏언니의 것인데, 얼마 전 방광염으로 치료받은 선배에게 넘어갔다. 나도 허리가 아프지만 차마 선배들 앞에서 말하기가 미안해서 자석파스만 몇 개 붙이고 출근했다. 음식을 조리해야 하는데, 일반 파스는 냄새도 나거니와 오늘처럼 탕수육을 하는 날엔 화끈거리는 파스가 튀김 열기를 몇 배로 되돌려주기 때문이다.

식재료는 검수한 뒤 전처리실에서 씻고 다듬고 밑간을 해서 냉장고에 보관한다. 그 과정이 끝나면 조리실로 들어가 본격적인 음식 조리에 들어간다. 18리터짜리 식용유 세 통을 솥에 붓고, 물반죽한 고기를 2인 1조로 튀겨낸다. 얼마 지나지 않아 열기로 숨이 턱 막혀온다. 모자 속에 두툼하게 말아 넣어둔 종이타월 덕에 다행히 땀이 기름 속으로 들어가지는 않았다. 문제는 대량으로 튀겨낸 탓에 뜰채로 털어도 떨어지지 않는 고기다. 그럴 땐 손으로 일일이 떼어내야 하는데, 시간이 지나면 손이 익어가는 느낌이다. 고무장갑 속에 있는 면장갑은 이미 땀으로 젖어 기름의 열기를 그대로 전해준다. 갑자기 맏언니가 얼굴이 창백해지더니 땅에 주저앉았다.

"왜 그래요? 어디 아파요?"

"핑 도네. 속도 메스껍고."

우리는 체했나 싶어 선배에게 소화제를 먹이고, 손가락을 땄다. 아니면 혹시 더위를 먹었나 해서 에어컨 앞으로도 데려가 찬바람을 맞게 했다. 그동안 다른 선배가 와서 고기를 넣어주었다. 잠깐 혼자 넣으면서 튀겨낼 수 있지 않을까 싶겠지만, 학교 급식은 교차오염 때문에 그리해서는 안 된다. 조리된 음식을 최대 두 시간 이내에 배식하는 이유도 식중독 예방을 위해서다. 그렇기에 우리는 원팀으로 움직여야 한다. 살인적인 인원 배치 기준 탓에 누구 하나 삐끗했다가는 제시간에 급식이 못 올라가는 대형 사고가 터지고 만다. 그래서 맏언니는 창백한 얼굴을 하고도 다시 돌아왔다.

정신없이 튀김을 하느라 잊고 있던 통증은 조리가 끝나니 올라왔다. 이번 여름엔 가슴 밑이 헐어서 고생했다. 땀띠야 달고 살지만 점차 기후가 동남아처럼 변해가는 건지 여름에 튀김 요리만 하고 나면 헐어버렸다. 수건으로 덧대어 견디지만, 일을 하다 보면 수건마저 젖어 쓰라림이 다시 시작됐다. 이 고통을 끝내는 길은 방학을 이용해 쉬는 것뿐이다. 그러나 방학에는 일당제로 바뀌면서 월급이 나오지 않아 생계 걱정이 시작되니 진퇴양난이 따로 없었다.

일을 시작한 초기에는 학생 수가 줄면 감원이 강행되었다. 동료끼리 서로를 평가해 누군가를 퇴사시켰다. 비인간적이라고 느껴졌다. 나는 내 점수를 형편없이 평가해서 나를 감원 대상으로 정했다. 다행히 1년이 지나면 무기계약직으로 전환해주었고, 전보제도가 생겨 5년 이상 근무자 등 감원 대상자를 내보내지 않고 다른 학교로 발령내주었다. 그러면서 무기계약직이 무슨 비정규직이냐는 조롱 섞인 발언들이 나왔다. 그러면 학교 공무직들은 정규직일까? 학교 공무직들은 교육공무원이 아니기에 공무원법을 적용받지 않고 근로기준법을 적용받는다. 그런데 일하는 공간이 학교라서 근로기준법의 일부는 적용되지 않기도 하며, 하는 일은 같은데 지역마다 처우나 지침도 다르다. 그래서 공무직법을 만들려 해도 번번이 무산되었다. 시험도 안 보고 떼를 써서 들어온 것들이 공무원을 하려 한다는 가짜뉴스가 늘 발목을 잡았다.

'신의 직장'이라 한번 들어가면 나오지 않는다며 다 자르고 시험 쳐서 다시 뽑아야 한다는 악플을 볼 때마다 한 번쯤은 말하고 싶었다. 공무직도 교육청에서 시험 쳐서 뽑고 있고, 한번 들어가면 나오지 않는다는 학교 급식실 노동자들은 대부분 경력단절 여성이면서 자식들 잘 키워보겠다고 나온 어머니들이라고. 그래서 힘에 부치고 박봉이라 느껴도 그냥 꾹 참고 버티는 거라고. 교육청 누리집에 들어가면 학기별로 두 번 채용공고를 내는데 제발 많이들 지원해주기를 바라고 있다. 위험한 일에 박봉이라고 소문난 것인지 14명 미달 사태가 나기도 했다. 우리 지역은 미달 사태까지는 아니어도 중도 퇴사자가 많아 다시 채용공고를 낸 게 여러 번이다. 그나마도 몇 년 뒤면 정년을 맞는 '신입사원'들이 입사해 나 같은 40대가 막내 꼬리표를 떼지 못하고 있다.

올해(2021년) 최저임금이 209시간 기준 182만 2480원이다. 8년 경력인 내 연봉은 2600만 원이다. 누군가에겐 큰 임금일 것이다. 이 임금을 부족하다고 느끼면 도둑 심보일까? 처음 입사하고 몇 달은 아침마다 몸이 부어 발을 제대로 딛지도 못하고 기어 다녔다. 온갖 근골격계 질환에 시달리면서도 버티는 것은, 힘들면 그만두라는 비아냥에도 꿋꿋이 맞서는 이유는 단 하나! 자식을 키워내야 하기 때문이다. 열심히 일해야 겨우 자식들을 키울 수 있기에 그냥 인내하고 버티는 것이다. 그래서 몸에 테이프를 칭칭 감고서라도 급식실을 지키는 것이 나와 우리 선배들이다.

"괜찮아요?"

사람이 아프면 이 말부터 건네는 것이 인지상정일 텐데, 교실 배식이라 배식차를 먼저 올리고 나서야 맏언니에게 말을 걸었다.

"토할 거 같아."

"들어가 좀 앉아 있어요. 나머지는 우리가 할게요."

"어떻게 그래? 다들 힘들어서 안 돼."

기어코 선배님은 전처리실 청소를 시작했다. 1차 배식차를 올렸는데도 조리실의 업무는 끝나지 않는다. 코로나19 때문에 3차 배식을 하고 있어서다. 여러 번 나눠서 무치고 끓이고를 반복해야 한다. 당연히 업무는 평소보다 더 늘었다. 그러나 누구 하나 우리 목소리를 들으려 하지 않는다. 허드렛일이나 하는 사람들이라고 무시하는 건가 싶어 너무 서운하다. 낮 1시가 넘어서야 겨우 정리하고 점심을 뜬다. 몸이 안

좋았던 맏언니는 먹는 둥 마는 둥이다.

"나 미안한데 병원에 좀 가봐야 할 것 같아."

"뭐가 미안해요. 모두 베테랑인데 이 정도는 식은 죽 먹기지. 얼른 병원부터 가봐요."

우리는 웃으면서 거짓말을 했다. 맏언니를 보내고 남은 네 명이 2차 청소에 들어갔다. 급식이 끝난 배식차를 내리고, 잔반을 모으고 세척 후 열탕을 한 다음 소독고에 정리한다. 겹쳐진 식판을 떼면서 손톱이 또 찢어져버렸다. 악 소리가 나는 고통이 밀려와 민폐를 끼치고 말았다. 바닥까지 청소하고 물기를 제거한 다음 수저통을 소독고에 쌓아놓아야 하루가 정리된다. 오늘 밤에는 몸이 펴지지 않으리라. 또 만세를 하고 자야겠구나.

저녁 늦게 카톡이 왔다. 맏언니 소식이었다. 요로결석이란다. 물을 많이 먹어야 한다는 의사 지시도 받았단다. 그러면서 막내인 나한테도 이제부터는 물을 많이 마시라고 했다. 안 그러면 요로결석이라는 병이 기다린다는데, 참 난감하다. 물을 먹지 않아서 요로결석에 걸릴 것인지, 참아서 방광염에 걸릴 것인지, 너무도 가혹한 운명 앞에 놓였다. 가끔 허공에라도 대고 말하고 싶다. 제발 우리 좀 살 수 있게 이 살인적인 인원 배치 기준을 조정해달라고, 학교에 학생과 교사만 있는 것이 아니고 보이지 않는 저 구석에도 사람이 있다고.

| 권윤숙(2021) |

대리운전 회사

✦

음주 등의 이유로 차주가 운전할 수 없는 상태일 때
운전 서비스를 제공하는 곳.

대리운전을 처음 시작했을 때 느낀 당혹감은 아직도 생생하다. 운전을 하는 내내 소변이 급했다. 술 취한 고객에게 차를 잠깐 세우겠다고 양해를 구하기도 쉽지 않았다. 겨우겨우 아파트 주차장에 고객을 내려주고, 가까운 지하철역의 공용 화장실을 급히 찾았다. 새벽 2시, 지하철 화장실은 의외로 대부분 잠겨 있었고, 다시 뛰어들어간 상가 빌딩 화장실 문은 비밀번호 잠금장치가 되어 있었다. 결국 본의 아니게 공사장 한쪽 구석에 볼일을 볼 수밖에 없었다. 한 번이 어렵지 두 번은 쉬웠다. 문제는 민망함이 아니다. 대리운전 노동자가 평소 받는 대우는 화장실이 없어 노상에 방뇨를 해야 하는 민망함을 아무렇지도 않게 만든다.

이용자들은 대리기사를 같은 사람으로 대우하지 않는다. 마치 자율주행 차량에 탑승한 것처럼 뒷자리에서 애정 행각을 벌이거나, 대놓고 담배를 피우는 일이 일상이다. 투명인간 취급은 그나마 나은 편이다.

어떨 때는 자동차와 다름없는 대우를 받기도 한다. 요즘 지하 주차장은 3~4층까지 내려가는 게 기본이다. 밤늦게 주차를 하다 보면 지하 3층에도 자리가 없어 더 내려가는 일이 많다. 불평 없이 주차를 하고 키를 넘겨주면 차주는 비밀번호를 눌러야 열리는 엘리베이터를 타고 아무 말 없이 사라진다. 남겨진 나는 차를 타고 내려온 길을 거슬러 한참을 헤맨 후에야 입구를 찾아 나온다. 들어올 땐 사람이었으나 나갈 땐 차량 취급을 받는 것이다. 가끔 차주에게 엘리베이터에 같이 탈 수 없냐고 물어보면 차량이 내려온 오르막길을 가리키며 "저~리로 가시면 돼요"라고 하거나, 못 들은 척 빠른 걸음으로 유유히 사라지기도 한다. 이뿐이랴. 선배 기사들께 여쭤보면 반말과 폭언, 폭행 경험도 쉽게 들을 수 있다.

대리운전을 하려면 대리운전 업체에 등록을 해야 한다. 업체와의 계약은 근로계약이 아닌 위탁계약이다. 심지어 계약서 없이 일을 시작하는 경우도 많다. 실제로는 노동자이면서도 법적으로는 사장님인 특수고용 노동자를 대하는 업체의 태도는 어떨까. 물론 친절한 직원도 있긴 하다. 하지만 업체의 콜센터 직원이 대리기사를 대하는 태도는 기본적으로 멸시다. 대리운전'이나' 하는 사람이라 여기며 대놓고 무시한다. 간혹 콜센터 직원이 도착지를 잘못 입력해 손해를 보는 바람에 민원을 제기하면, 사과는커녕 막말과 욕을 퍼붓는 경우도 있다.

갑질은 여기서 끝나지 않는다. '락lock'을 걸어 한 시간씩 일을 못 하게 하거나, 심지어 등급을 떨어뜨려 밥줄을 끊어놓기도 한다. 또 매일 정해진 시간에 할당량을 채우지 않으면 다음 날 좋은 콜을 잡지 못하게 하는 일명 '숙제'라는 제도도 있다. 평소 '숙제'를 통해 기사에게 업무를 강요하지만, 고객이 대리운전 비용을 내지 않아 시비가 생기면 돈을 받아내는 일은 고스란히 기사의 몫이다. 업체는 어떤 책임도 지지 않는다. 대리운전 업체의 갑질과 편법, 위법 행위를 여기에 기술하려면 수십 쪽을 할애해도 모자랄 것이다. 법이 보호해주지 못하는 대리운전 노동자는 시장에서 인간 이하의 대우를 받으며 만성적인 불이익과 위협에 노출된 채 하루하루를 살아가야 한다.

대리운전 노동자에게 희소식도 있었다. 2016년 3월 18일 서울시가 대리운전 노동자, 퀵서비스 기사 등 이른바 이동노동자를 위해 쉼터를 만들었다. 서초동에 들어선 쉼터 1호점은 주로 대리운전 노동자들이 이용한다. 이곳에서 기사들은 대리운전 업체의 갑질과 진상 고객으로부터 받는 스트레스를 동료 기사들에게 털어놓는다. 한참 욕을 한 뒤 함께 흥분하고 나면 화가 조금 풀리는 듯하다. 커뮤니티 공간으로 조성된 쉼터에서는 다양한 모임과 상담, 교육 프로그램도 진행된다.

쉼터의 복지 서비스는 여러모로 대리운전 노동자에게 도움이 되지만, 근본적인 문제를 해결해주진 못한다. 특히 노동 여건은 전보다 나아진 것이 하나도 없다. 법과 제도의 부재 속에 대리운전 노동자는 주취폭력, 폭언, 산재, 자동차 보험사기 등 각종 위험에 방치되어 있다. 그나마 있는 대리운전 보험은 리베이트와 허위 등록을 포함해 너무 많은 문제를 안고 있어 개선이 시급하다. 대리운전을 하기 위해선 일반 운전자 보험에 비해 보장성은 낮지만 보험료는 높은 보험을 어쩔 수 없이 가입해야 하기 때문이다. 그뿐인가. 연 3회 사고 시 보험 연장을 안해주는 대리운전 단체보험의 변칙 운영은 직업으로 운전을 하는 죄 없는 노동자의 밥줄을 끊어놓는다.

전국대리운전노동조합 양주석 위원장의 국회 앞 단식농성이 8일째로 접어들던 날, 기온이 급격히 떨어지며 추위가 찾아왔다. 동료 대리운전 노동자의 노동 현실을 누구보다 잘 아는 그에게 추위와 배고픔, 비바람쯤은 문제가 아니었을 것이다. 15만 대리운전 노동자의 생존과 존엄, 안전이 그의 어깨 위에 있기에 의연함은 당연한 반응이었을지도 모른다. 대리운전 노동자들이 더 이상 조롱받지 않고 온갖 위험으로부터 보호받을 수만 있다면 한겨울 추위쯤은 얼마든지 견딜 수 있었으리라. 대표적인 특수고용 직군인 대리운전 노동자를 대표해 노조필증 발급과 노동3권 쟁취를 목표로 시작한 농성은 18일간 계속됐다. 추위와 세간의 무시에도 불구하고 꿋꿋이 버티며 투쟁하던 양 위원장은 급기야 쓰러져 병원으로 향했다. 그가 바란 건 단 하루라도 공식적인 노동자로 인정받는 것이었으리라.

그런 그에게 노동부는 "아직까지 제도가 뒷받침되지 않아 당신을 노동자로 인정하지 못해 미안하다"는 솔직한 말 대신 "두 노조가 조직대상 등에 있어 동일하다고 보기 어렵다"는 애매한 답변으로 노조 조직변경 신청을 우롱했다. 이른바 노동자들을 보호하기 위해 존재한다는 노동부의 입장이 이처럼 무책임해도 되는지 묻지 않을 수 없다. 뉴스를 통해 노조 전환 신청 반려 소식을 접한 대리운전 노동자들의 마음은 한겨울 아스팔트처럼 공허했을 것이다.

"존엄이 아니면 죽음을 달라." 인간을 도구나 소모품쯤으로 여기는 노동 현실은 우리 주변에 가까이 있다. 그 노동자가 내 아버지, 어머니, 자식이 될 수 있음은 물론이다. 그런 현실을 매일 마주하는 우리가 제 정신으로 살고 있는 것 자체가 어쩌면 기적일지 모른다. 조롱받지 않을 권리, 노동조합을 만들 권리, 대등하게 요구할 권리는 누구에게나 어느 분야에나 보장됨이 마땅하다. 그러나 대리운전 노동자에겐 그럴 권리조차 없다. 교묘한 자본가의 술책을 탓하기보단 방임하는 국회와 정부,

무관심한 시민에게 호소하고 싶다. "대리운전 노동자에게 조롱받지 않고 살 권리를 달라."[*]

| 방승범(2017) |

<hr />

[*] 노조 조직변경 신청이 반려되자 대리운전 노동자들은 2019년에 새롭게 전국 단위 노조 설립 신고서를 제출했다. 400일 넘게 기다리며 신고필증 발급을 위해 투쟁했던 특수형태근로종사자로서 대리운전 노동자들은 2020년 7월 17일 '제헌절'에 고용노동부로부터 '합법노조' 인정을 받았다.

대학교

✦

여러 학문 분야를 연구하는 고등교육의 핵심 교육기관.

스무 살, 대학 생활을 시작하던 시기. 한껏 부풀어 오른 꿈을 품고 무언가에 도전해볼 시기라고들 한다. 그러나 나에게는 그저 돈 쓸 일 많아지는 시기였을 뿐이다. 공업계 고등학생이면서도 지금은 포기한 라디오 피디라는 당시의 꿈이 4년제 대학 졸업장을 원했기에, 한마디로 팔려왔다. 400만 원 넘는 등록금을 낼 여력이 없어 대출을 받았다. 1학년 중반까지는 부모님이 동네에서 가게를 운영했기 때문에 남의 돈을 받는 노동을 해본 경험이 없었다. 그래서 1학년 1학기 때까지도 따로 일할 생각을 하지 못했다. 일할 자리가 있어도 수업 시간과 겹치기 일쑤였다. 대학 생활은 계속해서 돈을 잡아먹었고, 그때마다 집에 손을 벌릴 수밖에 없었다.

2학기 등록을 위해 다시 한번 한국장학재단 홈페이지를 헤매다가 국가근로장학이라는 제도를 찾고 이거다 싶었다. 학교의 여러 행정부서가 근무지로 떴는데, 도서관 근로장학은 어쩐지 식상해 보여서 교수학습지원팀을 선택했고, 12명의 선발 인원 안에 들어 합격했다. 나의 첫 노동이 시작되는 순간이었다. 시급 6000원에 한 달 40시간 근무. 교수학습지원팀은 교수법·학습법 연구와 워크숍, 강의 분석 촬영 등 업무 범위가 광대하다. 우리 근로장학생들은 홍보 포스터 붙이기, 게시판과 웹하드 관리, 복사, 제본, 운반, 청소 등의 일을 맡았다. 여기서의 경험 덕분에 학교의 모든 지리를 파악했고, 제본 기술도 배웠다. 국가근로장학생이라는 휘황찬란한 이름을 단 비정규직이었다. 월급은 국가에서 주지만 근무는 학교에서 하는 파견 비정규직. 학교는 돈도 안 들고 불만도 잠재우고 참 좋다.

같이 일하는 교직원들도 친절한 편이었고, 근로장학생들끼리 연대감도 깊었다. 일을 배분할 때도 그렇고 새로 들어온 사람에게 모르는 것을 알려줄 때도 그랬다. 한 학기가 끝나면 학과나 동아리에서 종강총회를 하듯이 우리도 종노동총회를 했다. 첫 학기가 끝날 때는 못 하고 그냥 넘어갔는데, 아무리 생각해도 그동안 같이 일한 사람들끼리 마지막을 함께할 수 없다고 생각하니 많이 아쉬워서 다음 학기부터 내가 제안했다. 함께 그동안의 경험을 정리하고, 근무에 대한 불평불만도 늘어놓고, 다음 학기에도 계속 일할 사람들끼리 신세한탄도 하고, 졸업이나 군입대 등으로 그만두는 사람들과 작별 인사도 할 수 있는 좋은 기회가 되었다.

일부 근로장학생들은 방학에도 여전히 출근한다. 방학이 되어 집으로 내려가는 사람들의 근무 시간을 학교에 남은 근무자들이 받아서 일하기 때문에 월급이 늘어난다. 그런데 2학년에서 3학년으로 넘어가는 겨울방학에 날벼락이 떨어졌다. 위성방송을 송출하는 장비의 볼륨에 문제가 생겨 부품을 교체해야 한다는 것이다. 기판의 콘덴서를 바꿔 달아야 한다는데, 20여 대나 되는 많은 수상기들을 다 뜯고 기판을 열어 부품을 갈려면 매우 오래 걸린다. 공고 전자과를 나온 죄로 납땜은 나밖에 할 줄 몰랐기 때문에 거의 혼자 일하다시피 했다. 며칠에 걸쳐 부품을 교체했더니 이젠 배선을 정리하고 케이블도 교체해야 한단다. 배선이 굉장히 많았기에 파트별로 나눠서 작업했는데, 자기 파트가 아니면 손을 댈 수도 없을 정도로 공정이 복잡했다. "애초에 업체를 불러서 할 일을 전문가도 아닌 우리에게 시키고 있다"는 말이 나왔고, 불만은 점점 커져갔다.

교직원 한 명이 뭘 이거 갖고 힘드냐면서, 평소에 놀았으니 됐지 않느냐고 했다. 아니, 근로기준법에 분명히 일을 하지 않더라도 사용자의 통제하에 놓여 있는 한 근무 시간이라고 박혀 있는데, 뭔 소리란 말인가? 게다가 일을 시킬 거면 그냥 시키면 될 것이지 왜 기분 나쁘게 저런 말을 던지고 가는지 알 수가 없었다. 나는 같이 일하는 애들을 꼬드겼다. "야, 우리 한 이틀 정도 다른 날로 옮기자. 못 해먹겠다." 우리 사무실은 근로장학생이 직접 시간표를 짰기 때문에 총 시간만 맞추면 다른 날짜로 옮기는 것이 가능했다, 방학 근무자인 내 동기 두 명과 학과 후배 한 명도 동조했다. 목요일부터 다음 주 월요일까지 모든 작업이 중단되는 일이 벌어진 것이다. 우리 중 한 명은 일정상 도저히 이틀을 뺄 수 없어 하루 나갔는데, 나머지 셋이 없으니 그 동료에게 아무것도 못 시켰다고 한다. 작은 승리를 거둔 것이다.

확실히 이 일이 있고 나서 우리는 좀 달라졌다. 파업이라기엔 거창할지 모르겠지만, 그래도 우리 나름대로 단체행동을 펼친 첫 경험이었다. 국가와 학교는 우리가 근로'장학'생이라는 이유로, 우리에게 주는 월급을 시혜적인 것이라고 보는데, 일을 하고 대가를 받는 것이 어째서 시혜인지 도저히 이해할 수가 없었다. 또 교직원 중 상당수가 2년 계약 비정규직인데, 대학은 학생들을 좋은 곳에 취업시켜 명성을 드높이고 싶어 하면서 정작 학교에서 일하는 우리들과 직원들에 대한 처우는 이 모양인 것이다.

나는 군 복무 문제를 해결하기 위해 2학년을 마치고 휴학을 했다. 그 런데 막상 군대에 가려니 이것저것 알아볼 것도 많았고, 사회의 '공기' 를 더 맡고 싶은 마음에 차일피일 입대를 미루고 있었다. 그러던 와중에 근로장학을 하던 사무실에서 휴학생도 할 수 있는 일을 시작했다. 바로 강의 분석 촬영이었다. 카메라 다루는 법은 생각보다 쉬웠고, 강의를 찍 는 일이라 조작할 버튼도 몇 개 없었다. 편집 프로그램을 다루는 것도 그렇게 어렵진 않았다. 오히려 촬영 일이 더 좋았다. 무엇보다 시급이 9000원이었다. 편집 시급도 6000원이라 일단 손에 들어오는 돈이 늘어 났다. 편집은 아무 때나 해도 됐기에 근무 시간도 자유로운 편이었다.

그런데 학생들이 수업에 늦게 들어오면서 기껏 수평을 맞춰놓은 카 메라 삼각대를 치고 지나가는 경우도 있었다. 수평 맞추는 일이 어렵지 는 않지만, 누군가가 해놓은 노동을 학생들이 전혀 존중하지 않는 느낌 에 언짢았다. 나도 저들과 같은 학생이지만 사람들이 카메라 들고 다니 는 나를 교직원으로 착각하기 때문에 짜증도 못 냈다. 촬영 담당 교직 원에게 하소연을 했더니 그냥 짜증을 내도 괜찮다는 대답이 돌아왔다. 그 이후부터는 조금만 스치고 지나가도 짜증을 냈더니 신기하게도 카 메라를 치고 다니는 사람이 없어지기 시작했다.

나의 비정규직 인생은 언제까지 계속될까? 세상은 나에게, 그리고 우리들에게 비정규직으로 살아가기를 강요한다. 그 다음도 비정규직일지 모른다. 과연 그 끝에 뭐가 있을지 모르겠다. 이 와중에도 학교는 10월 임금을 안 주고 있다. 물어보니 촬영 알바생들뿐 아니라 근로장학생들도 지급이 안 되었단다. 월요일까지 안 들어오면 총무처에 쳐들어가겠다고 벼르는 중이다. 동료들은 은근 기대하는 눈치다. 제발 나 좀 가만히 냅둬라!

 ○○○**(2013)**

대학원

✦

대학의 학부 과정을 마치고 전문적인 연구를 하는
최상층의 교육기관.

2011년에 한 사립대학교의 대학원에 입학했다. 공부를 열심히 해서 뭐라도 되어야겠다는 생각뿐이었다. 학위를 딴 다음에 강의도 하고 좋은 글도 쓰는 연구자로 살게 될 것이라는 막연한 희망을 품었고, 처음에는 그것만으로 충분했다. 얼마 지나지 않아 학부생 대상의 교양 강의를 보조하는 교육조교TA 자리를 소개받았다. 앉아서 공부할 책상도 주고 돈도 준다니 이보다 더 좋을 수는 없었다. 간단한 인적 사항과 계좌번호를 묻는 서류를 한 장 썼다. 계약서는 아니었다. 교육조교는 '근로장학생'으로 분류되기 때문에 계약서는 없다고 했다. 당시에는 그러한 분류가 무엇을 의미하는지 잘 몰랐다. 그저 일은 어지간히 시키면서 장학금이라 부르기에 손색없는 돈을 줄 것이라고 믿었다.

무작정 믿을 게 아니라 먼저 나서서 꼼꼼하게 알아봐야 세상살이에 손해가 따르지 않는다는 교훈을 얻기까진 그리 긴 시간이 걸리지 않았다. 대학 본부에서 교육조교 일을 노동으로 취급하지 않다 보니 당연히 업무의 내용이나 경계에 대한 체계적 지침이나 관리를 제공하지도 않았다. 교육조교의 처우는 오롯이 해당 교육을 담당하는 교수의 재량에 따라 결정되었다. 처음에는 강의 일정이나 과제, 출결 처리, 시험 범위 등에 대한 학부생들의 질문에 답해주던 내 업무는 곧 강의 내용에 관한 질문을 처리하는 데까지 확장되었다. 교수는 교재를 보고 적당히 답을 해주면 된다고 했다. 두 번째 학기부터는 교안도 만들었다. 다음은 시험 출제였다. 객관식, 약술, 논술 등을 적절히 섞어 170명에 가까운 학생들의 학점을 결정할 시험 문제를 냈다. 당연히 채점도 했다. 다른 일들은 그럭저럭 넘어갔지만 교안을 제작하고 시험을 출제한 건은 여전히 마음 한구석에 큰 죄책감으로 남아 있다. 학생들이 비싼 등록금을 내고 받으리라 기대했던 '고등교육'이 근로장학생의 머리와 손끝에서 나오는 무언가는 결코 아니었을 테니까.

이 모든 것을 다 하자니 월요일부터 금요일까지 매일이 바빴다. 지시받은 일을 차질 없이 처리하려면 보통 아침 9시까지 출근해서 저녁 8시 정도까지 일해야만 했다. 교육조교가 되면서 할당받은 책상에는 항상 처리할 일이 산더미처럼 쌓여 있어 공부를 위해 읽는 책 따위가 놓일 자리는 없었다. 장학금의 정확한 액수와 지급 방식도 일을 시작한 지 두세 달이 지난 후에야 담당 교수를 통해 들었다. 6개월에 한 번, 그러니까 한 학기가 끝날 무렵 100만 원이 입금될 것이라 했다. 아무리 장학금이라지만 이상한 액수였다. 한 달에 16만 6666원 꼴이라니.

이상한 액수라도 한 달에 한 차례 입금된다면 좀 나을 것 같았다. 핸드폰 요금, 교통카드 대금, 각종 공과금 등 이 시대의 경제는 한 달을 단위로 굴러가니까. 그런 의미에서 연 2회에 걸쳐 들어오는 200만 원은 별로 유용하지 않았다. 한 달에 한 번씩 발생하는 이런저런 지출들에 대비할 방도가 없던 나는 대학 바깥에서 일을 하나 더 찾기로 했다. 주중에는 교육조교 업무로 하루 종일 바쁘니 주말밖에 시간이 없었다. 그렇게 예식장 아르바이트를 시작했다. 여기도 계약서가 없기는 마찬가지였다. 정확히 말하면 예식장 아르바이트가 아니라 예식장과 계약을 맺은 외부 업체에서 뷔페와 피로연만을 진행하는 아르바이트였다. 2011년에 시급 8000원을 줬으니 벌이가 꽤 괜찮은 자리였다. 토요일과 일요일에 한 번씩 행사를 치르면 도합 16만 원 정도를 손에 쥘 수 있었다. 게다가 일이 끝나는 즉시 현장에서 바로 지급되니 일상의 운영에 빛과 소금처럼 쓰일 수 있었다. 다만 예식 일정이 잡혀야 일도 할 수 있다는 점은 좀 문제였다. 한 주에 내게 들어올 금액의 경우의 수는 16만 원, 8만 원, 0원의 세 가지였다. 예식장 아르바이트로 번 돈은 생활비로 쓰기에만 적당했다. 딱 그 정도였다.

피로연장의 하루는 정신없이 돌아갔다. 새벽같이 출근해 행사 준비를 마친 후 곧바로 예식장에서 피로연장으로 오는 길목에 서서 손님들을 안내했다. 보통 11~2시에 3시간 정도 바깥에 서 있게 되는데, '미관'을 위해 유니폼만 착용하는 것이 원칙이었다. 겨울에는 된바람에 온몸을 덜덜 떨었다. 지나가던 손님들은 추워 죽겠는데 피로연장이 왜 이렇게 멀리 있냐며 화를 냈고, 그럴 때는 죄송하다고 말하는 것 외에는 달리 할 수 있는 일이 없었다. 일하는 동안 업주가 손님들을 직접 대면해 불만을 처리하는 모습은 보지 못했다. 음식이 맛이 없다, 자리가 불편하다, 실내가 너무 춥거나 덥다는 등 온갖 불만에 대해 매번 책임도 권한도 없는 아르바이트 노동자들이 허리를 굽혀 사과했다.

일하는 동안 보거나 겪은 일 중 가장 씁쓸했던 것은 처음 구인공고에 적혀 있던 "근무 중 아침 및 점심 식사 제공"이 지켜지는 방식이었다. 아침 겸 점심으로는 뷔페 메뉴에 올리기 위해 썰어둔 김밥의 '꽁다리'를 먹었고, 손님들이 모두 나간 뒤 행사장을 정리하기 직전에 짬을 내 남은 뷔페 음식으로 늦은 점심을 먹었다. 그게 무엇이든 업주가 하루 두 차례 먹을 것을 준 것도 맞고, 그로 인해 따로 식대 지출이 발생하지 않은 것도 맞다. 맞긴 한데 기분은 좀 이상했다. 결국은 아르바이트 노동자들이 업장의 잔반 처리까지 도와주는 격이었기 때문일까.

하루는 같이 일하던 동료가 뜨거운 국물이 담긴 통을 나르다가 놓쳐서 손과 다리를 크게 데었다. 그는 늘 하던 대로 깜짝 놀랐을 손님들에게 사과하고 카펫을 엉망으로 만들었다며 화를 내는 업주에게도 사과했다. 업주는 선심을 쓰듯 "손이 그 지경이 되어 어차피 일하기도 힘들 테니 일찍 들어가보라"고 했다. 나중에 알게 된 사실에 따르면, 그는 조퇴 전까지의 근무에 대한 시급만 받았다고 한다. 일을 하다 다쳤으니 치료비 지원을 받을 수 있지 않을까 해서 업주와 통화를 했으나 저쪽에서 대뜸 화를 내는 바람에 이야기는 잘 되지 않았다고 했다. 당시는 아르바이트 중 입는 부상 역시 일종의 산업재해라는 관념이 형성되기 전이었다. 얼마 지나지 않아 그 동료는 일을 그만뒀다. 이 두 가지 노동을 경험한 것이 5~6년 전 일이니 그사이 꽤 많은 시간이 흘렀다. 이후로도 나는 다양한 노동들을 전전했다. 학원 강사, 일식집의 홀서빙 아르바이트, 의류 매장의 판매 직원, 집필 노동 등. 일하는 장소도 일의 내용도 제각각이지만 그 모두가 비정규 노동이었다는 점에서는 동일하다.

과거에 비해 상황이 많이 나아졌다고는 해도 여전히 비정규 노동은 반쪽짜리 노동, 혹은 의사疑似 노동으로 분류된다. 비정규 노동이 그 자체로 사유되지 못하고, 정규 노동의 언저리 정도로 치부된다는 의미이다. 예를 들어 대학원생 수업조교들은 언젠가 전임 교원이 될 것을, 이런저런 자리의 아르바이트 노동자들은 후일 다른 '진짜 직장'에서 정규 직이 될 것을 꿈꾼다. 미래에 대한 기약 앞에서 지금의 비정규 노동은 그 저 잠시 머물렀다 곧 떠날 단계, 사서도 하는 젊은 날의 고생 정도로 인내 된다. 모두의 목표가 한시바삐 주변부를 벗어나 중심의 노동으로 향하는 것으로 설정되어 있기 때문일까. 정규 노동의 권리와 비정규 노동의 권리 가 차등적으로 보장되는데도 문제제기는 잘 이루어지지 않는다.

공론의 영역에서 노동을 논할 때 비정규 노동 또한 논의의 중심적인 대상이 되었으면 한다. 사회 구성원 다수의 노동이 비정규 노동인 것이 현실이라면 우리는 그러한 노동에 대해 더 많이, 더 진지하게 그리고 더 주의 깊게 말해야만 할 것이다. 그렇게 노동 개념의 외연을 넓히고, 또 비 정규 노동에 종사하는 모든 이들이 '지금 여기'의 당사자로서 삶의 객관 적인 조건들을 사유할 수 있어야 한다고 믿는다. 자기 삶의 조건에 관한 충실한 성찰이 전제되었을 때, 더 많은 권리를 주장하고 더 나은 삶을 지 향하는 주체적 노동자의 형상이 구성될 수 있다.*

구슬아(2017)

---

* 2010년대 중·후반에 대학원생 조교의 행정 업무 수행과 관련해 노동자성의 인정 문제가 대두 된 것을 계기로 여러 사립대학에서 조교 제도가 개편되었다. 행정 담당 조교로 계약직 직원을 선발하는 동시에, 대학원생의 경우 강의·연구 보조에 집중하는 '수업조교'와 '연구조교'로만 일할 수 있게 한 것이 보편적 경향이었다. 대학원생의 행정 업무 부담을 경감하고 조교 경험이 예비 강의자 또는 연구자로서의 역량 증진으로 연결되게끔 한다는 취지였다. 그러나 기존 대 학원생 조교의 대량 해촉을 포함한 졸속적인 개편 절차 때문에 다수의 대학에서 큰 혼란이 야 기되기도 했다. 또한 수업조교와 연구조교를 '근로장학'으로 운영하면서 노동과 노동자의 권 리가 논외로 취급된다는 점, 학업과 연구를 지속할 조건을 마련하기 위해 양질의 교내 강의와 연구 관련 일자리가 계발·확보될 필요성 등은 여전히 진행형인 쟁점들이다.

도로

사람, 차 등이 잘 다닐 수 있도록 만들어놓은 비교적 넓은 길.

벌써 2년이 되었다. 시간은 빠르게 지나갔다. 정규직이었던 나는 회사의 '비정규직화' 권고를 거부하다 2019년 12월 31일 해고되었다. 내가 채용면접을 보고 교육도 담당했던 비정규직 노동자들의 성실함이 나의 일자리에 영향을 줄 것이라곤 꿈에도 생각하지 못했다. 회사는 순전히 인건비를 줄이려고 비정규직을 활용했는데, 내가 맡은 업무가 그들을 채용하고 교육하는 일이었다. 그러던 중 나 또한 비정규직 전환 대상이 되었다는 사측의 통보를 받은 것이다.

그 뒤 회사를 상대로 퇴직금과 해고예고수당 청구 소송을 2년 동안 벌였다. 1심에서 일부 승소했으나 회사는 항소했다. 2심은 또 6개월에서 1년이 걸린다는 문자. 내가 고통받아야 할 시간은 2년이면 충분할 거라고 생각했는데, 회사의 생각은 그렇지 않았던 것 같다. 난생처음 소송에 필요한 서류를 작성하고 자료를 준비할 때, 재판 진행 상황이 문자로 올 때

심장이 무거워졌다. 아무것도 할 수 없었고 아무 생각도 나질 않았다. 고용노동부와 대한법률구조공단의 도움으로 여기까지 왔지만, 법은 약자인 노동자에게 감당하기 힘든 복잡한 절차와 긴 시간을 요구한다. 이 시간이 언제 끝날지 나는 알 수 없다.

2019년 10월, 운동 삼아 전기자전거로 배달 일을 시작했다. 배달 플랫폼의 구인광고가 자주 눈에 띄었기에 나 또한 용기를 내보았다. 까다로운 절차 없이 쉽게 일을 시작할 수 있었다. 일 자체도 어렵지 않았다. 다만 어느 날부터 음식 픽업하러 매장에 가면, 기존 배달노동자의 따가운 시선이 느껴졌다. 처음에는 그 이유를 알 수 없었는데 지금은 안다. 자신들의 일감, 나아가 일자리를 위협하는 존재에 대한 경계였던 것이다.

2020년 1월, 해고 절차가 매듭지어졌고 코로나19가 본격적으로 퍼지기 시작했다. 전기자전거에서 오토바이로 갈아탔다. 플랫폼은 오토바이를 리스해주고, 배달 일을 주업으로 할 수 있도록 필요한 절차도 안내해줬다. 간단한 안전교육과 특수고용 노동자임을 인정하는 서류에 서명했다. 정규직에서 비정규직으로, 그리고 이제는 특수고용 노동자로 시동을 걸었다. 오토바이를 타본 적이 없었지만 플랫폼은 그런 걸 문제 삼지 않았다. 영상으로 보는 안전교육, 기존 근무자와 첫 배달을 함께 해보는 교육 등을 모두 마치고 난 뒤, 나는 곧바로 플랫폼의 톱니바퀴가 되어 달리기 시작했다.

배달 업무는 그동안 보지 못하고 경험하지 못한 세상으로 나를 인도했다. 건강보험은 직장가입자인 아내의 피부양자에 이름을 올려 해결했고, 국민연금 납부는 중지했다. 뒤를 돌아볼 여유도 없이, 쉼 없이 달렸다. 오토바이로 열 시간 넘게 일해도 힘든 줄 몰랐다. 그러는 사이 나의 몸에는 오토바이 진동이 누적되며 피로가 쌓여갔다. 그렇다고 멈출 수는 없었다. 가족에게 모든 상황을 설명할 수도 없었다.

어느 순간부터 교통신호도 무시한 채 신나게 달리는 나를 발견했다. 경찰의 단속을 피해 교통신호를 계속 위반하는 기분이 왠지 나쁘지 않았다. 얼마나 자주 신호위반을 했는지 기억나지 않을 정도다. 그렇게 신나게 나의 100cc 민트색 오토바이는 멈추지 않았다. 여름이 더운지도, 겨울이 그렇게 추운지도 모르고 달렸다. 여름에는 아이스팩을 헬멧에 넣었고, 겨울에는 열선 조끼를 입고 달렸다. 배달은 주말에 일이 더 많아서 가족과 함께하는 평범한 주말의 일상은 포기했다. 마침 교회도 코로나로 문을 닫는 때가 많아 나는 더욱 일에 집중했고 더 많이 달렸다.

코로나19는 전 세계를 공포로 몰아넣었고, 한국도 예외일 수 없었다. 많은 자영업자가 폐업했고, 폐업한 사장님들이 오토바이를 타고 나처럼 배달 일에 나섰다. 공유주방 등 매장에서 배달 음식을 만들어냈고, 외출이 어려워지니 배달 건수는 폭발적으로 증가했다. 정신이 없었다. 멈출 수도 없었다. 대형 플랫폼의 시스템에서는 경험 많은 라이더라고 해도 신규 배달노동자보다 나을 게 없었다. 처음에는 경험의 차이가 곧 수익 혹은 매출의 차이로 이어졌지만, 시간이 지나면 그 차이는 점차 사라졌다. 업무 약관은 수시로 변경되었고, 동의하지 않으면 근무가 불가능했다. 신규 배달노동자 구인광고는 지금도 계속 올라온다.

점점 지쳐갔다. 그날그날의 수익으로 피곤을 이겨냈지만, 그것도 한계에 온 것을 느꼈다. 엘리베이터에서 만나는 사람들이 나를 피한다는 느낌을 받았고, 큰 빌딩들은 나를 화물 엘리베이터로 안내했다. 매스컴에서는 오토바이 난폭 운전이 연일 보도되었고, 플랫폼의 운영 행태를 문제 삼는 기사도 끊이지 않았다.

나의 작은 100cc 오토바이는 그래도 신나게 달렸다. 그렇게 여유가 좀 생겼을 때 한 사람 두 사람 동료들의 사고 소식을 접했다. 생각보다 많은 사고 …. 하루 10시간 넘게 오토바이를 몰다 보니 나 역시 사고를 피할 수는 없었다. 다행히 큰 부상은 아니었지만, 이런 식으로 위험하게 운행하다 보면 죽을 수도 있겠다는 것을 그때 깨달았다. 늦지 않은 깨달음이었을까? 그날 가족과 외식을 하며 다짐했다. 나의 안전이 가족의 행복이란 사실을. 나도 어느덧 배달 베테랑이 되었다. 좋은 배달과 나쁜 배달을 구분하고 고객 만족을 위해 늦지 않게 달렸다. 신호를 잘 지키며!

작년 더운 여름날, 지친 나에게 배달노동자 실태에 관한 설문조사를 조심스레 요청해오는 사람을 만났다. 내가 처한 노동환경의 통계를 필요로 하는 곳이 있다는 사실에 놀랐다. 그때까지만 해도 배달 시장이 그렇게 성장했다는 사실을 알지 못했다. 설문지를 건넨 사람은 배달노동자의 노동조합에 속한 조합원이었다. 배달노동자들을 위한 노동조합이 있다는 사실도 놀라웠다. 처음으로 노동조합에 가입했다. 이는 열악한 노동환경에 놓여 있는 특수고용 노동자인 플랫폼 노동자를 대변하는 계기가 되었다. 배달노동자가 처한 현실을 알리고 법·제도의 마련을 촉구하고자 국회 간담회와 언론 인터뷰, 여러 회의 등에 참석했다. 플랫폼 기업 정문에서도 처우 개선을 외쳐보았다.

배달노동자의 가장 큰 문제는 안전이다. 오토바이의 속도와 안전, 하루의 매출이 모두 연결되어 있다. 그런데도 플랫폼 기업은 개별 노동자의 매출에 관계없이 끝없이 신규 노동자를 모집했고, 배달은 더 빠르게 무한경쟁 시대에 돌입했다. 나 역시 배달을 시작한 지 2년이 되었지만, 오늘 처음 일하는 노동자와 나의 매출 차이가 크지 않다. 플랫폼의 이용약관 변경 역시 일방적이었고, 앱을 변경할 때도 배달노동자한테 동의를 구하는 일이 없었다. 플랫폼이 책정하는 배달 단가는 그때그때 바뀌었고, 바뀌는 이유도 알 수가 없었다. 지역별 배달 단가의 차이와 프로모션으로 같은 시간 동안 일을 해도 매출에 차이가 났다. 배달노동자의 수는 줄지 않았고, 코로나19 또한 끝이 보이지 않았다. 급기야 다른 대형 플랫폼 기업이 시작한 단건 배달로 매출은 더욱 줄었다. 떨어진 매출을 메우려면 근무 시간을 하루 10시간에서 11시간으로 늘려야 했다. 누적된 피로로 어깨와 팔꿈치, 팔목까지 통증이 생겼다. 내 100cc 오토바이의 누적 주행거리는 어느덧 7만 4000킬로미터를 넘어섰다.

나는 노동조합 활동을 위해 배달하는 시간을 쪼개거나, 쉬는 날도 반납했지만 피곤하지 않았다. 내 주변 배달노동자에게 함께하자고 알렸다. 평소 안면이 있는 사람들은 쉽게 합류하기도 했지만, 노동운동에 부정적이거나 사측이 차별하지 않을까 하는 두려움으로 주저하는 사람들도 보았다. 하지만 나보다 더 먼저 그 길을 가기 시작한 사람들이 많이 있음에 힘을 얻었다. 내가 속한 노동조합은 2018년 더운 여름에 폭염수당 100원 인상을 위해 오토바이를 세워둔 채 투쟁했다. 서울 각 구에 지역장을 두었다. 지역에도 지부들이 생기고 있다. 전국에서 많은 배달노동자 모임이 계속 만들어지고 있다는 사실에 나 스스로도 놀라고 있다. 잘못되고 열악한 현실을 바꾸기 위해 더 많은 배달노동자가 같은 마음으로, 인내와 끈기로 한 발 한 발 전진하고 있는 것이다.

나는 이제 배달노동자의 노동조합에서 새로운 도전을 하고 있다. 배달노동자의 안전을 위해서 안전강사로도 활동한다. 관계기관 두 곳에서 안전강사 교육도 수료했다. 기회가 닿으면 여러 노동자 모임을 찾아

가 '안전을 위해 멈춰야 할 때 제대로 멈춰야 한다'는 내용의 교육을
실시한다. 내가 늦게 깨달은 안전의 중요성을 좀 더 널리 알리고 전파
하려 한다. 정규직으로 근무하던 그 시절, 노동조합과 비정규 노동운동
의 중요성을 전혀 알지 못했다. 내 일이 아니었다. 다른 사람의 이야기
였다. 그때는 알지 못했던 것이다. 내가 비정규직, 혹은 특수고용 노동
자가 될 수 있다는 사실을 ….

오늘도 충분히 예열된 나의 민트색 100cc 오토바이는 달리고 있다.
비록 최고속도는 65킬로미터밖에 못 내지만, 희망을 위해 오늘도 신나
게 달려본다.

라이더유니온 최고속도 65 (2021)

마트

생산자로부터 물품을 대량 구매해 낮은 가격으로
유통하고 판매하는 할인점.

사장님이 순영 언니를 가리킨다. 경력이 많으니까 같이 다니면서 따라
하면 된다고 한다. 사장님을 아저씨라고 부르는 실수를 저지르긴 했지
만 그럭저럭 면접이란 걸 통과했다. 험한 일인데 할 수 있겠냐는 질문
에 힘차게 고개를 끄덕였다. 엄마는 죽었고, 아빠는 술만 마시고, 오빠
는 군대에 갔다. 찬밥 더운밥 가릴 처지가 아니었다. 만두, 햄, 맛살, 참
치 같은 걸 파는 대리점이었는데, 스물다섯 살 순영 언니는 그곳에서 5
년이나 일했단다. 언니 뒤를 쫄래쫄래 따라다니면서 그대로 따라하다
보니 그림자 같은 느낌이 들었다. 몰래 언니 얼굴을 쳐다보다가 눈이
마주쳤는데 언니가 웃어줘서 마음이 놓였다.

　언니가 나를 으슥한 곳으로 데려가더니 휴지에 아세톤을 묻혀서 햄
이랑 맛살 포장에 찍힌 날짜를 지운다. 유통기한이 하루나 이틀 남은
반품된 물건. 언니는 날짜를 지우고 유통기한을 한참 늘려 새 날짜를

부여한다. 나도 언니를 따라 날짜를 지웠다. 사장님이 순영 언니를 그 대로 따라하면 된다고 했으니까. 헌 날짜를 지우고, 새 날짜를 찍고, 다 시 팔고 …. 언니와 유일하게 아무 말도 할 수 없는 시간이었다. 무서 워. 들키면 감옥 가는 거 아냐? 하지만 나는 세 달짜리 아르바이트생일 뿐이라서 시키면 해야 했다.

아침에 출근하면 물건을 정리하고, 햄이랑 맛살에 새 날짜를 찍었 다. 영업사원이 하루 종일 팔 물건을 차에 실어주면 슈퍼에 갔다. 순영 언니랑 같이 가고 싶은데 언니는 경력이 많아서 시내에서 가장 큰 슈퍼 에 갔고, 나는 그보다 작은 슈퍼로 갔다. 조금 불안하기도 했지만 그래 도 괜찮다. 언니와 점심을 같이 먹기로 약속했으니까. 슈퍼에서 물건을 정리하고, 사장님 심부름 하고, 사모님 심부름 하고, 손님 심부름을 했 다. 점심이 되면 순영 언니를 만나서 2000원짜리 수제비를 먹었다. 또 사장님 심부름하고, 사모님 심부름 하고, 손님 심부름을 하다가 어두워 지면 다시 언니를 만났다. 집으로 가는 버스를 기다리는 동안 언니 손 을 잡고 잠바 주머니 속에 넣고 돌아다녔다. 언니 손은 거칠었지만 무 척이나 따뜻했는데, 언니는 내가 버스 타는 걸 보고서야 혼자 자취방을 향해 걸어갔다.

사장님이 장날이라고 시장에 가서 만두를 팔라고 한다. 무슨 소린 지 몰라 가만히 있는 내게 또 말한다. 순영 언니만 따라 하면 된다고. 배가 뚱뚱한 영업사원이 만두 30상자를 싣고, 널찍한 판자도 싣고 시끌 시끌한 시장으로 데려간다. 시장 한복판에 만두를 내린 뒤, 허리 높이 에 판자를 걸치고 만두를 쏟아놓더니 가버렸다. 장날이라 사람들은 미 어지게 많은데 한겨울 하늘은 쨍 소리가 나고, 난 여전히 무슨 일인지 모르겠다. 시장에 왔다가 엄마를 잃은 아이마냥 만두 옆에 서 있었더니 언니가 말한다. "장날마다 와서 이거 파는 거야. 빨리 팔면 빨리 갈 수 있어. 가만 있으면 더 추우니까 소리를 질러서 손님을 모으는 거야."

갑자기 언니가 박수를 치면서 소리를 지르기 시작한다. 만두가 한 봉지 얼마, 두 봉지 얼마, 사은품도 준다고. 지나는 사람들 중 어떤 사람은 힐끔 쳐다보고, 어떤 사람은 모른 척 지나가고, 어떤 사람은 만두를 사러 온다. 내가 어떻게 일을 시작하게 되었는지는 모르겠다. 언니 따라 소리를 먼저 질렀는지, 계산을 하고 봉지에 담아주는 걸 먼저 했는지, 새 상자를 뜯어 만두를 다시 쌓았는지 기억이 없다. 하여튼 언니 따라 얼른 팔고 가야겠다는 생각만 들었다. 창피하다, 춥다, 하지만 돈을 벌어야만 하는 현실은 또 다른 나를 만들었다. 소리도 잘 지르게 되었고, 계산도 잘해서 돈이 모자라지도 남지도 않게 정확하다고 사장님한테 칭찬도 들었다.

또 장날이다. 사장님이 명절 전이라 더 많이 팔아야 한다고 해서 50상자나 가지고 갔다. 하지만 장에 사람이 없다. 추위 탓이다. 그러니 소리를 질러봐야 소용없고 나도 모르게 콧물만 나왔다. 장사 잘하는 순영 언니도 마찬가지다. 새파랗게 젊은 아가씨 둘이 새파랗게 얼어서 시장 한복판에 만두를 쌓아놓고 발을 동동거렸다. 시간이 아주 느리게 가고 멀리서 두 명이 다가온다. 어떻게든 한 개라도 더 팔겠다고 언니가 소리치는데 … 내 친구다. 순옥이가 나를 보더니 여기서 뭐하는 거냐고 묻는다. 아르바이트 하는 거라고, 만두 좀 사가라고 너스레를 떨지만 나를 보는 순옥이 눈이 토끼 눈이 되었다. 이 순간이 빨리 좀 가라, 그리고 기억나지 마라, 너도 나도 다 잊어버리자. 잘 가라고 손을 흔들었던 나는 웃고 있었나 울고 있었나. 만약 눈물이 났다면 너무 추워서였을 것이다. 콧물이 저절로 나온 것처럼 눈물도 그렇게 흘렀을 것이다.

그리고 아주 조금이었을 것이다. 그날은 만두를 반도 못 팔았다.

구정을 앞둔 마지막 대목장. 날이 아무리 추워도 사람이 많을 것을 안다. 순영 언니와 나는 또 만두 50상자와 함께 시장에 내던져졌다. 배가 뚱뚱한 영업사원은 어떻게 해서든 다 팔아야 한다고 협박조로 말하고 또 가버렸다. 엿 먹어라! 재수 없는 새끼! 이 날씨에 네가 나와서 한번 팔아 봐. 사장 처남이라고 뭣도 모르면서 나대기나 하는 꼴이라니. 욕이 나오게 춥다. 양말을 두 개나 껴 신고 모자에 목도리까지 했는데, 지난달 월급 탄 돈 아껴서 큰맘 먹고 오리털 잠바도 사 입었는데 그래도 소용이 없다. 속이라도 든든하면 한결 나을 텐데, 다 못 팔면 데리러 오지 않겠다는 영업사원의 말에 점심도 못 먹고 만두를 팔았다. 뜨거운 커피는 빈속만 훑을 뿐이다. 징그럽게 춥다. 하지만 대목장이었다. 대목장을 보려고 젊은이부터 중늙은이, 완전 늙은이까지 장에서 함께 얼어갔다. 나도 순영 언니도 그 틈바구니 속에서 소리를 지르며 함께 얼었다.

어둑해질 무렵 누군가와 눈이 마주쳤다. 그냥 못 본 척 지나가도 서운하다 안 할 테니 제발 그냥 좀 지나가라. 아 씨, 이모다. 나를 알아본 이모가 눈물 바람을 하며 달려온다. 어린 것이 에미가 죽으니까 시장 바닥에서 만두나 팔고 있다고, 금방이라도 땅에 주저앉을 기세다. "이모, 그냥 아르바이트예요. 장 보러 왔어요? 만두 좀 사가요. 얼마 안 남았는데 몇 개 드릴까?" 나는 기대했다. 몇 개 남지도 않았으니 이모가 저걸 다 팔아주기를. 빨리 다 팔고 집에 가서 이불 속으로 기어들수 있으면 얼마나 좋을까? 정신을 차린 이모가 만두를 산다. 딱 한 봉지. 한 봉지 사가면서 두 봉지 사면 사은품으로 주는 쟁반을 달라고 해서 두 개나 가져간다. 뚱뚱한 이모 뒤통수에 대고 눈을 흘겼다. 그래, 그거나 한 봉지 먹고 떨어져라. 그리고 천 년 만 년 잘 살아라. 그날은 만두를 다 팔았다. 대목장이었다. 영업사원이 데리러 오는 사이 순영 언니가 사준 뜨끈뜨끈한 어묵 한 그릇이 눈물 나게 고마웠다.

3개월의 반을 순영 언니를 따라 만두 장사를 했고, 언니 손잡고 다니며 수제비를 먹었고, 시장을 누볐다. 아르바이트 마지막 날 사장님이 회식을 시켜줬다. 곱창 집에 데리고 가는데 언니가 살살 말한다. 사장님은 회식할 때마다 곱창 집엘 가는데 사장님 이빨이 틀니이기 때문이라는 거였다. 난 언니 얘기를 듣고서야 유난히 희고 고른 사장님 이빨이 틀니라는 사실을 알았고, 틀니 뺀 사장님의 오물거리는 입술을 상상하며 몰래 웃었다. 고무줄 같은 곱창을 열심히 씹고 있는데 사장님이 졸업하고 취직할 데 없으면 다시 오라고 한다. 언니는 곧 결혼을 할 거라고 했다. 둘이 열심히 모아서 조그만 가게 하나 차리면 길거리에서 만두 장사 안 해도 되고, 남의 슈퍼에서 심부름 안 해도 되니까 자기는 꼭 가게를 차릴 거라고 했다. 누구? 그 사람 나도 아는데? 내가 보기에는 개갈 안 나는 사람 같은데 그 사람이랑 결혼을 한다고? 언니가 아깝다는 생각이 들긴 하지만 어쨌거나 언니 꿈이 꼭 이뤄져서 행복했으면 좋겠다고 생각했다.

순영 언니는 내가 스무 해 동안 만난 사람 중에 제일 예쁜 사람이었다. 다른 사람 눈에는 어떻게 보였는지 모르지만 내 보기엔 예쁘고 날씬하고, 그리고 무엇보다 맘이 더 예뻤다. 손 시리다고 목장갑 속에 얇은 속장갑 하나 더 챙겨줄 줄 아는 사람. 양말을 두 개 신으라고 당부하던 사람도 언니였고, 시장에서 제일 싸고 맛있는 수제비 집을 가르쳐준 사람도 언니였고, 사은품으로 나눠주는 쟁반을 챙겨주고, 날짜 지난 햄이랑 맛살일 망정 반찬 해먹으라고 슬쩍 넣어주던 사람도 언니였다. 점심도 굵고 만두를 팔던 저녁에는 뜨끈한 어묵을 사주고, 언제나 차가운 내 손 위에 따뜻한 손을 포개주던 사람도 언니였다. 헤어지는 게 싫다. 계속 언니만 따라다니면 그렇게 언니가 다 챙겨줄 것 같은데, 언니는 내 맘을 아는지 모르는지 열심히 공부하라고 했다.

겨울방학 3개월을 슈퍼에서 일하고 장날마다 만두를 팔았더니 학교로 돌아가기가 싫었다. 학비가 없으니 장학금을 받아야 하고 생활비도 벌어야 하는데 그걸 감당할 자신이 없었다. 만두 장사는 다른 아르바이트보다 돈도 훨씬 많이 주니까 그냥 돈이나 벌어야겠다는 생각이 들었다. 사장님도 다시 오라고 했고, 무엇보다 순영 언니도 다시 만나고 좋지 뭐. 오빠한테 학교 그만두고 만두 장사하겠다고 얘기했더니 욕을 하며 안 된다고 펄펄 뛴다.

"그럼 오빠가 학비 줄 거야?"

"장학금 타면 되잖아!"

"생활비는?"

"아르바이트 하면 되잖아!"

"아르바이트 하면서 어떻게 장학금을 타?"

"그동안 잘했잖아!"

"이제 못 할 거 같다고, 죽을 거 같다고. 그냥 만두 장사가 속 편하다니까!"

"나도 하는데 왜 못 해?"

"내가 너냐? 오빠나 해! 내가 돈 벌어서 오빠 학비 주면 오빠도 좋지 뭘 그러냐?"

"너 죽을래?"

오빠를 이길 수가 없다. 오빠가 울 것 같은데 말을 안 들으면 오빠가 더 이상 내 오빠 안 하겠다고 할 것 같아 겁이 났다. 내가 딴 데로 튈 것 같았나 보다. 2학년이 시작되자 오빠는 나를 앞세우고 이불 보따리, 책 보따리를 지고 학교에 왔다. '뚱땡이' 영업사원이 만두 50상자와 함께 시장에 내던지고 가던 날처럼 오빠가 나를 기숙사에 던져놓고 갔다. 눈에 힘 팍 주고, 입을 꾹 다물고, 그래 누가 이기나 보자. 죽어가는 전우를 옆에 둔 병사처럼 전의를 다졌다. 학기 중에는 손바닥이 말 발바닥이 되도록 도서관에 대걸레질을 했고, 여름방학에는 은행 문 앞에 마네킹처럼 서서 인사를 했고, 겨울방학에는 만두를 팔았다. 그리고 졸업했다. 내가 졸업한 건 내 덕일까 오빠 덕일까. 졸업식 날 오빠가 커다란 꽃다발을 들고 왔다. 왠지 이긴 것 같았다.

헤어지고 나서 간간히 언니에게서 기쁜 소식이 들려왔다. 그 개갈 안 나는 남자와 결혼을 했고, 아이도 둘 있고, 그리고 무엇보다 작은 가게를 하게 됐다고 해서 좋았다. 대리점에서 같이 일하던 영업사원이 자기 가게에 물건을 갖다준다고 흐뭇해하는, 어엿한 사장님이 된 거였다. 그리고 나도 결혼을 했다. 쌍둥이를 낳았고, 지지고 볶으며 사느라 언제 어떻게 언니와 연락이 끊어졌는지 기억이 없다. 쌍둥이가 다섯 살이 되었을 때 다시 일을 시작했는데, 그나마 꼴 같지도 않은 대학 졸업장이 취업문을 넓혔다는 사실에 피식 웃음이 났다.

집에 오다가 마트에 들렀다. 이제 동네 구멍가게는 없다. 아파트 상가에 있는 슈퍼, 편의점, 그리고 전국에 다 있는 아주 큰 마트만 있다. 이마트, 롯데마트, 그리고 중국산 올갱이와 이란산 무화과를 파는 농민의 하나로마트. 나는 하나로마트에 갔다. 만두를 사라는 소리가 들린다. 어딘지 귀에 익다. 만두를 사러 온 것도 아니면서 나도 모르게 그쪽으로 걸음을 옮겼다. 순영 언니다. 갑자기 가슴이 먹먹하고 옛날 생각이 나면서 안타까운 생각이 든다. 어떻게 된 거지? 아는 척을 해야 하나? 울 것 같아. 그냥 지나가야 하나?

멀찍이서 바라보다 눈이 마주치고 말았다. 언니는 아주 환하게 웃는다. 다행이다. 언니가 옛날처럼 용감해 보였다. 대형마트가 여기저기 들어서면서 언니가 하던 가게는 문을 닫았다고 했다. 애들은 고등학생이 되었고, 남편도 열심히 일하고, 아픈 사람 없으니까 걱정 없다고. 그래도 언니는 다시 만두를 팔 수밖에 없었던 거다. 언니가 게으르게 산 것이 결코 아니다. 누구보다 열심히 살았을 것을 안다. 하지만 아무리 열심히 일해도 고단한 삶일 수밖에 없는 이 상황. 누군가 샘이 나서 흔들고 싶을 만큼 매력적이지도 않은 그렇고 그런 삶이 화가 났다. 널찍한 주차장에 차를 세우고, 어슬렁거리며 시장을 보는 일, 무겁다고 배달까지 시키는 편리한 일상이란 것이 누군가에게 굉장히 미안한 일이라는 생각이 들었다. 내가 잘못한 것이 없는데도 왠지 언니에게 계속 미안했다.

만두를 많이 샀다. 만두 판 돈이 언니에게 가는 것은 아니지만 빨리 다 팔고 집에 가서 푹 쉬었으면 하는 마음이었다. 언니가 일을 아주 잘한다는 사실을 인정받아서 11개월마다 계약서를 다시 쓰는 일 없이 퇴직금도 있고 상여금도 있고 보험도 다 되는 그런 자리에서 일할 수 있으면 얼마나 좋을까. 모두 다 그럴 수 있는 세상이면 얼마나 좋을까. 우린 많은 말을 했다. 오랜 시간 서로 다른 삶을 살아왔기 때문인지 이해하지 못하는 것도 있는 듯했지만 서운하지 않았다. 언니와 나는 같은 처지였으니까. 우린 그때 그 겨울에 잘 살기 위해 함께 노력했고 지금도 노력하고 있다는 걸, 그리고 잘 산다는 것은 결코 혼자 사는 것이 아님을 알고 있기 때문이다.

사람과 사람이 만나서 생긴 힘은 우릴 강하게 하고 힘이 되고 위로가 된다는 걸 우린 진즉에 알고 있었다. 고단한 언니의 삶이 안쓰럽지만 여전히 웃을 수 있는 언니가 이긴 거다. 내가 언니 편이고 또 내 편이 되어주는 사람들이 있으니 우리는 세상을 이렇게 망쳐버린 그 사람들을 이미 이긴 거 맞다. 순영 언니가 내게 따뜻함을 가르쳐준 것처럼 나도 그런 사람이 돼야지. 언니한테 만두를 사러 하나로마트에 또 가야지. 그런데 왜 자꾸 맘이 아프고 눈물이 날 것 같을까? 만두를 파는 언니의 고단함이 나는 속상하다.

김효태(2011)

맨홀

**땅속에 묻은 수도관과 하수관 등을 검사·수리·청소하기 위해
사람이 드나들도록 만든 구멍.**

우리는 흔히 더러운 것들을 눈앞에서 치워버린다. 땅속으로 감춰진 채 우리 발밑에서 계속 흐르는 이 더러운 물들도 마찬가지다. 우리가 내보낸 배설물도 거기 섞여 있다. 그런데 맨홀을 열다 보면 희한하게 '향기'가 나는 경우가 종종 있다. 분명 더러운 물인데, 세제와 샴푸 향이 악취마저 감추고 있는 건지. 이럴 때면 참 웃기다. 눈앞에서 사라진 폐기물이 이제는 냄새까지 잃어가고 있다. 오늘도 나는 악취인지 향기인지 모를 냄새를 맡으며 하수도를 점검했다.

상수도와 하수도는 도시 위생에서 중요한 기능을 담당한다. 물의 공급은 상수도로, 배출은 하수도로 이뤄지는데 이 상하수도의 청결이 도시와 시민들의 위생에 많은 영향을 끼친다. 길을 가다 보면 같은 하수도 맨홀이지만 다른 이름이 쓰인 걸 볼 수 있다. '하수', '오수', '우수' 등이 대표적이다. 하수와 오수는 쉽게 말해 더러운 물이고, 우수는 빗

물이다. 하수도를 통해 화장실과 주방뿐 아니라 공공건물과 영업건물에서 나오는 오물 등이 끊임없이 배출된다. 배출되는 곳이기에 더러울 수밖에 없다. 예전에는 비가 많이 내리면 하수가 역류해서 마을 전체가 똥통에 빠진 것처럼 오물과 물로 뒤덮였는데, 이제 우리는 단단한 맨홀 위를 걸을 뿐이다. 더러운 건 눈앞에서 치우고, 악취를 묘한 향기로 바꾼 채. 우리는 잠깐의 악취도 허용할 수 없다는 듯, 선을 넘지 못하게 한다. 우리는 눈과 귀를 가리며 살고 있다. 악취 아닌 악취, 향기 아닌 향기를 맡으며 말이다.

그런데 오늘처럼 비가 많이 내리고 난 다음 날은 감추어졌던 많은 것들이 드러난다. 비 내리는 일은 인간의 의지로 어떻게 할 수 없다. 그럴 때면 하수 맨홀에서는 악취가 진동한다. 머리가 어지러울 정도다. 마치 비가 가려진 눈과 막혔던 코를 뚫은 것처럼, 그때까지 보이지 않았던 더러움이 불쑥 고개를 들이민다. 숱한 하수와 오수가 "나 여기 있다"고 외치는 것 같다. 나도 그때 비로소 도시의 문제, 삶의 모순 등을 생각하게 됐다. 눈과 코를 씻고 하수 맨홀을 다시 본다. 그건 분명 내가 배출한 것들이 맞다.

맨홀 점검을 하다 보면 종종 차도 한가운데서 작업해야 할 때가 있다. 출퇴근 차량으로 꽉 찬 도로를 막고 교통을 통제하는 일이 쉽진 않지만, 하다 보면 차도 안 무서워지고 기계적으로 일하게 된다. 생과 사의 경계가 어딘가 있겠지만, 그 경계가 흐려지는 것도 한순간이다. 찌는 무더위와 피로도 경계를 잊게 한다. 오늘도 출근길 6차선 도로 한가운데에 있는 맨홀을 점검하기 위해 차선을 통제했다.

꼬깔콘(라바콘) 세 개를 세워두고 경광봉 하나 든 채로 달려오는 차량을 막고 있는데, 택시 한 대가 빵빵 경적을 울리며 무섭게 돌진해왔다. 일을 하다 보면 어떤 믿음이 생긴다. 아무리 쌩하고 달려오는 차도 작업 중인 나를 해치지는 않을 것이라는 믿음 말이다. 운전자를 신뢰하는 건지 아니면 그렇게 믿어야만 작업이 가능해서인지는 모르겠지만. 실제로 차량을 통제하고 있으면 보통은 통제에 따라 미리미리 옆 차선으로 비키는 게 대부분이고, 가끔 차선을 바꾸지 못해 바로 앞까지 오는 경우가 있지만 크게 무섭지는 않았다.

오늘은 그 믿음이 흔들렸다. 차는 경적을 울리며 빠르게 달려왔고, 급기야 나는 통제를 포기하고 옆 차선으로 몸을 피했다. 방금 전까지 내가 서 있던 그 자리를 쌩하고 지나가는 택시를 바라보며 넋이 나가버렸다. 놀라서도, 두려워서도 아니라 무언가 짓밟혔다는 느낌이 들었기 때문이다. 사실 주황색 라바콘 세 개만 세워둔 채 안전하기를 바라는 것도 웃기는 일이지만, 그게 전부고 현실이다. 차로 작업을 하면서 느낀 건 '언제 죽어도 이상하지 않겠다'였다. '죽음의 외주화' 그건 특별한 일이 아니고 비정규 노동자가 겪는 흔한 일상이다. 맨홀 점검이라는 도시 정비 작업을 하다 문득 생각했다. 도시가 누구를, 무엇을 위해 기획되고 구성되었는지. 승용차를 이용해 출근하는 노동자와 그 차로 아래의 맨홀을 점검하는 노동자의 간극이 오늘따라 더 크게 느껴져 한없이 무기력해지는 하루였다. 내일은 점검해야 할 맨홀들이 차로에 많지 않기를 바랄 뿐이다.

한 가지 일만으로는 생활이 안 되어 새벽에 할 수 있는 부업을 찾다가 우유 배달을 선택했다. 일주일에 3일만 배달하면 되고, 시간도 내가 자유롭게 정할 수 있다는 장점이 있었다. 새벽 1시쯤 대리점에서 그날의 우유를 수령하는데, 배달하는 사람이 직접 챙겨야 한다. 배달지 목록을 확인하고 우유, 유산균 음료, 계란까지 꼼꼼히 확인한 뒤 차에 신고 배달지로 향한다. 브랜드마다 몇 종류의 우유가 있는데 4~5개 브랜드를 취급하니, 배달하는 우유 종류만 해도 열 가지가 넘는다. 처음에는 우유 브랜드와 제품명을 외우는 게 일이었다.

나는 목동 6단지를 담당했는데, 목동 6단지 아파트는 주차공간 부족으로 차들이 빽빽하게 채우고 있어 단지 내에서는 차 한 대만 운행할 수 있다. 그래서 새벽에 배달할 때는 어쩔 수 없이 비상등을 켠 채로 좁은 길에 차를 세우고 뛰어서 배달해야만 했다. 배달하는 동안 다른 차들이 들어오거나 나가는 경우가 생겨서 그 새벽에 빵빵댈까 봐 마음이 조마조마했다. ○○동부터 배달을 시작해서 △△동에서 끝나는 순서로 배달을 했는데, △△동 배달을 모두 마쳤을 때 차 안에는 우유가 남아 있지 않아야 정상이다. 배달이 끝났는데 우유가 남아 있거나, 배달 중에 우유가 부족하면 착오가 생긴 것이니 처음부터 다시 확인해야 한다. 정신없이 배달을 하다 보면 가끔 그런 일이 생긴다.

밤에 비가 내리기 시작하면 잠이 안 온다. 새벽에 일어나 우유 배달을 가야 하는데 짜증부터 난다. 비를 맞으며 배달해야 하는 나 자신이 처량해진다. 그럴 때마다 내 위치를 깨닫는다. 쿠팡, 신문 배달 아저씨도 비슷할 것이다. 평소에는 못 느끼지만 비 오는 날에 밀려오는 그런 감정들. 따뜻한 실내와 대비되는 비 오는 새벽 거리, 잠든 세상을 밝히는 사람들. 우리가 있기에 세상이 돌아가는 것이라고 스스로를 설득하기엔 비 맞은 생쥐 꼴이 우습게만 느껴진다.

내게 성공이란 '안'과 '밖'의 세상으로 명확히 나뉜다는 뜻이다. 누군가는 안으로, 누군가는 밖으로 나갈 수밖에 없는 세상이다. 그 생활이 힘들어 '그만둬야지' 생각하면서도 그러지 못했다. 적은 임금이나마 없는 것보다 훨씬 나았기 때문이다. 이따금 이런 현실에서 벗어나

'안'으로 들어갈 수 있을까 생각하기도 했다. 그럴 때마다 나 자신이 한없이 작아 보였다.

우유 배달은 7개월 만에 그만뒀다. 매주 월·수·금 눈이 오나 비가 오나 아파트 단지를 돌았는데, 모두가 잠든 시간 홀로 나와 일하는 게 쉽지만은 않았다. 불 꺼진 아파트 복도가 무섭게 느껴지는 날도 있었고, 배달을 다 마치고 보니 우유가 한 개 남아서 처음부터 일일이 다시 확인한 적도 있었다. 새벽 3시에 경음기를 울리며 차를 빼달라는 사람 때문에 15층에서 소리 내지 않고 뛰어 내려간 적도 있었다. 몸이 힘든 것보다 마음이 조마조마한 일이 더 많았다.

내가 '을'이 되어 보니 사람이 치사해지는 건 한순간이었다. 쿠팡, 신문 배달 아저씨들과 엘리베이터를 차지하기 위해 경쟁했다. 엘리베이터를 두고 눈치 싸움을 벌이다니 참 유치한 일이지만 그렇게 됐다. 내가 먼저 엘리베이터를 타는 날에는 독점하기 위해 배달이 15층이면 15층, 16층을 함께 눌렀다. 그래야 엘리베이터가 16층까지 갔다 오는 동안 15층 배달을 마치고 내려올 수 있어 일이 조금이라도 빨리 끝나기 때문이다. 하루는 여유롭게 엘리베이터를 타서 15층, 16층까지 올라갔다 내려가는데, 쿠팡 아저씨가 씩씩거리면서 8층에서 엘리베이터를 탔다. 왜 저렇게 험악한 표정일까 하고 봤더니 밑에서 계속 쿠팡 차 빼라고 경음기를 누르고 있었다. 새벽 2시가 넘은 시간에 빵빵 울려대니 마음은 조급한데 엘리베이터는 늦게 오니 초조했던 것이다.

나는 왜 엘리베이터에 집착했을까? 5분 일찍 집에 가서 쉬려고, 알량한 나의 5분을 위해 '양보'나 '협동'을 뒤로한 것이다. 엘리베이터 하나로 치열하게 경쟁하고 잡아먹으려 하다니, 부끄러움에 얼굴이 달아올랐다. 그 뒤로 웬만한 저층은 그냥 계단으로 다녔다. 엘리베이터를 못 잡으면 못 잡는 대로, 잡으면 잡는 대로 배달했다. 그런 걸로 부끄럽고 싶지는 않았다.

작은 것이 작은 것으로 느껴지지 않게 하는 곳, 사소한 것에 집착하게 만드는 곳, 눈을 들어 세상을 보지 못하게 하는 곳. 내가 사는 세상은 그런 곳이었다. 작은 것을 결코 작은 것으로 여기지 못하고 전부이게끔 여기게 되는 것은, 어쩌면 우리에게 허용된 것이 많지 않아서일지도 모른다. 우리의 삶이 여기서 머문다면 삶의 기쁨은 어디서 찾을 수 있을까. 마지막 우유를 배달하고 집으로 돌아오는 길, 일상의 회복을 곰곰이 생각해봤다.

서총명(2021)

물류센터

✦

생산과 소비의 유통 과정에서 물건의 이동을
통제하고 관리하는 중심부.

"♬♬♬♩"

"자기야, 오늘도 신나는 하루 되세요. 다니엘이 응원합니다."

새벽 3시 40분, 친구의 강다니엘 알람 소리에 잠이 깬다. 이불을 박차고 일어나기 싫도록 찬 공기가 나를 감싼다. 세안 후 선크림까지만 바르고 주섬주섬 간식을 챙겨 10분 만에 집을 나선다. 새벽이라 도로가 휑하다. 물류센터는 차 타고 30분 거리 외곽에 있다. 시작은 4시 45분인데, 4시 30분까지 미리 와서 준비하라고 했다. 백수 10개월 차, 조급한 마음에 속이 타들어가던 중 친구의 추천으로 택배 알바를 시작하기로 했다. 버스가 안 다니는 어두운 새벽에 출근해야 하는데, 운전을 못해서 친구 집에서 자고 같이 출발했다.

1일 차, 긴장된다. 내 작은 손에 맞지 않는 빨간 반코팅 목장갑을 지급받아 자리를 배정받았다. 친구 소개로 와서 그런지 업무도 가르쳐주지 않는다. 전날 미리 들어두긴 했지만 당황스럽다. 다행히 업무는 어렵지 않다. 택배 트럭에 붙은 종이에 적힌 'A', 'B', 'C', '102A' 따위의 코드를 기억했다가, 레일컨베이어로 밀려오는 택배물 중 맡은 코드를 골라 트럭 안에 분류해 쌓으면 된다. 차 한 대당 코드가 4~8개 정도 되고 세 트럭을 각자가 책임져야 하니 체력과 순발력은 물론 시력도 좋아야 한다. 50분 일하면 10~15분 쉰다고 했지만, 말이 그렇지 실제로는 트럭 한 대의 물량이 모두 내려진 후 다음 트럭이 올 때까지만 쉴 수 있다. 그마저도 이전 택배가 밀릴 때 정신없이 내렸던 박스를 정리하다 보면 10분이 지나 있다.

트럭 안까지 오르내리기를 수백 번, 숨이 턱까지 차오르고 땀이 뻘뻘 난다. 숨쉬기가 가빠져서 마스크를 벗어던지고 소매를 팔꿈치 위까지 걷어붙인다. 그렇게 다섯 시간 삼십 분, 어느새 해가 뜨고 10시 15분이다. 오전 중에 2만 보를 넘겼다. 허리가 끊어질 것처럼 아팠지만 한편으론 아침 운동을 한 듯 개운하기도 하다. 일을 마무리 짓고 한 장짜리 일용직용 단기근로계약서를 쓴다. 쉬는 시간 30분을 뺀 다섯 시간의 임금을 받는다는 내용이다. 출근도 15분 일찍 했는데, 쉬는 시간을 포함해 내가 현장에서 머문 45분과 출퇴근에 걸리는 시간은 빠진 다섯 시간이다. 사인을 하고 집으로 돌아간다.

집에 와서 씻으려 하니 콧속에 시커먼 먼지가 아무리 풀어도 계속 나온다. 손과 팔에 벌겋게 긁힌 자국들이 보이자 그제야 쓰라려 온다. 트럭에 오를 때 박은 건지 레일을 밀다가 찍힌 건지 무릎은 온통 멍투성이다. 체력은 자신 있었는데 녹다운된 나 자신이 초라하다. 나는 매일 운동하는 사람이라 택배 일을 쉽게 봤는데 자존심도 상한다. 복잡한 마음이지만 깊은 생각을 할 것도 없이 씻자마자 곯아떨어졌다. 자고 일어나니 오후 3시. 몹시 허기가 져 마구 먹어댔다. 백수가 되고 신경성 위염과 장염 때문에 소식해야 했는데 많이 들어간다. 속이 편안한 걸 보니 위장염은 신경성이 아니라 운동 부족 탓이었나 보다. 매일 아무 데도 안 가고 방에 쪼그리고 앉아 취업 실패로 좌절해 훌쩍이고 있었으니 위장이 쪼그라들어 있었을 거다. 한숨 자고 밥 먹고 나니 내일도 일을 할 수 있을 것만 같다. 새벽일의 장점은 일 마치고 낮잠 자고 식사하고도 아직 환한 대낮이라는 점이다. 덕분에 강제로 새벽형 인간이 되었다.

둘째 날은 긴장을 덜 했더니 좀 낫다. 답답해도 사온 마스크를 꼭 하고 긴팔을 입어 피부가 긁히지 않도록 주의했다. 벌써 베테랑이 된 기분이다. 전날보다 물량이 적었고, 쉬는 시간 먹는 초콜릿도 꿀맛이다. 하지만 월요일부터 수요일까지 3일 연속으로 일하니 한계가 온다. 하루 더 쉬고 싶지만 일주일에 딱 한 번만 쉬어야 한다. 6일을 일해야 주휴수당을 받을 수 있기 때문이다. 꿈같은 휴일이다. 백수일 땐 매일 지옥이었는데 일하고 하루 쉬니 1분 1초가 소중하고 기분이 좋다. 금요일에는 신입이 많았는데, 그러다 보니 트럭 안 정리가 잘 안 되었는지 반장이 우리를 소환하는 소리가 들린다. 확성기를 타고 부르는 소리에 다들 내달린다. 건설 현장 경험이 있던 나는 너무나 놀랐다. '안전제일!' 현장에선 뛰지 않는 게 첫 번째인데 기본적인 안전교육도 없으니 엉망이다. 일용직 노동자는 임금 차이만 나는 게 아니라 기본적인 교육을 받을 권리도 없어서 당연한 인권을 보장받지 못하는 것 같다. 인간다운 삶과 일용직 노동자는 너무 어울리지 않는다.

잡생각을 더 할 틈도 없이 기계처럼 몸을 움직인다. 금요일과 토요일은 가장 물량이 많은 날이다. 그래서 연장근무도 잦다. 15분 연장해도 다 임금으로 계산해준다니 좋았다. 미리 겁을 준 대로 양은 엄청났다. 특히 무거운 조립형 나무 서랍장을 포장한 박스와 세탁기, 뭔지 모를 묵직한 쇳덩이도 온다. 쓰나미처럼 들이닥치는 음료수 캔 박스들과 1.5리터짜리 물 6개가 든 팩 정도는 어느새 익숙하다. 쉬는 시간에는 동료들과 조금 친해졌다. 어느 동료는 일 시작한 지 6개월째인데 13킬로그램이 빠졌다고 했다. 평균적으로 5킬로그램은 다들 빠지는 것 같다. 약을 먹어도 안 빠지던 살이 여기서 일하면서 빠진다고 했다. 살만 빠진 게 아니라 근육도 생기고 몸매 라인이 예뻐졌다고도 했다. 요요 올까 봐 못 그만두겠다는 농담까지.

택배 현장에서 여성을 만나는 일이 흔하진 않았다. 원래는 극한직업이라 여성을 안 받았다가 2018년 10월부터 채용하기 시작했다고 한다. 여자는 힘이 세진 않지만 손이 빠르기도 하고 물건 정리는 남자보다 더 잘한다고 평가받는 듯하다. 무엇보다 근무 시간이 탄력적이다 보니 지금은 남자보다 여자 직원이 더 많다. 어느 아기 엄마는 새벽에 잠깐 일하는 것이니 애만 아빠가 유치원에 보내면 되어 시작했다고 한다. 갑자기 아이 때문에 못 가더라도 마음 편히 근무를 취소할 수 있는 장점도 있다고 한다. 그러나 바로 다음 날 토요일에 그 아기 엄마가 출근을 못했다. 탄력 근무는 좋지만 갑작스러운 사정으로 1주 6일 근무를 채우지 못하면 주휴수당이 날아가게 된다. 다른 복리후생이 따로 있는 게 아닌데 그것마저 챙기지 못하는 상황을 보면 내가 다 안타깝고 속상하다.

올해 처음 번 임금 37만 7800원을 확인했다. 얼마 만에 번 돈인지, 모바일 앱의 빨간색 입금액을 한참 바라보았다. 2010년 최저시급 4110원일 땐 첫 직장에서 연봉이 2500만 원이었는데, 그땐 그게 큰돈인 줄 몰랐다. 최저시급 8350원이 된 2019년, 그보다 더 적은 임금을 받아 쥐고 10년 만에 깨닫는다. 이후로도 몇 차례 더 택배 일을 시도했지만 출

퇴근이 어려워서 다행인지 불행인지 포기해야 했다.

나는 대학 졸업 후 10년 동안 단 한 번도 정직원으로 일하지 못했다. 계약직이라도 꾸준히 일하다 보면 경력이 되고 10년 뒤면 뭐라도 되어 있을 줄 알았다. 억척같이 돈이라도 모아놨으면 이렇게 좌절했을까. 이제 와 후회해봐야 소용이 없다. 오늘도 모집자는 1명인데 지원자는 414명인 입사지원 페이지를 열고 기업의 열람일을 확인한다. 영원히 미열람으로 남을 것만 같다.

박미리 (2019)

방송국

✦

**일정한 시설을 갖추고 라디오나 텔레비전을 통해
여러 방송을 내보내는 기관.**

언니, 저예요. 벌써 햇수로 2년 차인데 쓸 수 있는 경력은 3개월인 개 있잖아요.

작가 하기 전에 5성급 호텔에 있었죠. 3교대와 박봉의 삶에서 이렇게 살 바엔 더 사랑하는 일을 하자며 제 발로 박차고 나와 내달린 곳은 종교방송 막내 작가 자리였어요. 어린 시절부터 '쓰는 사람'이 꿈이자 독실한 믿음을 가졌던 제게는 대단히 사랑스럽게 보였죠.

2020년 초, 한 달에 100만 원 안 되게 받으면서 5~7개 프로그램을 했어요. 생각했던 방송작가의 모습과는 달랐지만, 방송을 위해 필요한 일은 모두 방송의 일부라는 말에 동의했기에 어떤 일이든 다 했어요. 촬영장 오시는 분들이 마실 컵을 설거지하는 일부터 출연자들이 아이를 맡기면 돌보는 일까지. 방송이 끝나면 스튜디오 청소도 했고, 몇 백 장의 대본을 일일이 찢기도 했어요. 출연자 식사를 위해 회사로 음식을 나르고 테이블을 닦고 음식물 버리는 일도 제 몫이었죠. 이런 일을 하며 받았던 보수는 프로그램 한 편당 10만 원. 그저 주어진 자리에서 열심히 하자는 생각으로, 생활비를 위해 일주일 내내 각기 다른 방송을 매일 다르게 올리며 연명했어요.

근데 왜 그만뒀냐고요? 1년에 두 번, 5일간 세 시간을 진행하는 특별모금 생방송이었는데요. 5일 동안 매일 세 시간씩 프롬프터를 넘기며 방광염에 걸리던 그 시간, 저는 110만 원을 받았지만 모금액은 10억원 가까이 모인다는 사실을 들어버렸어요. 그래서 나왔어요. 하지만 밤샘 근무를 하고 생방송을 무사히 내보낸 뒤 엔딩 스크롤에 이름이 나가는 그 짧은 순간을 사랑했기에, 곧장 한 종편 신규 탐사보도팀에 합류했어요. 아직도 기억나요. 상암에 처음 발을 디뎠던 순간, 비밀스러운 일을 취재하면서 "와, 작가 진짜 쩐다"라는 말이 절로 나오고 … 명찰도 진짜 멋있었어요. 아, 상암 멋진 동네.

당시 그 종편은 벌점 때문에, 특히 탐사보도 같은 프로그램의 신규 편성을 계속 미뤘어요. 그래도 "2021년 1월에 편성됩니다. 반드시"라는 말에 계속 아이템을 쌓아뒀어요. 약속했던 편성을 앞두고는 휴가가 계속 주어졌어요. 한 달이 다 될 때쯤 조연출에게 연락이 왔어요. 얼마 전 연출진만 불러 팀 해체가 이뤄질 거란 말을 했다는 거예요. 설마 했어요. 메인 작가님도 모르고 계셨거든요. 그러던 2021년 1월 13일 복귀 소식에 팀원 30명 정도가 모였고, 모두 인사를 나누기도 전에 우리 팀은 메인 피디님의 말 한마디로 실직자가 되었어요. 차라리 휴가를 주지 말고 더 빨리 말해줬으면 …. 다들 멍하니 있을 때 한 메인 작가님의 말씀이 정적을 깼어요. "에라이! 물건이라도 챙겨!"라고요. 물티슈부터 믹스커피까지 … 안 챙긴 게 없어요. 사실은 그 자리에서 울지 않으려고 마구잡이로 챙겼는데, 그 무게가 어깨를 짓눌러 지하철역 화장실 칸 안에서 한참을 고개를 떨구고 있었어요. 이건 언니한테만 말하는 거예요. 웃긴 건, 그 와중에 '그래도 180만 원 받으면서 다녔으니까 다행이다'라는 생각이 들었다니까요.

"소수 인원으로 다시 팀을 꾸릴 겁니다. 해당하시는 분들께는 이번 주까지 연락드리겠습니다." 메인 피디님이 직군별로 따로 불러서 말하더라고요. 정규직 피디가 생살여탈권을 쥔 프리랜서 작가였기에, 불안한 마음을 숨기며 막내 작가들끼리 이야기했어요, 연락받으면 말해주자고. 약속했던 날, 단체 메신저 방에 한 동료 작가가 "제가 연락을 받았고, 안 가기로 했어요"라고 보내더라고요. 안 간다고 말할 수 있었던 게 부러워서 울었어요. 한 3일?

이후로 신규는 겁이 나서 정규 방송인 강연 프로그램에 들어갔어요. 사실 처음 방송한 거죠. 근데 조금 이상한 일들이 있었어요. 메인 피디님이 언니들에겐 말하지 말라고 하며 상관없는 일들을 시켰어요. 그뿐이게요. 주말마다 전화해 놀 만한 곳이 어디냐 묻질 않나, 본인 교회로 오라고까지 하더라니까요. 그리고 때때로 제 위치가 저만치 바닥에 있다는 걸 선의를 가장한 말들로 상기시켜줬어요. "너 생각해서 해주는 말인데 종교방송 경력, 론칭 실패한 경력으로 너 아무도 안 써줘. 그리고 너 이 페이, 어디 가도 못 받아. 차라리 경력 아무것도 쓰지 마." 틀린 말이 아니긴 해서 꾹 견디자 싶었어요. 그런데 웬걸, 정규 편성으로 잘 달리던 방송이 제가 들어간 지 3개월 만에 종영한대요. 제 이름이 올라간 일곱 편, 진짜 재밌어요. 나중에 시간 되면 보세요.

이제 마지막이에요. 이번엔 늘 론칭이 걱정인 신규도 아니고, 중간에 사라질까 겁나는 레귤러도 아니에요. 이미 한 시즌을 방영한, 회차가 정해진 프로그램의 시즌2 기획에 합류했어요. 시즌1 시청률도 좋았고, 실제로 저도 좋아했던 방송이거든요. 이제 제대로 방송해보는구나 싶었죠. 딱 한 달째 되던 날, 밤새워 회의 자료를 만들고, 두 시간이나 일찍 가서 준비해놨어요. 메인 피디님이 들어오시길래 회의록을 받아 적기 위해 키보드에 손을 올렸어요. "미안해요. 무기한 연기가 됐어요. 페이는 이번 주까지로 올릴게요." 그게 무슨 말인지 도통 감도 못 잡은 채 받아 적었어요. 쪽 윤곽과 글씨체까지 정갈하게 맞춰놓은 회의록 파일에 해고 소식을 받아 적는 막내 작가라니. 진짜 웃기죠.

그렇게 다시 한번 실직자가 되었고, 페이 지급이 늦어졌지만 마지막에 미안해하던 얼굴이 눈앞에 선해 마냥 기다렸어요. 하지만 그 배려를 비웃기라도 하듯 시간은 속절없이 흘러 3개월이 넘어갔어요. 참다못한 저는 막내 피디에게 페이에 대해 물어봤는데, 연출진한테는 이미 실직자가 된 주에 페이 정산이 끝났다는 거예요. 왜 저에게만 이런 일이 생기는지 아니, 왜 작가에게만 이런 일이 생기는지 너무 억울했어요.

그날 밤 몇 번을 울면서 썼다 지웠다 하다 메인 피디님께 연락을 드렸어요. 정말 돈 때문에 죽을 것 같다고. 그 말을 꺼내는 순간, 너무 한심해서 눈물이 다 났어요. 그때 피디님이 뭐라고 하셨는지 아세요? "회사에서 지급이 늦어진다. 정 급하면 돈을 빌려줄까?" 피디들은 모두 받았다는 사실을 제가 아는지 몰랐나 봐요. 나중에 온 계약서엔 방송 론칭이 안 되었다는 이유로 페이가 삭감까지 되었더라고요. 그땐 호의라는 게 더는 남아 있지 않았고, 결국 국가기관에 신고하겠다는 말을 남기고 말았어요. 그 말을 할 때 너무 화가 났는데, 그러자마자 처음 계약했던 전체 금액이 들어오더라고요. 그래도 메인 피디님이 법은 무섭다고 느껴서 다행이었지 뭐예요.

언니, 저는 '작가'라는 호칭도 너무 좋지만 '언니'라고 처음 부르던 그 순간이 너무 좋았어요. '진짜 방송작가'가 된 기분이었거든요. 마지막 일 이후 급여를 받지 못해 돈이 부족해도, 나를 지탱할 수 있었던 건 선배들의 선의였어요. 근데 언니들이 어필을 해주셔도 저는 2년 차 막내 치고 나이도 많고, 방송은 일곱 개밖에 올리지 않은 물경력이라 다들 흘려보내시는 거 같더라고요. 더는 언니들께 연락드리기도 죄스러워졌고요.

언니, 최근에는 사람 많은 곳에서 종종 쓰러졌어요. 입석으로 탄 광역버스에서는 복도 바닥에 주저앉았는데, 사람들의 눈동자를 피하려고 머리를 바닥까지 숙였어요. 지금도 신경안정제를 삼키고 이야기하고 있어요. 열두 시간짜리 영상을 하루 만에 프리뷰를 풀다 인대가 파열돼도, 모질게 굴던 선배의 목소리가 모든 사람의 목소리로 들리는 공황장애를 얻었을 때도 행복했어요. 실패할 때만 '프리'해진다 해도, 스태프 스크롤 속 제 이름이 너무 짜릿했거든요. 그런데요 언니, 조금 전에 베란다 난간에 서봤거든요. 비가 온 이후여서인지 하늘에 별이 잘 보이더라고요. 쓰러지고 사라지고 감춰지는 2년이었어요. 너무 괴로워서, 저 별처럼 한자리에서 오래도록 빛나고 싶더라고요. 제가 올라갈 자리를 점찍어두려고 몸을 내밀다가 마침 언니 전화에 껑충 뛰어 내려왔어요.

언니, 저는 더 많은 언니를 만나고 싶어요. 그리고 언니가 그러셨던 것처럼 더 많은 이들의 든든한 언니가 되고 싶어요. 근데 언니, 저 조금 지쳤어요. 아니, 사실 지쳤다는 말도 맞지 않는 것 같아요. 뭘 해봤어야 지칠 텐데. 그렇죠? 저는 그냥 무서워요. 티브이는 오래전에 코드를 뽑아놓고 살았어요. 방송을 너무 사랑해서 이렇게 언니랑 얘기하고 있는 건데, 이젠 티브이가 두려워요. 공무원 시험도 알아봤어요. 언니가 항상 말씀해주셨죠. 어딜 가서도 잘할 거라고. 그렇지만 제가 상암을, 여의도를, 목동을 떠나 어떤 일을 하더라도 기회만 닿는다면 선녀가 나무꾼이 훔친 옷을 되찾듯 다시 카메라 뒤로 달려갈 것 같아요.

  아, 지금이요? 아르바이트 구하는 천국 보고 있어요. 면접은 안 잡히고, 다시 방송해도 잘릴까 봐 무서워요. 이제 27살인데 …. 방송국에 있느라 토익도 HSK(중국어 능력시험)도 만료돼서 다시 학원도 다녀야 하고, 카드 값이랑 휴대폰 요금도 밀렸네요. 말이 길었죠? 감사합니다. 항상 신경 써주셔서. 네? 많이 겁나고 무섭겠지만 자리 나면 연락 주시겠다고요? 전 너무 좋죠, 언니. 진짜 너무 감사드려요. 언제라도 연락 주시면 감사하겠습니다. 조만간 상암에서 봬요. 네네. 들어가세요, 언니.

| 최유정(2021) |

병실

✦

병원에서 병을 치료하기 위해 환자가 거처하는 방.

"앗, 뜨거!" 급히 인스턴트커피를 마시다가 입천장을 데는 바람에 외마디 비명을 질렀다. 새벽 6시. 가장 분주한 시간이 끝난 뒤 잠시 숨통을 틀 수 있는 시간이다. 화장실 청소도구함에 숨겨놓은 보물상자를 찾듯이 믹스커피를 꺼내 '커피 한잔의 여유'를 즐기던 참이었다. 방금 전까지 천 원짜리 라텍스 장갑에 비닐봉지를 덧끼운 뒤 고무장갑까지 긴 채로 '완전무장'하고 병실 청소를 한바탕했다. 가뜩이나 주름진 손등에는 늙은 고목나무마냥 연륜을 상징하는 나이테가 등고선처럼 펼쳐져 있다. 냉기가 감도는 화장실 타일 위에 아무렇게나 서서 종이컵을 홀짝였다. 아무렇게나 섞은 고동색 믹스커피 향을 타고 모락모락 피어오르는 김, 온기는 이 정도면 충분하다. 이제 곧 해가 뜬다.

A대 병원의 청소는 3교대로 반복된다. 새벽 6시에서 오후 4시, 오후 1시에서 10시, 오후 4시에서 11시까지. 나는 그중에서도 새벽타임이

다. 정식으로 근무가 시작되는 시간은 새벽 6시이지만, 맡은 구역의 '할당량'을 다 채우기 위해 대다수 사람들이 한두 시간 일찍 병원에 출근한다. 청소원 한 사람에게 주어지는 청소구역은 6~7개의 병실과 복도, 화장실 등이다. 깨끗한 병실을 유지하기 위해 하루에도 열두 번, 때빼고 쓸고 닦고 광내고를 반복하는 업무다. 이제 새벽 4시 반 달밤의 풍경은 익숙하다. 모두가 잠든 도시, 가로등의 샛노란 불빛, 고요한 병실의 적막은 매일 마주하는 장면들이다.

"여사님, 요기 환자 피 찌꺼기 또 다 쏟아졌어요. 어유 이걸 어떡한담 … 아후 … 냄새!" 커피 한잔의 여유로 잠시 숨을 돌리자마자 코디네이터 미영이 나를 애타게 부르며 부리나케 달려왔다. 환자의 피 찌꺼기는 스테인리스 양동이에 모아두고 한 번에 비우곤 하는데, 그만 쏟아진 모양이다. 식사 시간 전 깨끗이 대걸레로 닦아놓아도 이런 일이 다반사다. 바닥에 쏟아진 노리끼리한 피 찌꺼기의 찌릿한 오물 냄새가 금세 코를 찔렀다. 미영은 어찌할 줄 모르고 울상을 지었다. 두 손가락으로 코를 막고 나를 유일한 구원자처럼 쳐다보고 있었다.

삐익-삐익-삑-삐빅—. 심혈관조영실은 내 주요 담당 구역이다. 안으로 들어서자 대형 장비들이 내는 고주파 기계음이 반복적으로 귀에 내리꽂힌다. 심혈관조영실에서는 환자들이 허벅지나 손목 혈관을 절개해 검사를 받는다. 그러다 보니 끈적끈적한 혈액이 바닥에 묻어 지워야 하는 경우가 많기 때문에 보통 병실보다 힘이 두 배로 든다. 그뿐만 아니라 조영제를 구석구석 닦아야 하는데 세제를 몇 번이나 들이부어도 안 닦일 때가 많다. 팔과 다리를 동원해서 온 힘을 다해 휘적거릴 때마다 '유한락스 하나만 있으면 참 편할 텐데' 하는 생각이 든다. 매번 퉁통 붓고 저리는 팔을 주무르다가 저번 달 심혈관조영실 선생님들에게

유한락스를 구입해달라고 살짝 귀띔을 했지만, 아직까지 소식이 없다.

대형 수채기에 마포걸레 두 개를 집어넣고 세제를 뿌려 옴팡지게 빨았다. 걸레 펌프질이 왔다 갔다 스무 번 정도 계속된 후에야 세제물이 빠진다. 걸레 두 개를 짤순이에 힘차게 짜내고 남은 구정물은 세제가 섞여 보글보글 거품이 올라왔다. "부탁해요, 여사님." 미영이 살짝 목례를 한 후 유유히 자리를 떠났다. 마포걸레 두 개를 겹쳐 바닥을 세게 닦기 시작했다. 바닥에 고여 있던 핏물이 넘실대듯 파도쳤다. 몇 번 몸을 움직이고 나니 열이 올라왔다. 한증막에 막 들어온 듯 마스크에도 금세 습기가 가득 찼다.

처음부터 이 일을 하고 싶진 않았다. 의사나 간호사와 달리 여기 있는 대부분의 청소원들은 사명감 때문에 오는 것이 아니다. 오히려 그 반대다. 막연한 수치심과 거부감을 가지고 들어온다. 병원에 오기 바로 전 나는 기사식당에서 일했는데, 3년 전 평소처럼 드럼통만 한 국통에 국을 끓이다 엎질렀다. 용광로에서 방금 나온 듯 팔팔 끓는 200인분의 국물은 단숨에 온몸을 덮쳤고, 넘어지면서 팔뚝과 허리, 궁둥이 등 몸뚱이 대부분을 다 데었다. 지금도 팔뚝에는 그때의 흉터가 선명하다. 그날 이후 팔의 거뭇거뭇한 화상을 가리기 위해 사시사철 팔토시를 꼈다. 이런 나를 안쓰럽게 여긴 아는 언니가 이 일을 추천해줬다.

"A대 병원, 청소 이모 구한대. 너 일 안 한 지 꽤 됐잖아. 여기 한번 해."

"언니, 내가 무슨 청소야. 나 안 가. 청소하면 얼마나 창피해. 사람들이 다 보잖아! 식당에서 일할 적에는 사람들이 안 봤는데 청소하면, 다 보잖아 … 어떻게 해."

더러운 오물을 만지고 먼지를 먹는 것보다는, 다른 사람들보다 낮은 곳에서 허리를 숙이고 사람들 다리 사이로 걸레질을 연신 해댈 모습이 상상되어 절로 얼굴이 달아오르고 창피해졌다. 하지만 언니가 대신 쓴 내 이력서는 합격 도장을 받았고, 그때부터 덜컥 청소일을 시작해 벌써 3년 차 청소원이 됐다. A대 병원 3층 복도의 구석에 위치한 비소독물실은 청소원들의 유일한 아지트이자 (비록 '휴게실'이라는 간판은 없지만) 휴게실이다. 그전까지는 마땅한 휴게공간 없이 병실 한 켠에서, 또는 인적이 드문 화장실에서 플라스틱 의자에 앉아 쉬었다. 그러다가 병원에서 비소독물실을 내준 것이다.

3평 남짓한 방 크기의 비소독물실에는 마대걸레를 빠는 수채기가 있고, 청소도구와 화학약품, 세제 등이 백화점 명품관의 향수들처럼 선반에 즐비해 있다. 물먹은 스펀지처럼 눅눅하고, 지하실처럼 퀴퀴한 공기가 감도는 아지트에 청소원들은 여름철에는 은색 돗자리, 겨울철에는 전기장판을 깔고 생활한다. 그나마 발 뻗고 쉴 수 있는 이곳에서 청소원들은 틈틈이 쪼그려 앉아 집에서 싸온 고구마와 귤, 감자, 찹쌀도넛 등 주전부리들을 우물우물 나눠 먹으며 담소를 나눈다.

"언니, 진짜라니까. 나는 다인실 병동이잖여. 청결에 민감한 간병인이나 환자 가족들이 환자 상태가 나빠짐 병원 청소 탓을 헐 때가 있더라고. 말이 돼?" 한 시간의 휴식이 주어지는 오전 8시, 1년 차 막내 인숙이 입을 샐쭉거리며 분통을 터뜨렸다. 우리는 차갑게 식은 도넛을 질겅질겅 씹고 있다. 곁들인 민트 얼그레이 차는 간호사들이 포장지조차 뜯지 않고 버린 차 세트에서 내온 것이다. 쉬는 시간을 책임지는 믹스커피도 마찬가지다. "에이, 설마. 그랬으리라구." 생각해보니 나도 '무언의 무시'를 당한 적이 있었다. 병원은 철저한 계급사회였다. 간호조무사는 간호사의 눈치를 보고, 간호사는 의사의 눈치를 보고, 청소원들은 간호사나 코디네이터, 때로는 간병인, 때로는 보호자, 때로는 환자의 눈치를 봤다.

"아, 잠시만요. 네. 죄송합니다. 잠시만요." 나는 심혈관조영실의 청소를 혼자 맡기 때문에 다른 사람과 대화하는 일이 거의 없이 일만 한다. 그런 내가 오후까지 일하면서 병실 바닥을 수십 번 닦을 때 가장 많이 하는 말은 '죄송하다'이다. 왜 죄송해야 하는지는 몰랐다. 청소하러 왔고 청소하기 위해 걸레를 들이대는데, 자리를 지키고 있는 간병인들과 보호자들이 조금 언짢은 표정으로 비켜서 팔짱을 낀 모습을 보고 있노라면 나도 모르게 죄송하단 소리가 나왔다. "저기요, 아줌마~ 여기 쓰레기 박스 다 찼는데~" 바닥에서 굳고 있는 피 찌꺼기들을 거의 다 처리한 순간, 병실 쪽에서 젊은 여자의 목소리가 들려왔다. 나는 일할 때 '여사님', '저기요', '아줌마' 등 다양한 이름으로 불린다. 말없이 침대 쪽으로 가서 쓰레기통이 어디 있는지 확인했다. 젊은 여자가 침대에 누워 있는 아이에게 시선을 떼지 않은 채 조용히 발로 툭 쓰레기통을 밀어냈다. 나는 재빠른 속도로 비닐봉지를 손으로 묶어 비품실에 모았고, 새 비닐을 갈아 끼웠다.

"꺄아악!" 쓰레기봉지를 정리하다가 바닥에 쓰러졌다. 대바늘만 한 주사기가 내 손바닥 중앙에 박혔다. 주사기 피스톤에는 미처 처리하지 못한 듯 보이는 환자의 혈액이 들어 있다. 나는 눈을 질끈 감았다. 손바닥을 잡아먹을 기세로 달려드는 그것을 어떻게든 털어내야 할 참이었다. 바늘을 쭉 뽑아내니 손에서 검붉은 피가 기다렸다는 듯 줄줄 새어 나온다. 붉은 잉크처럼 흘러내리는 피를 붙잡고 있는데 손이 덜덜 떨린다. 환자와 보호자, 수십 개의 시선이 일제히 내게 꽂혔다. 몇 명의 보호자들이 중얼대는 소리가 들린다. "뭐야 저거 환자 찔렀던 거 아니

111

야?" "설마 우리 애 시트에 튄 거 아냐?" ….

날카로운 바늘이 파고든 자리는 그대로 구멍이 뚫린 듯 허전했다. 방금 일어난 일을 다시 떠올려보았다. 푸욱, 뾰족하게, 그리고 묵직하게 찌르던 바늘의 서슬 퍼런 칼날, 발가락까지 털끝이 곤두서던 찌릿함, 그대로 굳은 손바닥에 진득하게 매달려 덜렁덜렁 춤을 추던 주사기의 바늘, 뚝뚝 떨어지던 붉은 피, 병원의 새하얀 조명, 나를 내려다보던 수십 개의 눈알들, 등골을 덮은 공포와 두려움 …. 한편으로 원망의 마음도 들었다. 환자의 피가 묻어 있는 주사기를 어떻게 헝겊으로 감싸놓는다든지, 바늘을 구부려준다던지 하는 최소한의 배려 없이 버리고 갈 수 있는지 말이다. 검지 손가락만 한 대바늘에 사람이 찔려서 앉아 있는데도 사람들은 눈앞에서 침대 시트에 피가 튀지는 않았는지 걱정하며 나를 쳐다봤다. 만약 의사나 간호사가 똑같은 일을 당했다면 병실은 한바탕 뒤집어졌을 테다.

삐익-삐익-삑-삐빅—. 심혈관 장비가 내는 괴음이 차가운 적막 속에서 이명처럼 들린다. 팔짱을 끼고 내려다보는 사람들 속에서 나는 무생물 바위가 된 듯 그대로 멈춰 있다. 다시 마포걸레를 집어 들었다. 화상 흉터 위에 누군가가 소금을 뿌려댄 듯, 짓무른 살갗이 어쩐지 자꾸만 욱신거린다.

이은주(2017)

복합상가

✦

**주거시설과 업무시설과 상업시설이
동일 건물 안에 입지한 형태의 상가.**

정년을 마치고 일을 계속하게 됐다. 두 아들이 군 복무를 마치고 장기간 취업을 못 하고 있다. 집사람 다니는 교회의 지인 소개로 집에서 가까운 복합상가 관리인으로 일하게 되었다. 지하 2층 지상 10층 복합상가 건물이다. 그곳은 소방관리자 자격 소지자를 구하고 있었는데, 4대 보험도 없고 퇴직금도 없다. 대체 인력이 없으니 연·월차 휴가도 없다.

오전 7시부터 일을 시작해 저녁 5시경에 퇴근하고, 토요일은 낮 1시까지 일한다. 3층부터 10층까지 아파트 주거 부분은 아파트 회장이 따로 관리한다. 나는 30여 개의 상가점포가 있는 지하 1층부터 지상 2층까지 남녀 화장실 청소, 복도 청소, 상가 주변 청소, 매월 15일경 개별 상가 점포의 전기와 수도계량기 검침, 전기 요금과 수도 요금, 상가 전체 청소비 등의 관리비를 점포 면적과 사용량에 따라 배분해 각 점포별 부과내역서를 만들었다. 3년 정도 근무했지만 퇴직금도 없었고, 4대

보험 가입이 되어 있지 않았다. 그래서 야간에 요양보호사 교육원에 다녔고 1년 만에 주말 실습도 하면서 자격증도 취득했다.

여성발전센터 소개로 성북구 주택에 있는 개인 소유 미술관 주택 경비로 24시간 격일근무 조건으로 일하게 되었다. 이곳은 4대 보험도 된다고 한다. 아직 개인미술관이 준비 중이어서 실제 하는 일은 아침 7시경에 교대 근무하는 주택 관리다. 지하 1층 지상 2층 규모의 주택으로, 현관에 붙은 3평 초소가 근무지이다. 400평 되는 큰 주택에는 잔디 마당이 있는데, 여름이라 잔디가 타죽지 않도록 물을 계속 뿌려야 했다. 잔디가 집 안채를 중심으로 디근자 모양이어서 자동 살수기와 함께 긴 호스를 끌고 다니며 수시로 물을 주었다. 그리고 담장 밑으로 돌아가며 바위 사이에 난 잡풀들을 손으로 제거했다. 현관문 옆 진돗개는 자기 집에서 지내고, 두 마리 프렌치 불도그는 현관문 옆에 있는 경비원 초소에 함께 머물렀는데, 정해진 시간에 개밥을 주었다.

이 집에서 일하는 사람은 격일로 근무하는 경비원 두 사람과 '김 과장'이라 불리는 출퇴근 운전기사, 그리고 출퇴근하는 주방 아주머니다. 주변은 고급 주택가다. 김 과장과 이웃에 있는 경력 많은 운전기사는 담장 너머로 인사하면서 서로 '부장님'이라고도 한다. '기사'로 호칭하지 않는 것은 그들이 회사 소속이기 때문이다. 김 과장은 회장님으로 불리는 안주인이 나가는 시내 큰절의 새벽 예불 시간에 맞춰 출근한다. 근무자인 나는 차 소리가 들리면 새벽 3시에 전기식 대문을 열어준다. 회장을 태우고 나가면 스위치로 자동문을 닫는다.

초소 근무자에게 쌀과 라면은 제공된다. 격일근무자는 자기가 먹을 반찬만 가지고 출근한다. 운전기사인 김 과장은 회장님이 수시로 우리가 근무 잘 하는지, 초소 내부 개 관리 등을 잘 하는지 자기에게 묻는다며, 자신의 말을 잘 들어야 한다는 취지로 말했다. 그러던 어느 날 회사 전무가 내게 내일부터 나오지 말라고 한다. 나중에 전해들은 말인데, 밤에 개가 마당으로 나와 일을 보고 안채 주인집으로 들어갔는데도 개를 안 찾고 잤다는 이유였다. 잘사는 기업체 회장님 주택 경비 체험을 했다 생각하고 그 집에서 작업복을 챙겨 나왔다.

여성발전센터 담당 소개로 다시 장애인 보호작업장 보조원으로 들어갔다. 고용지원센터에서 지급하는 고령자고용연장지원금 알선 케이스로 들어갔다. 지적장애인 30여 명이 있는 보호작업장에서 각종 음식점 배달광고 스티커를 자석에 붙이기, 다양한 홍보물 봉하기, 모조 알약 케이스와 서류 보관 케이스의 조립과 절단 작업 등을 보조했다. 장애인시설과 주간노인보호시설, 어린이집, 초등학교의 소독 작업, 김치원료를 사서 주문을 받고 배달 판매하는 작업도 했다.

계약 기간을 마치고 나온 뒤, 이번에는 서울시 일자리 포털사이트에서 구직 신청을 해 직업상담사 소개로 방문 요양보호사 일을 했다. 아침 9시경 방문해 환자를 침대에 눕힌 상태에서 몸 밑에 차단 비닐을 깐다. 그리고 머리를 감고 수염을 면도기로 깎는다. 상하의를 교대로 벗긴 뒤 더운물에 적신 수건으로 닦고 비누칠을 한 후 또다시 닦기를 교대로 해가며 전신을 매일 씻긴다. 그리고 보호자 할머니의 안내 지도에 따라 위루관을 통해 경관 영양식을 공급한다. 날씨가 좋을 때는 보호자의 요구에 따라 환자를 수동휠체어에 태워서 매일 한 번씩 아파트 인근 개천을 산책한다. 환자는 개천의 잉어와 두루미 보는 것을 좋아한다. 그러나 자전거를 타고 오가는 사람들과 앞뒤에서 충돌할까 부담스럽다. 산책로에 경계철책이나 난간도 없기 때문이다. 보호자에게 휠체어산책은 충돌사고 위험이 있다고 말하며 거절하고 싶지만, 차마 그런 말을 못 한다.

그 후에는 서울중부녹지사업소에서 문화재 관리인 모집에 응모했다. 많은 사람이 지원한 가운데 서류 합격 후 소방 실기와 3배수 면접을 통과했고, 최종 네 명을 선발하는 추첨에서도 다행히 선발되었다. 당시에는 계약 기간 10개월에 하루 8시간 근무로, 4일 일하고 하루 쉬는 형태였다. 6시, 14시, 22시에 교대 근무했다. 근무지는 북서울꿈의숲 창녕위궁재사 건물이다. 오전 근무 때는 출근 후 건물 밖을 대빗자루로 쓸고 마당 낙엽을 청소한 뒤 사랑채 건물 마루를 차례로 청소했다. 실내 방 청소도 한다. 정각 9시부터는 문을 개방하고 관람객을 관리했다. 저녁 6시 근무 때는 문을 닫은 후 방범 장치를 가동시킨다.

야간근무 시에는 주간에 틈을 내어 서울어르신취업지원센터에서 수시로 실시하는 각종 취업 교육을 받았다. 장년 취업 기본교육, 일반 경비원 신임교육, 환경관리자교육, 반려동물 돌보미 과정, 지하철 택배교육, 무인 주유소관리원 교육, 가사관리원 교육, 도슨트 교육, 스마트폰 사용교육 등 계약 만료 후 재취업에 도움이 되는 프로그램에 최대한 참가했다. 이러한 취업 관련 이수증은 문화재 관리인 계약 기간을 마치고 공공 일자리에 다시 취업할 때 많은 도움이 되었다.

공공 일자리는 국민체육진흥공단 산하기관인 국민체력100인증센터에서 무료로 측정해주는 체력검증 3등급 이상의 인증을 요구하는 경우가 많다. 나는 매년 체력검증 3등급 이상을 취득했다. 그 후 서울시 일자리 포털 구직란을 통해 대형아파트 입주민사우나 시설관리, 조선왕릉관리소, 서울시설관리공단, 서울시 녹지사업소 공원관리, 주차시설 관리, 수도배관시설 보수보조원, 한강변 시설청소원, 서울역 앞 7017 고가도로관리원 모집 등에 수시로 지원했다. 서류심사와 면접까지 통과했으나 최종 추첨에서 탈락하기도 했고, 최종 합격해 건강검진을 마친 뒤 계약 기간 동안 근무도 했다. 조선왕릉 안전관리원으로 격일 야간근무를 할 때는 야간에 외부인 침입을 방지하, 멧돼지의 능 훼손과 폭우 시 왕릉 봉분 잔디의 무너짐을 막기 위해 봉분에 올라가 비닐 커버 씌우기 작업 등을 했다. 결혼 시즌에는 주말에 궁중전통 혼례예식장에서 전통복장 가마꾼으로 가마를 메거나, 문무백관 복장을 하고 시급으로 일하기도 했다.

매년 비정규직 계약 기간을 마칠 때가 되면 새로운 일자리를 알아볼 준비를 한다. 체력 관리도 잘해야 한다. 100세 시대라지만 큰 병원에 가보면 각종 질환을 앓는 사람들이 줄줄이 앉아 있다. 나이 먹을수록 질병은 찾아오는 것이다. 가정을 지키고 가족을 부양하는 일이 우리 비정규직 서민들에게는 쉬운 일이 아니다. 새벽에 길을 나서 간선버스와 지하철을 타보면 일터를 오가는 사람들을 만날 수 있다. 밤낮없이 열심히 살아가는 서민들의 모습을 많이 볼 수 있다. 이들이 좀 더 잘 살 수 있는 세상이 열리기를 소망한다.

제희덕 (2019)

비행기

✦

사람이나 물건을 싣고 공중을 비행할 수 있는 탈것.

22301.

광주에서의 20년 삶을 접고 서울로 오게 된 나는 친구의 도움으로 인천공항에 있는 아시아나 하청업체인 '케이오'라는 회사에 입사하게 되었다. 그럴듯한 사번까지 있으니 정규직처럼 보였지만, 나는 비정규직 하청노동자였다. 서울에서 매일 첫차를 타고 한 시간 넘게 걸리는 인천공항으로 6년을 오고 갔다. 근무 시간은 7시부터 시작되었는데, 밥 먹는 시간을 빼면 퇴근 시간까지 정해진 커피타임조차 없이 계속 항공기 객실 청소를 했다. 전적으로 항공기 스케줄에 따라 바뀌는 작업환경에 처음엔 정말 적응하기 어려웠고, 순간순간 포기하고 싶었던 적도 여러 번이었다. 하지만 서울살이에 적응해 생활 가장으로서 삶을 살아가야 하는 절박한 나는, 그 고되고 힘든 인천공항에서 살아남아야만 했다.

그렇게 시간이 흘러 2015년 어느 날, 우리 회사에도 노동조합이 생겼다. 나는 너무나 좋아서 바로 노조 가입서를 썼다. "일한 만큼 임금을 받고 우리의 권리를 찾자." 노조에 바라는 점을 묻는 빈칸에 망설임 없이 채웠다.

첫 월급을 받았다. 월급 명세서를 확인해보니 너무 이상한 점이 눈에 띄었다. 당시는 기본급 88만 6400원에, 3일 일하고 하루를 쉬는 근무 형태였다. 그런데 공휴일도 없이 반복하다 보면, 한 달에 한 번 8시간을 더 일해주는 결과가 발생하고 있었다. 하지만 그 누구도 말하지 못했다. 수당으로 임금을 분리해놓은 것을 보고, 회사가 분명 임금을 빼앗아간다는 생각이 들었다. 나는 이를 전 직원들에게 알렸고, 일한 만큼의 임금과 법적 최저임금을 받아내는 일을 노동조합에서 하기 시작했다. 결과적으로 노조는 임금협약과 단체협약을 쟁취하는 데 성공했고, 단협에 명시된 관공서 공휴일에 관한 규정에 따라 공휴일은 당당히 쉴 수 있는 날이 되었다. 또한 아시아나케이오지부로서 당당하게 민주노조로 깃발을 꽂게 되었다. 노조 임원들과 간부들 그리고 조합원들이 함께 이룬 결과였다.

하지만 기쁨과 감격은 오래 누리지 못했다. 회사의 탄압이 갈수록 악랄해졌기 때문이다. 민주노조 조합원들에 대한 갈라치기와 회유, 거짓선전 그리고 불평등한 진급에서 비롯된 노조 탈퇴 현상까지, 현장의 노동강도와 인권은 갈수록 무시된 채 돈 벌기에만 급급한 근무 형태가 이어졌다. 그 와중에 인천공항은 매년 여행객들로 발 디딜 틈 없이 북적거렸고, 항공기 편수가 날로 늘면서 숨 쉴 수 없을 정도로 바쁘게 항공기에 올랐다. 바쁘다는 핑계로 밥 시간조차 제대로 주어지지 않아 여행객들이 버리고 간 과자와 초콜릿을 주워먹으며 배고픔을 달래기도

했고, 화장실 가는 것조차 눈치를 보게 되었다. 더운 여름날에도 물 한 모금 제대로 먹지 못했다.

깜깜한 항공기 안에 들어가 손전등 몇 개로 불을 켜서 일하고, 좁은 기내를 왔다 갔다 하다 무릎이 다쳐 피멍이 들기도 했다. 다쳤는지도 모르고 집에 와서 샤워를 하다 상처를 발견한 적도 셀 수 없이 많았다. 여름에는 에어컨조차 틀어주지 않아 작업복이 하루에도 서너 번씩 젖고 마르기를 반복했다. 누군가는 생리대를 교체할 수 없어 오버나이트를 찼다는 얘기까지 했다. 그래도 조금씩 노동환경을 바꾸고, 무시당하고 옳은 소리 한번 내본 적 없는 현장에서 권리를 찾아야 한다는 생각으로 나름 노조 활동을 열심히 했다.

내가 일하는 파트는 '스페셜'이었다. 박삼구 회장 일가나 이른바 높은 양반들을 위한 일등급 좌석과 그 기내 주변 전체를 청소하는 파트였다. 하지만 청소 약품이 유해 물질인 것은 전혀 알지 못했다. 'CH2200'과 'MD125'라는 독한 약품을 사용하는데도 그 어떤 교육도 없었고, 보호장비도 지급되지 않았다. 그렇게 몇 년을 일해온 나는 눈이 가렵고 몸이 가려워도 그냥 갱년기에 오는 체질 변화로만 생각했는데, 동료들도 크고 작은 부작용 경험을 쏟아내기 시작했다. 우리는 '산업안전보건법 위반'으로 회사를 노동청에 고발했다. 결국 회사는 벌금과 법적 제재를 받았고, 더 이상 그 약품을 쓰지 않게 되었다. 이렇게 하나둘 노동환경을 바꾸는 데 노조의 역할이 얼마나 중요하고 소중한지 깨달았다. 우리는 당당히 에어컨을 틀어달라고 말하며, 그동안 빼앗겼던 권리를 찾아나갔다.

그러다 코로나19라는 감염병이 전 세계를 뒤덮고 우리 일터인 인천 공항까지 덮쳤다. 3월 한 달, 우리 회사 분위기는 적막 그 자체였다. 곧 희망퇴직을 하거나 무기한 무급휴직 동의서에 서명하라는 공지가 나왔다. 일방적이었다. 팀장의 브리핑을 듣기 위해 동료들이 대기실을 가득 채웠다. 그는 회사의 이런저런 핑계를 대신 설명해주고 있었다. 나는 자리에서 벌떡 일어났다.

"지금 팀장님이 말씀하시는 내용에 동의하실 건지요. 무기한은 언제 회사가 나를 불러줄지도 모르는, 마냥 기다려야만 하는 상태입니다. 아무리 1노조(한국노총)가 교섭권을 가지고 있다 하더라도 이건 아니지요. 위기가 찾아오면 모두 고통 분담을 하기 위한 대안이나 대책이 있어야 하지 않겠습니까?"

1노조와 회사가 한편이 되어 발표한 공지는 케이오 사원들을 깊은 고민과 갈등으로 내몰았다. 선택의 시간이었던 그 일주일을 나는 절대 잊을 수 없다. 그 시간이 얼마나 힘들었으면 누구는 두통에 시달린다고 했고, 또 누군가는 살이 2킬로그램이나 빠졌다고 했다. 수석 감독한테 작업복을 건네주며 "다음에 저 불러주면 작업복 돌려주세요"하고 눈물을 흘리며 뒤돌아서는 모습은 슬픔을 떠나 처절했다.

그렇게 백여 명이 무기한 무급휴직에 사인했다. 공항에서 썰물처럼 빠져나가는 동료들의 뒷모습을 보면서 눈물이 왈칵 쏟아졌다. 그 넓은 활주로에 정지되어 있는 아시아나 항공기를 보니 혼자 남겨진 느낌이 들었다. 나는 무기한 무급휴직 동의서에 서명하지 않았다는 이유로 다섯 명의 노동자와 함께 정리해고를 당했다. 내가 정규직이었다면 이렇게 쉽게 해고했을까? 민주노조 조합원 여섯 명은 해고만은 막아달라고 했지만, 회사는 이런저런 이유를 대며 협상을 거부했다. 그래서 우리는 종각에 있는 아시아나항공 본사 앞에서 천막농성을 시작했다. 두렵고 무서웠지만 억울하고 분한 마음이 더 컸다. 하지만 천막농성 3일 만에,

그것도 5·18 광주민주항쟁 40주년 기념일이던 그날, 종로구청에 의해 천막은 순식간에 허물어졌다. 농성 천막은 세 번이나 강제로 철거됐다.

하지만 나는, 우리는 물러설 수가 없었다. 다시 농성을 이어갔다. 그리고 길을 걷기 시작했다. 모든 해고를 금지하라는 요구를 걸고 나섰다. 잠실에서 출발해 동대문 평화시장 전태일다리를 밟았고, 종착지인 종각 금호아시아나 본사 농성 천막까지 총 40리 길을 함께 걸었다. 해고자가 되고 보니 이 모든 것들이 연대의 힘이 아니면 헤쳐나갈 수 없는 일임을 뼈저리게 느꼈다. 그 여름은 유난히 비가 많이 내렸다. 습한 기온 때문에 겨드랑이는 땀띠로 쓰라렸고, 잠이 부족해 길거리에서 잠깐씩 눈을 붙여가며 투쟁을 이어나갔다. 그리고 농성 투쟁 두 달여 만에 인천지방노동위원회와 서울지방노동위원회로부터 부당해고 판정을 받아냈다. 그날도 하루 종일 비가 내렸다. 나는 동지들과 부둥켜안고 엉엉 울었다. 우리의 소리는 메아리가 되어 부조리한 세상을 향한 외침으로 변했다.

"… 부당해고임을 인정한다. 이 사건 사용자는 이 판정서를 송달받은 날부터 30일 이내에 이 사건 노동자들을 원직에 복직시키고 …."

그러나 회사는 석 달이 지나도록 복직을 이행하지 않는다. 서울고용노동청 앞에서 천막농성을 이어간 지도 180일이 지나고 있다. 매일 아침 고용노동청, 여의도 산업은행, 저녁에는 오쇠동 아시아나항공 원청에서 복직 투쟁을 이어갔다. 정부에선 아시아나항공에 기간산업 안정기금으로 국민 세금 2조 4000억 원을 투입했다고 한다. 하지만 이런 지원도 비정규직 하청노동자들에겐 그림의 떡일 뿐이다. 비정규직 하청노동자가 뭘 잘못이라도 한 양, 그 책임이 노동자 탓인 양.

오늘도 지부장님은 이른 아침 길을 쓸고 계신다. 청계천 물이 얼기 전에, 눈이 내려 천막 앞마당을 쓸기 전에 복직해야 된다면서. 농성장 앞 스피커에서 울려 퍼지는 노랫말이 해고자들의 상황과 똑같다며, 너무 슬프다며 노래를 부르신다.

"찬바람 부는 거리에서 잠들 땐 너무 춥더라. 인생도 시리고 도와주는 사람 함께하는 사람은 있지만 정말 추운 건 어쩔 수 없더라."

나는 오늘도 이 노래와 함께 고용노동청 앞에서 아침 피켓 선전전을 한다. 내 삶의 터전, 인천공항 현장으로 돌아가는 꿈을 꾸며.[*]

김계월(2020)

---

[*] 노동위원회의 부당해고 판정 이후 케이오 사측은 이행강제금만 납부한 뒤 2021년 행정소송을 제기했다. 2023년 2월 2일, 해고 997일 만에 대법원은 1심, 2심과 마찬가지로 아시아나항공 하청업체 케이오가 정리해고 요건을 갖추지 못했다며 노동자들의 손을 들어줬다.

빵 공장

✦

밀가루 등 재료를 가공해 빵을 만들어내는 설비를 갖춘 곳.

벚꽃이 눈처럼 날리고 꽃 떨어진 자리에 짙은 녹음이 우거지기 시작한 때, 벼룩시장을 펼쳐놓고 일자리를 찾았다. 대부분이 파견업체에서 하는 광고였다. 정규직 모집 광고가 사라졌다. 이젠 파견을 통하지 않고는 취업도 못 하는 현실이다. 그나마 괜찮은 일자리가 없는지 찾아보았다. 몇 장을 넘기자 공단에서 가장 큰 회사의 사원 모집 광고가 있었다. 이름만 대면 누구나 알 만한 유명한 빵 공장이다. 날씨가 짙게 가라앉은 날이면 공단을 넘어 주택가인 우리 동네까지 빵 냄새를 풍기는 그곳. 시화공단에서 가장 큰 공장에 들어가기로 했다.

면접을 보러 가니 공장 입구 매점 옆에 도급회사 3개가 나란히 자리하고 있었다. 나를 채용하는 회사는 그중 가운데에 있는 도급회사다. 내일 면접 보러 오는 사람은 아마 그 옆 회사에서 면접을 볼 것이다. 이 도급회사들은 형식만 도급이고 실상은 회사 내에 차려진 '파견회사'에 불과했다.

면접을 보러 온 사람은 모두 5명. 잠시 후 한 사람이 들어와 자신을 박 과장이라고 소개했다. 그는 약장수처럼 한 시간 동안 쉴 새 없이 떠들어댔다. 월급은 200만 원이 넘을 것이라고 했다. 예상보다 많은 돈이어서 혹시나 했다. 하지만 역시나였다. 최저임금 시급 4860원. 그것도 3개월간은 수습 기간이므로 최저임금의 90퍼센트만 준다고 했다. 그 시급으로 월 200만 원을 벌려면 얼마나 오래 일해야 할지 계산이 되질 않았다. 친절하게도 박 과장이 직접 설명을 해줬다.

"주야 맞교대 근무고요. 주야 교대를 위해 한 달에 4일은 쉬게 됩니다. 항상 잔업이 있고, 주 5일제라 주말근무는 특근 처리 해줍니다."

즉, 한 달에 4일 쉬고, 매일 12시간씩 주야 맞교대로 일을 해야 그 돈을 벌 수 있다는 뜻이다. 순간 아찔해졌다. 이 말은 주야 교대 근무를 위해 쉬는 4일을 제외하고는 단 하루도 쉬지 말라는 뜻이기도 했다. 설명을 마친 박 과장이 입사지원서를 내밀었다. 셋은 입사를 포기했다.

나의 입사 동기인 재형 씨는 공장 생활이 처음이었다. 스물아홉 살인 그는 지방의 전문대를 졸업한 후 서울에 올라와 줄곧 배달 일만 했다고 한다. 직장다운 직장을 얻고 싶어 찾아온 게 이곳이다. 1년 정도 열심히 일하면 빵 공장에서 그를 정식으로 '스카우트' 해갈지 모른다. 이곳에서는 정규직이 된다는 이야기를 '스카우트' 해간다고 표현했다. 하지만 재형 씨가 이 회사의 정직원이 될 확률은 30퍼센트 정도밖에 되지 않는다. 일단 젊기 때문에 확률이 높지만, 강도 높은 노동을 견뎌내고, 자신의 시간을 온전히 희생하고, 비정규직의 설움을 모두 이겨내야만 비로소 정직원이 될 수 있다. 그곳에서 보름 정도 다닌 지운 씨가 귀띔해준 내용이다.

"형님, 정직원 되고 싶으시죠. 그런데요, 입사해서 정규직 될 확률이 삼십프로도 안 될 걸요. 우선 나이가 많으면 안 돼요. 예전에는 모르겠는데, 최근에는 마흔 살이 넘으면 일단 제낀대요. 그리고 여기 일이 워낙 험해서 한 달에 절반은 그만둬요. 일이 많아서 휴일도 쉴 수 없어요. 파견이 휴일에 쉰다고 하면 엄청 눈치 줘요. 쉴 수는 있는데, 그런 사람은 정규직이 될 가능성이 없죠. 회사에서 시키는 대로 하는 말 잘 듣는 사람만 골라서 정규직 시켜주니까요."

출근 첫날, 회사에 좀 일찍 나갔다. 재형 씨가 먼저 와 있었다. 그는 긴장되는지 연신 담배를 피워댔다. 잠시 후 박 과장이 나타났다. 이것저것 주면서 서명하라고 했다. 무슨 내용인지 살펴볼 겨를도 없이 서명하고 나니 작업복을 줬다. 그리고 따라오라고 하더니 성큼성큼 걸어 우리가 일할 공장 안으로 들어갔다. 임시로 쓸 사물함을 배정해 옷을 갈아입게 하고, 현장 출입 요령을 알려줬다. 현장에서 좀 떨어진 식당을 안내하고 나서 모자에 빨간 띠를 두른 사람에게 나를 넘겼다. 그는 재형 씨를 데리고 어디론가 사라졌다. 그 후 회사를 그만둘 때까지 박 과장의 얼굴은 볼 수가 없었다.

나는 떡 만드는 부서에 배치되었다. 나를 인계받은 빨간 머리띠는 나를 한참 세워놓고 자신의 일을 봤다. 여기저기 돌아다니고, 이 사람 저 사람에게 작업 지시를 했다. 한 10여 분간 난 꿔다놓은 보릿자루였다. 내게 관심을 보이는 사람은 없었다. 말을 걸어오는 사람도 없고, 눈길조차 주지 않았다. 모두들 이런 일에 익숙한 듯 자신의 일만 했다. 한참 만에 나타난 빨간 머리띠는 마치 잃어버린 물건을 찾은 것처럼 "아 거기 있었네. 나 따라와요" 하며 손짓했다. 회사의 정식 작업 시간은 7시 30분부터지만, 일은 7시 조금 넘어 시작되고 있었다. 빨간 머리띠는 분주하게 일하는 사람들 속으로 나를 밀어 넣었다. 그곳은 거대한 방앗간이었다. 온갖 종류의 떡들이 쏟아져 나오고 있었다.

"상우야, 여기 신입."

나는 상우 씨 파트의 신입으로 배치되었다. 상우 씨는 나를 위아래로 훑었다. 일은 잘할 것 같은지, 말을 잘 들을 것 같은지 스캔하는 것이다. 일단 마음에 들었나 보다. "지난번 아저씨는 말귀를 못 알아들어 힘들었는데, 여기는 눈치가 빨라야 하거든요." 20대 중후반의 상우 씨는 반말과 존댓말을 적절히 섞어가며 나를 대했다.

"나이가 좀 있어 보이는데."

"마흔 하나요."

"지운이 형, 여기 형님하고 같이 배합하세요."

상우 씨는 나를 지운 씨에게 인계해주고 어디론가 사라져버렸다.

"저쪽은 여기 반장 아줌마 아들이어서 그 빽으로 정규직 된 애예요. 군대 갔다 와서 줄곧 여기서 일했고, 정규직 되고 나서 얼마 안 돼 조장 달았어요."

지운 씨는 나보다 보름 먼저 들어왔고, 소속 하청업체는 달랐다. 말하자면 지운 씨가 나의 사수인 셈이다. 우리 일은 쌀과 소금 등을 적정한 비율로 배합해 쌀가루를 만드는 것이었다. 전체 공정의 첫 시작이었다. 여기에서 쌀가루를 보내주지 않으면 다른 일들을 할 수가 없었다. 이렇게 중요한 일을 서로 다른 하청업체 소속 직원 둘이서 하고 있었다. "사람이 없으면 상우랑 저랑 둘이 일하는데, 사람만 붙여놓으면 쟤는 맨날 다른 데 가서 일해요."

지운 씨는 "나도 잘 몰라요"라는 말이 입에 붙어 있었다. 그 말은 거짓이 아니었다. 일을 하는 중간 중간 상우 씨를 찾아다녔기 때문이다.

일의 강도는 높은 편이었다. 20킬로그램이 넘는 쌀포대를 하루에도 몇 번씩 들어 올려 쌀을 빻는 기계에 집어넣어야 했다. 첫 공정이었기에 잠시도 쉴 틈이 없었다. 정신없이 일하다 보니 배가 고팠다. 시계를 보니 점심시간이 훨씬 지나 있었다.

"우리 밥 안 먹어요?"

"잠시만요. 이것만 끝내놓고요."

지운 씨는 나에게 눈길조차 주지 않고 말했다. 한참 후 기계가 멈췄다.

"식사하러 가시죠."

"여기는 점심시간이 없어요?"

"있죠."

"종이 안 울리던데."

"종은 안 울려요. 각자 알아서 눈치껏 먹으면 돼요."

"밥을 눈치 보면서 먹어요?"

"일이 많을 때는 굶는 일도 많아요. 예전에 한번은 너무 배고파서 밥 먹으러 간다니까. 그럴 시간 없다며 옆에 떡 먹으라고 하더라고요."

"아 …"

어이가 없었다. 뭐 이런 회사가 다 있나 싶었다. 아닌 게 아니라 점심시간이 훨씬 지났는데도 식당 곳곳에서 서너 명씩 늦은 점심을 먹고 있었다. 저녁 7시쯤 되자, 빨간 머리띠가 와서 내일 특근할 수 있냐고 물었다. 못한다고 했더니 내일 쉬고 다음 날 야간에 출근하라고 했다. 원청의 관리자가 하청업체 직원들의 근태를 직접 관리하고 있었다.

옷을 갈아입고 7시쯤 현장에 출근하니 사람들이 모여 있었다. 조회를 서는 중이었다. 작업 시작 30분 전에 조회를 섰다. 빨간 머리띠가 출석을 불렀다. 하청업체 소속 직원들과 원청회사 직원들이 섞여 있었다. 내 이름을 불러서 "네"하고 대답하니 어제 왜 안 나왔냐고 물었다. 일이 있어서 특근 안 했다고 했더니 째려보았다. 출석을 부르고 나서 빨간 머리띠가 업무 지시를 했다.

조회가 끝나고 첫날 일했던 곳으로 갔다. 일할 준비를 하고 있는데, 반장이 왔다. "저 따라오세요" 하더니 포장하는 곳으로 데려갔다. "여기서 일하세요" 하고는 사라져버렸다. 그곳은 벌써 기계가 돌아가고 있었다. 아무도 나에게 일을 가르쳐주지 않았다. 멀뚱하게 서 있으니 모자에 빨간 띠를 두른 아주머니가 "뭐해? 놀러 왔어?" 한다. "네?" "거기 장갑 끼고 눌러붙지 않게 섞어." 그게 끝이었다.

기름을 두르고 섞고를 반복하는 단순작업이었다. 하지만 기계 돌아가는 속도는 장난이 아니었다. 쉴 틈이 없었다. 화장실 갈 시간도 주지 않았다. 얼마나 지났을까. 어깨에 통증이 밀려오기 시작했다. 그러나 감히 "좀 쉴게요"라는 말을 할 수가 없었다. 그럴 수 있는 분위기가 아니었다. 모두들 머리에 빨간 띠를 두른 아주머니의 눈치만 보고 있었다. 이곳에서 유일하게 신분을 구분할 수 있는 징표는 모자의 머리띠였다. 반장은 빨간색, 조장은 파란색. 직급이 없는 원청 직원이나 하청업체 직원은 아무 표시 없는 흰색 모자를 쓰고 있었다. 점심시간이 훨씬 지나 기계가 멈추었다. "자 밥 먹으러 가자" 반장의 한마디에 모두가 일사불란하게 자리에서 일어났다. 나도 주섬주섬 장갑을 벗고 있는데 지운 씨가 나를 찾으러 왔다. "어제 특근 안 했다고 좀 빡센 곳으로 보낸 거예요." 지운 씨가 귀띔해줬다.

처음 야간근무를 해보는 데다 정신없이 일해서인지 배도 고프지 않았다. 지운 씨는 나를 쓰레기 버리는 곳으로 데려갔다. 그곳에는 오십 대로 보이는 아저씨 한 분이 계셨다. 일 년 반 넘게 일했는데 아직 정규직이 되지 못했다고 한다. 김 씨 아저씨에게는 대학생 자녀가 두 명 있다고 했다. 이 회사 정규직은 학자금 지원을 받는단다. 김 씨 아저씨는 정규직 되는 게 소원이라고 했다. 지운 씨는 "저 아저씨는 나이가 많아서 정규직 못 될 거"라고 했다. 아저씨가 담배 연기와 함께 깊은 한숨을 토해냈다.

쓰레기 청소를 마치고 현장으로 돌아가니 소란스러웠다. 새벽에 배송을 보내기 위해 현장의 모든 직원이 모여 포장하고 있었다. 100여 명가까운 인원이 달려들어 포장을 하는 모습은 장관이었다. 3개의 하청업체 직원과 회사의 정직원들이 모두 섞여 일했다. 포장 일을 마치고 나니 잠시 한가해졌다. 지운 씨가 잠시 쉬자고 했다. 이 회사 들어와서 처음 쉬는 거였다. "쉬는 것도 요령껏 눈치껏 쉬어야 해요." 지운 씨가 담배를 피우며 한 말이다. 지운 씨는 형님하고 같이 치킨집을 하다가 일이 잘못돼서 이곳에 왔다고 했다. "공장일은 처음인데, 이렇게 힘들 줄 몰랐어요. 제 통장에 28만 원밖에 없어요. 통장 잔액이 100만 원이 넘으면 여기 때려치울 거예요." 33세 젊은 지운 씨도 담배 연기와 함께 깊은 한숨을 토해냈다.

두 번째 쓰레기를 치우고 오면서 여기는 위장도급, 불법파견인 거 같다고 말했더니 그게 무슨 말이냐고 묻는다. "원래 하청업체 직원들하고 정규직 직원들하고 저렇게 섞여서 일하면 안 되거든요. 그리고 반장이 모두 일일이 작업 지시하고, 근태관리하고 그러면 진짜 도급업체라고 보기 어렵고, 그러면 불법파견일 가능성이 높아요"라고 했다. 지운 씨는 고개를 끄덕였으나, 내 얘기를 못 알아들은 눈치였다. "아무도 그런 거 신경 안 써요." 그게 끝이었다. 정규직이 되기 위해서 누가 시키지 않아도 열심히 청소를 했고, 작업 시작종이 울리기 전에 기계를 돌렸다. 위장도급이네, 불법파견이네 하는 것에는 관심조차 두지 않았다. 이날 나의 입사 동기 재형 씨가 그만두었다. 다시 서울로 갈 거라고 했다.

쌀을 실으려고 엘리베이터를 탔다. 그곳에 쓰인 문구가 눈에 들어왔다. "밥 좀 먹여줘." 회사를 향한 절규의 목소리였다. "15개월만 참자." 처음 쓰인 문구는 "3개월만 참자"였다. 하지만 그 문구는 지워지고 "15개월만 참자"로 바뀌어 있었다. 처음에는 3개월 지나면 정규직을 시켜주었나 보다. 하지만 이제는 최소한 15개월은 되어야 정규직이 될 수 있었다. 1970년대 어느 공장에 들어와 있는 게 아닌가 하는 착각이 들었다. 이 엘리베이터의 문구들을 보면서 비로소 '거대한 침묵'이 이해가 되었다. 정규직이 되고 싶어 하는 비정규직 노동자들은 밖으로 소리치는 대신 안에서 절규하고 있었다. 초등학생들처럼 낙서를 통해 불만들을 분출하고 있었다.

내가 다녔던 빵 공장은 우리나라 식품산업 20대 그룹에 속하는 대기업이다. 이곳에서 만든 빵들은 화려한 조명과 인테리어가 된 프랜차이즈 빵집으로 납품된다. 동네 곳곳, 길목 가장 좋은 곳에 있는 빵 가게의 빵들이다. 안개가 무겁게 내려앉은 어느 휴일 오후, 열린 창문 너머로 빵 냄새가 새어 들어왔다. 문득 그곳에서 함께 일했던 지운 씨가 보고 싶어졌다. 28만 원밖에 없다던 그의 통장 잔액은 많이 늘었을까. 궁금해졌다.

정현철(2013)

빵집

✦

과자나 빵 등을 만들어 파는 가게.

또 다. 통장 잔액이 어김없이 세 자릿수를 가리킨다. 부모님께 손을 벌린 지 얼마나 됐다고 또 이러는지 도통 알 수가 없다. 편의점에서 삼각김밥 하나 사 먹을 돈도 이젠 없다. 냉장고는 텅텅 빈 지 오래다. 주머니에 남은 몇 백 원, 가방 구석에 숨어 있던 몇 백 원을 모아 마트에서 1000원짜리 콩나물을 사왔다. 팔팔 끓인 물에 콩나물을 넣고 소금을 뿌리고, 냉동고에 묵혀둔 청양고추도 꺼내 잔뜩 넣었다. 그래야 국 한 숟갈에 밥이라도 잔뜩 먹을 수 있을 테니. 사흘 내내 매장에서 팔다 남은 빵과 콩나물국으로 버텼다. 일주일에 5일씩 출근하며 돈을 버는데도 대체 왜 이 서러움은 매달 반복되는 건지. 내가 최저임금을 받는 아르바이트 노동자여서 그런 걸까. 수십억 원짜리 금수저 대신 평범한 수저를 물고 태어나서 그런 걸까.

매일 아침 7시, 집을 나선다. 집에서 15분 거리에 있는 프랜차이즈 빵집으로 달려가 동료들에게 인사한다. 옷을 갈아입으면 내 일은 시작된다. 30여 종에 달하는 빵이 내 손에서 만들어져 매장에 진열된다. 조리기구들을 깨끗이 설거지하고 조리실을 쓸고 닦는 것도 내 몫이다. 월화수목금 매일 출근해 5시간씩 일해서 받는 돈은 55만 원 남짓이다. 집안 곳곳에 곰팡이가 피고 벌레가 나오는 7평 남짓한 자취방의 월세는 25만 원이다. 각종 공과금에 통신비, 교통비, 식비까지 내면 저축은 생각할 수도 없다. 집에 쌀이 떨어지지 않는 것만도 다행스럽다. 왜? 나는 최저임금을 받아 먹고사는 아르바이트 노동자니까. 그것도 감히 공부까지 하겠다는.

하루는 매장에 노무사가 찾아왔다. 나 이외의 아르바이트 노동자들은 모두 일주일에 14시간만 일한다. 15시간이 넘으면 주휴수당을 지급해야 하기 때문이다. 문제는 나였다. 주방보조 일을 지원하는 사람이 없어서 혼자 5일을 일하고 있었다. 노무사는 사장에게 주휴수당을 지급하지 않는 방법에 대해 알려줬다. 주 5일이었던 근로계약서는 주 3일로 바뀌었다. 일하는 시간은 그대로인데 근로계약서만 바뀌었다. 그나마 그것도 어림잡은 시간이었다. 빵이 많이 팔리지 않는 날에는 일찍 퇴근해야 했다. 월급도 당연히 들쑥날쑥했다. 내 월급은, 곧 내 삶은 매장의 운영 상황에 달려 있었다. 물론 빵이 잘 팔려 추가로 근무하는 날이라고 연장수당을 주는 것도 아니었다.

그뿐만이 아니다. 일의 특성상 매일 뜨거운 기름을 다뤄야 한다. 좁은 주방에서 다치지 않기 위해 조심조심 일해봤자 허사였다. 일주일에 한두 번은 꼭 손을 다쳤다. 한번은 오븐에 팔 한쪽을 크게 데였다. 시뻘건 화상 자국이 올라왔지만, 그저 찬물로 식힐 뿐이었다. 산재보험에 가입시켜달라는 말은커녕 치료비를 달라는 말조차 할 수 없었다. 일하다 다쳐 치료비를 요구했다가 일자리를 잃은 한 친구가 생각났기 때문이다. 그저 집에 있는 화상 연고를 조금씩 발라가며 다친 팔에 기름이라도 튈세라 조심히 일할 수밖에 없었다. 내 월급을 쪼개 병원에 갈 수도 없었다. 병원에 갈 때마다 들어갈 1만 원, 2만 원이 나에겐 결코 적은 돈이 아니었다. 치료를 받자고 병원에 가면 그달은 다른 공과금, 교통비, 식비를 제때 낼 수 없을 게 뻔했다. 그래서 참았다. 참고 일했다.

그런데 이마저도 지난주로 잘렸다. 너무나 갑작스러운 해고 통보였다. 일을 끝내고 집으로 돌아가는 도중 사장에게 전화가 왔다. "요새 빵이 잘 안 팔려서 주방보조를 안 두기로 했거든. 이번 주까지만 나와라." 나는 아무 말도 할 수 없었다. 잘리고 싶지 않다고 잘리지 않을 수 있는 게 아니었기에. 고민과 걱정이 물밀 듯이 찾아왔다. 당장 일자리는 어떻게 구하지? 공부는 또 어떡해? 균열이 생긴 일상은 하루빨리 복구할 수 있는 성격의 것이 아니었다. 해고당한 후의 삶은 아무도 책임져줄 수 없었다. 아르바이트 한 명 정도야 쉽게 잘라버릴 수 있었겠지만, 적어도 잘려버린 나의 삶은 그렇게 쉽게 해결될 수 없었다. 모두가 아르바이트를 임시직이라고 말한다. 그러나 내 삶은 임시가 아니다. 빵을 만들기 위해 열심히 뛰어다닌 결과가 고작 이거라니. 울분을 뒤로하고 나는 어떻게든 삶을 건사하기 위해 혼란 속을 걸어야 했다. 그 혼란 속에서 1년 전을 떠올렸다. 그때도 나는 해고 통보를 받았다.

"가현아 나 점장님인데, 할 말이 있어서 그런데 매장으로 잠깐 올 수 있겠니?"

다음 날 아침, 일정을 앞당겨 다시 부천으로 향했다. 짐작 가는 일은 있었다. 당시 나는 한 프랜차이즈 패스트푸드점에서 일하는 노동자 중 한 명으로, 또 아르바이트 노동조합의 조합원으로, 패스트푸드 업종의

노동실태를 증언하는 기자회견에 참여했다. 기자회견 이후 한 번 점장에게 불려가 회사 유니폼 입고 이런 거 하지 말라고 혼난 적도 있었다. 그렇기에 이번에도 비슷한 이야기겠거니 싶었다. 그러나 그날 들었던 이야기는 내 예상 밖의 것이었다. "내일부터 나오지 마"였다. 노동조합 활동 때문이었다. 딸 같아서 하는 소리라고, 얼른 노동조합에서 발 빼라는 말도 덧붙였다. 당황스러웠다. 당장 그 주의 근무 스케줄도 정해진 상황이었다. 매니저와 일할 시간을 더 늘리기로 이야기한 뒤 휴학까지 했다. 도저히 받아들일 수가 없었다. 일에 문제가 있으면 고칠 테니 일하게 해달라고 했다. 하지만 점장은 "일도 잘해줘 고마웠는데 …"라며 본인도 어쩔 수 없다는 말로 답했다. 화가 나고 서러웠다.

나는 내가 일하고 있는 곳부터 바꾸고 싶었을 뿐이다. 내가 본사를 향해 지적한 문제는 결코 적지 않았다. 근로계약서를 제대로 적지 않았고, 적더라도 교부하지 않는 것이 일상이었다. 심지어 몇몇 근로계약서는 대필되곤 했다. 그뿐인가. 같은 알바들끼리도 '급'을 나눠 누구는 불고기 버거를, 누구는 더블불고기 버거를 먹는다. 자본주의의 경쟁은 동료들 간의 식사마저 차별했다. '17분 30초 배달제'도 문제였다. 본사 방침으로 고객이 햄버거를 주문한 지 17분 30초 이내에 고객에게 배달하게 했다. 말은 쉽다. 아니, 말만 쉽다. 그 말 때문에 내가 일했던 매장에서도 몇 번씩 라이더들이 다치곤 했다. 시간을 못 지킬 경우 매장 점수는 떨어졌다. 올해는 배달하다가 사망한 노동자도 있었다.

제멋대로인 근무 시간 역시 힘들게 했다. '꺾기'는 그중 일부다. 꺾기란 손님이 없다는 이유로 무급으로 조기퇴근을 시키거나 휴식을 보내는 것이다. 손님이 많을 때는 다른 일이 있더라도 출근해야 했고, 손님이 없을 때는 예정된 근무 시간을 채우지 못하고 퇴근하기 일쑤였다. 내 출근 시간과 퇴근 시간, 심지어 출퇴근 여부까지 매장의 사정에 따라 달라졌다. 심지어 출근 당일에 출근하지 말라는 통보를 들은 적도 있다.

동시에 내 시간은 내 통제를 벗어났다. 아니, 그것은 내 시간이 아닌 게 됐다. 하고 싶은 일이 있어도, 가고 싶은 곳이 있어도 섣불리 가지 못했다. 다음의 내 스케줄을 알 수 없기 때문이었다. 삶의 시간을 통제할 주체성을 상실한 것이다. 내 근무 시간은 스케줄을 정하는 매니저의 시간이었고, 곧 회사가 멋대로 주무르고 배치할 수 있는 노동력이 됐다. 심지어 그 근무 시간을 기록한 표는 노동법을 준수하는 것처럼 보이기 위해 조작되곤 했다. 덕분에 내 월급은 예측조차 할 수 없었다. 다음 달 얼마를 받을 수 있을지, 얼마나 일하게 될지, 삶의 계획을 세우는 일이 거의 불가능해졌다.

문제제기에 돌아온 건 부당해고였다. 물론 표면상의 이유는 근로계약 만료였다. 그러나 나를 제외한 대부분은 본인 의사만 있으면 근로계약이 자동으로 연장됐다. 업무평가도 좋았고 일할 의사도 있었던 나만 유독 연장되지 않은 것이다. 그리고선 한다는 소리가 노동조합 하지 말라는 것이었다. 지난해 가을에 이어 올가을에도 해고당한 것이 우연일까? 그럴 리 없다. 아르바이트 노동자에게 해고는 일상이다. 실수를 하든 말든 열심히 일을 하든 말든, 심지어 법이 지켜지지 않는 상황을 참아도 갖가지 이유로 잘린다. 노동자의 사정 따위에는 아랑곳하지 않던 이들이, 매장의 사정을 들먹이며 나가달라고 말한다.

여기, 그 누구도 모르는 척해서는 안 되는 사실이 있다. 우리는 알바 '생'이 아니라, 아르바이트 '노동자'다. '알바도 노동자다! 근로기준법 준수하라!' 이 자연스럽고도 간단한 말은 2013년 아르바이트 노동조합이 생긴 뒤 가장 먼저 내세웠던 구호다. 이 구호는 여전히 유효하다. 노동자로서의 정체성을 부정당하는 일, 노동자의 권리를 망각당하는 일. 지금 우리 눈앞엔 당연해선 안 될 일들이 너무나 당연하게 펼쳐져 있다. 살충제를 처음 쐬는 파리는 쉽게 죽을 수밖에 없다. 그러나 살충제가 이미 익숙해져 자신의 유전자에 아로새겨진 파리도 그럴까? 부당함에 맞서 싸우는 것에 익숙해지고 싶었다. 오늘이 힘들다고 부당함에 눈감는다면 결과는 어떻게 될까? 곧 다른 부당함이 나를 덮쳐올 것이다. 최규석 작가의 웹툰 〈송곳〉에서 노동상담소 소장으로 등장하는 구고신은 해고 위기에 처한 이들에게 이렇게 이야기한다. "사람 모가지가 얼마나 질긴지 보여줘야지." 내 모가지 굵다. 나도 그렇게 쉽게 '잘릴' 마음은 없다.

국내외를 막론하고 나의 해고 소식을 들은 많은 사람들이 탄원서를 보내주었다. 같은 매장에서 일했던 이들, 같은 경험을 공유했던 노동자들이 공감을 표하며 직접 거리로 나와 함께 행동했다. 패스트푸드점, 편의점, 고시원, 소매업 등의 다양한 업종에서 종사하고 있는 아르바이트 노동자들 또한 열악한 노동 현실을 바꾸기 위해 목소리를 내기 시작했다. 우리의 저항은 앞으로 더 커질 것이다. 근로계약서, 주휴수당, 4대 보험, 최저임금, 노동조합 가입 및 단체행동. 법으로 보장된 노동자의 권리가 유독 '아르바이트 노동자'만을 비껴갈 이유는 없다. 나는 아르바이트로 삶을 이어가는 노동자다. 노동자에게 노동자의 권리가 주어지는 세상을 위해 다시 한번 외친다. "알바도 노동자다! 근로기준법 준수하라!" 이 목소리부터 시작될 것이다. 아르바이트 노동자를 포함한 비정규직 노동자의 문제 해결 말이다.

| 이가현(2015) |

139

사무실

✦

사무를 보는 직원이 근무하는 장소.

쏟아지는 비를 맞으며 서둘러 셔터를 올렸다. 화물칸이 비에 젖지 않도록 트럭을 창고 안쪽으로 반쯤 걸쳐 세우고 나서야 비를 피했다. 나는 흐르는 빗방울을 팔로 쓱 닦은 뒤 방수포를 펴고 전표를 살폈다. 고객님 댁에 설치할 에어컨이 배송 전부터 비를 맞아서는 안 됐으므로. 오늘 예약 건은 벽걸이 하나와 멀티 하나였다. 거리도 멀지 않아 늦어도 오후 두세 시면 끝날 것 같았다. 매일 그랬듯 창고 한편에서 초록색 끌차를 툭툭 치며 물건을 찾고 있는데, 팀장님이 잠깐 기다려보라고 했다. 그리곤 의자에 앉아 담배를 피우기 시작했다. 팀장님의 시선은 하늘에 고정되어 있었다. 천천히 두 번째 담배를 피운 그는 꽁초를 땅에 비벼 끄면서 나에게 말했다.

"안 되겠지?" 질문의 형식을 띤 문장이었으나 대답은 필요 없었다. 오후에나 상륙한다던 태풍은 이미 세찬 바람과 비를 쏟아내고 있었다.

누가 봐도 일을 하기에 좋은 날씨는 아니었다. 오늘은 운동했다고 생각하고 밥이나 먹고 가자는 팀장님의 말에 말없이 고개를 끄덕였다. 마음한 켠에는 출근에 쓴 시간과 차비가 두둥실 떠올랐다. 오늘 일당까지는 받아야 이번 달 차비랑 밥값을 채우는데. 일하지 않으면 벌지 못하는 몸이니 논다고 마냥 좋아할 수도 없었다. 프리랜서에겐 육체적인 안락함보다 불규칙한 소득이 주는 불안감이 더 컸다. 그때였다. 팀장님의핸드폰이 울리기 시작했다. "네, 에어컨입니다. 오늘 비도 많이 오고 바람도 불어서요. 출고가 어려울 것 같네요. 네. 네? 아, 네. 알겠습니다. 제가 다시 연락드릴게요."

팀장님이 깊게 한숨을 쉬었다. 고객님께서 사무실 이사를 왔는데 너무 덥다고 오늘 무조건 설치해달라고, 비 안 맞는 곳이니깐 와달라고 했단다. 나는 별수 없다는 듯 어깨를 으쓱하며 실외기를 실었다. 불안했던 마음이 조금은 가라앉았다. 차비와 밥값만 쓰고 집으로 돌아가는 것보단 한 건이라도 설치하는 게 나았다. 그렇게 우리는 벽걸이 에어컨 하나를 달랑달랑 실은 채 태풍을 뚫고 공단 근처 사무실로 향했다. 차고지에서 사무실까지 가는 동안 파란 트럭은 비 사이로 길을 냈고, 창문의 와이퍼는 쉬지 않고 좌우로 움직였다. 마치 쉬는 방법을 잊어버린우리처럼.

현장에 도착하니 전화로 들은 것과 상황이 조금 달랐다. 사무실은 실내에 있지만 실외기가 설치될 장소는 외부에 따로 분리되어 있어서비를 맞을 수밖에 없었다. 게다가 이미 다른 사무실의 실외기들이 다닥다닥 붙어 있어서 쉽지 않은 작업이 될 터였다. 비가 와서 바닥이 미끄럽기도 하고 바람이 많이 불어 위험하다고, 내일 설치를 하시는 게 어떻겠냐고 다시 한번 고객님에게 상황을 설명했으나 의사가 완강했다.

위험수당이 포함되어 있는 거 아니냐고, 이미 왔으니 오늘 설치해달라고 했다. 벌금이 요금이 아닌 것처럼, 위험수당 또한 목숨값은 아닌데. 3만 원을 내고 나의 노동을 사는 것이지 나의 목숨을 사는 것은 아닌데. 하지만 그 말을 입 밖으로 꺼낼 수는 없었다.

에어컨 설치를 하려면 에어컨이 없는 곳에서 일해야 한다. 에어컨이 있다 하더라도 미지근한 바람만 힘없이 새어나온다. 애초에 나를 찾았다는 건 에어컨이 없어 새로 설치를 해야 하거나 고장이 났다는 뜻이므로 시원한 환경에서 일할 수 없다. 더운 곳을 시원하게 만드는 게 우리 일이므로 기꺼이 뜨거운 곳으로 들어가 배관을 새로 용접하고 가스를 주입했다. 땀과의 사투를 벌이다 보면 언제 그랬냐는 듯 시원한 바람이 힘차게 나왔다. 그러면 작업은 끝이다. 하지만 그 찬바람은 우리의 것이 아니었다. 다음 일을 하기 위해서는 서둘러 자리를 옮겨야 했다. 우리는 모두 '사장님'이므로 끊임없이 움직여 노동을 팔고, 쓸모를 증명해야 한다.

무거운 실외기를 건물 외부에 내려놓는 것도, 땀이 들어간 한쪽 눈을 찡그린 채 벌서는 모습으로 에어컨을 들고 있는 것도 쉽지 않았지만, 가장 힘들었던 건 미래에 대한 불안함이었다. 알 수 없는 미래는 현재의 나를 흔들어놓았다. 타인과 나를 비교하고 열등감을 느끼게 했다. 인근에 지하철역이 생겨서 몇 억이 더 올랐다는 입주 아파트에 에어컨을 설치할 때는 내가 아무리 열심히 돈을 벌어도 이 집이 오르는 속도를 따라가지 못할 거라는 계산이 나왔다. 부러웠다. 돈 때문만은 아니었다. 새로운 보금자리에서, 새로운 사무실에서 서로를 믿고 사랑하는 사람들과 함께하는 미래를 꿈꾸는 모습이 나에게는 오지 않을 것 같아 두려웠기 때문이다. 그래서 쉬지 못하고 항상 달렸다. 더 뜨거운 곳을 찾아 열심히 일하면, 남들보다 많은 땀을 흘리면 나아질 것이라고 생각했다.

그러나 나의 일터는 존중의 경험이 자라나기에는 척박했고, 동시에 불안하고 위태로웠다. 나는 항상 근로 기간이 정해진 계약서를 썼는데, 처음에는 1년 혹은 6개월이던 것이 2~3개월 혹은 프로젝트 단위로도 나뉘었다. 일은 점점 더 잘게 쪼개졌고, 우리에게 '사장님'이 될 것을 권했다. 원하는 만큼 일하고 원하는 만큼 벌라고 속삭였다. 이는 개인에게 무한한 자유와 선택권을 주는 것 같지만, 근로환경 개선 등 회사의 의무는 최소화하면서 업무에서 발생하는 책임을 개인에게 지운다. 대학을 다니며 처음 시작한 콜센터 업무부터 나는 프리랜서, 그러니까 개인사업자로 일을 해왔다. 고용 담당자는 월급에서 3.3퍼센트의 세금을 뗀다고 했고, 연말에 다 돌려받을 수 있다고만 설명했다.

회사가 제공한 사무실에서 회사의 지시를 받고 회사를 위해 일하지만 회사에 고용된 노동자로 보호받을 수 없다는 것을 나중에야 깨달았다. 물론 회사의 제품이나 서비스에 문제가 있어 전화를 건 고객에게는 나를 그 회사의 직원으로 설명해야 했다. 계약할 때는 개인사업자였지만 일할 때는 회사를 대신해 사과했고, 심한 경우에는 욕을 들어야 했다. 나는 누구보다 열심히 응대했다. 한 시간에 몇 콜을 받았는지, 후처리에는 얼마나 시간을 썼는지, 화장실에 몇 번 다녀왔는지 모두 실시간으로 모니터링됐고 콜 순위가 한 달에 한 번씩 공지됐기 때문이다. 그 순위를 기준으로 인센티브를 받았다. 재계약을 확신할 수도 없었고, 한 번의 실수로 잘릴 수도 있는 신분이었기에 나뿐 아니라 대부분의 상담사들이 치열하게 전화를 받았다. 끝없이 울리는 벨소리 속에서 상담사들의 목소리는 뜨거울 수밖에 없었다.

다음으로 하게 된 일은 데이터 라벨링이었다. 여기서도 나는 개인사업자였다. 4차 산업혁명 시대에 떠오르는 뉴딜 일자리, 플랫폼 노동자 등 그럴듯한 이름을 붙여주었으나 법적 지위는 같았다. 여전히 일도 수입도 고정적이지가 않았다. 하나의 프로젝트가 끝나면 다른 프로젝트를 찾아 여기저기 메뚜기처럼 뛰어다녀야 하는 신세였다. 그러다 보니 일이 있을 때면 책상에서 밥을 먹으며 일하기도 하고, 잠을 줄여가며 새벽까지 작업하기도 했다. 지인들과의 만남은 모두 뒤로 미뤘고, 주말에도 빼놓지 않고 일했다. 이처럼 고용과 소득의 불안정은 '지금 아니면 안 된다, 벌 수 있을 때 조금이라도 더 벌어야 한다'는 조급함을 불러일으키고, 상시적인 생존 위협으로 이어져 비합리적인 선택을 하게 만든다.

하루는 택배 노동자 파업 현장을 지나다 그런 이야기를 들었다. 택배기사들 본인이 더 벌고 싶어서 일을 더 하는 건데 무슨 불만이냐는 것이었다. 하지만 일한 만큼 벌게 된다는 건 일하지 않으면 돈을 벌지 못한다는 뜻이기도 하다. 업무 시간과 강도를 본인이 정할 수 있다는 것은 장점처럼 보이지만, 최소한의 소득이 보장되지 않기에 쉬고 싶어도 쉴 수 없다. 언제 다른 일을 하게 될지, 언제 소득이 줄어들지 모른다는 불안감 속에서 살아야 한다. 분명히 어딘가에 고용되어 회사나 기업을 위해 일하고 있음에도 프리랜서와 특수형태근로종사자로 분류되는 사람들이 처한 상황이다. 과로사가 발생할 정도로 고강도의 일을 하면서도 "본인이 선택한 직업이다", "공부를 열심히 안 해서 그런 거 아니냐"는 편견 섞인 말까지 감수해야 한다.

펜데믹이 확산되면서 일의 형태와 개념이 빠르게 변했다. 재택근무가 도입됐고, 비대면 서비스들이 활성화됐다. 하지만 법과 시스템은 그대로다. 제도의 사각지대에 놓인 노동자는 점점 많아졌다. 지금도 배달라이더, 돌봄노동자, 감정노동자 등 수많은 직업군들이 개인사업자로 법의 테두리 밖에서 일하고 있다. 때로는 법의 허점을 이용하는 회사도 있다. 주말 콜센터 일을 할 때 월 근로시간은 59시간에 맞춰져 있었다. 근무 시간 60시간이 넘지 않으면 단시간 근로자로 구분되어 국민연금과 건강보험, 고용보험 가입 대상에서 제외된다는 점을 이용한 것이었다. 또한 주말 근무자는 종이컵 같은 비품을 이용하거나 커피 등을 마시는 것이 금지되었다. 분명 같은 일을 하고 있음에도 고용의 형태에 따라 미묘한 차별들이 벌어졌다. 내가 바라는 건 정규직이 되어 마음껏 비품을 쓰는 게 아니라, 노동자 모두가 자유롭게 비품을 쓰는 일터였다.

겨울 초입이다. 나는 다시 2.5개월이라는 단기 계약직으로 데이터 라벨링을 하며 삶을 꾸리고 있다. 업무는 재택근무로 이뤄진다. 업무를 할 수 있는 공간, 업무에 필요한 PC, 인터넷 그 어떤 것도 제공되지 않는다. 그리고 모두 그걸 당연시 여긴다. 게다가 같은 일을 하는 사람들의 얼굴을 본 적도, 대화를 나눈 적도 없다. 이 일이 끝나면 다시 만나지 못할 사람들임을 알기에 누구도 먼저 나서서 말을 걸지 않는다. 일도 사람도 모두 뚝, 뚝, 끊어진다. 마치 혼자 허공에 떠 있는 기분이다. 자칫하면 가라앉을까 두려워 발길질을 멈출 수가 없다. 그럼에도 내민 손을 거두지 않는다. 나는 사장님이니까. 외롭고 독하게 살아왔으니까. 그걸 누구보다 잘 아니까. 누군가 손 내밀었을 때 맞잡을 수 있도록. 그땐 우리 모두 외롭지 않도록.

| 이광호(2022) |

145

식당

음식을 만들어 손님들에게 파는 가게.

"새벽 3시부터 8시까지요?"

한 가지 일만 해서는 도저히 생활이 되지 않아 빚만 쌓여가고 있을 때, 새벽에 할 일이 있다는 것은 날 솔깃하게 만들었다. 하루에 두 가지 일을 하면 재벌도 부럽지 않게 생활할 수 있겠지. 얼굴을 공개할 수는 없지만 이슬만 먹고 살 것 같이 생긴 나는 그렇게 새벽이슬 밟는 여자가 되었다. 월 80만 원 남짓에 나의 새벽을 바치게 된 것이다. 그렇게 새벽 3시에 출근하게 되었다. 세 사람이 근무하는 것처럼 해야 하니 나 이외에 두 사람의 통장과 주민등록등본, 도장을 갖고 오란다. 월급도 세 사람 통장으로 나누어 넣어준다고 했다. 노동법 때문이란다. 이 거지 같은 노동법은 도대체 누구를 위한 노동법일까.

남에게 등본과 통장을 만들어달라고 말하기가 참 어렵다. 그것도 두 명에게나. 주민등록번호가 노출되어 자기도 모르는 새 엄청난 빚을 지기도 하는 세상이다. 누가 호락호락 자기 통장과 등본을 팍팍 떼 주겠나. 시작부터 한숨이 나왔다. 그러나 재벌 되기를 열망했던 나는 갖은 회유와 협박으로 두 명의 희생양을 찾아 통장과 도장을 마련했다. 한 달 계약이기 때문에 도장을 맡겨놓으면 한 달 단위로 계약서를 쓰고 도장을 찍는단다. 새벽 2시부터 일어나 아침을 준비해놓고, 학교 갈 아이를 마음에 걸려 하며, 천 원짜리 한 장을 식탁 위에 올려놓고 죽으나 사나 출근을 했다. 아침잠이 많은 나였지만 돈이 입금되니 벌떡벌떡 일어나졌다.

캄캄한 식당 안에 들어선다. 손님이 들이닥치기 전에 어제 근무자가 만들어놓은 국을 데우고 반찬을 데우고 건조기를 연다. 면장갑을 끼고 식판을 조심스레 꺼낸다. 한번은 식판 사이에 손가락이 끼어 억 소리 나게 아팠다. "아이고 아이고." 끝내 손톱이 빠졌다. 손톱이 그렇게 중요한 부위인지 몰랐었다. 당시 손톱이 날 때까지 꽤 불편하게 지냈던 터라 행여 또 다칠까 봐 조심조심 식판을 꺼낸다. 아침 식사 때 나갈 누룽지를 눌린다. 누룽지를 뒤집어야 하는 내 팔뚝은 온통 덴 자국이다. 식당일, 만만치 않다. 손이 망가진다고 설거지도 못 하게 하던 엄마 생각이 나서 눈물이 찔끔 나온다. 썰렁한 식당 안에서 난 분주하게 왔다 갔다 하며 다람쥐처럼 일한다. 한가해진 틈을 타 어릴 때 읽었던 소공녀의 주인공이 되어본다. 부자가 된 아빠의 동업자가 "아가" 하고 다정하게 부르며 "드디어 광산에서 다이아몬드가 나오기 시작했다. 내가 그동안 열병에 걸려서 너를 이렇게 늦게 찾아왔다"며 손을 잡고 이곳에서 데리고 나갈 걸 상상하다 피식 웃는다. 맨손으로 호랑이도 때려잡게 생긴 57세 소공녀라!

첫 번째 손님이 왔다. "요즘 반찬이 왜 이래? 요즘은 짬밥도 이렇게는 안 나와." '주는 대로 먹어'라고 말하고 싶지만 멋쩍게 웃으며 속으로 삼켜버린다. 머릿속에는 '너 왜 나한테 반말하느냐. 내가 아무리 귀엽고 어려 보여도 그러는 거 아니야'라는 생각이 맴돈다. 진지한 구석이라곤 약에 쓰려고 찾아봐도 없는 나의 상상력이란! 나의 두 번째 일은 오전 9시부터 오후 2시까지다. 이렇게 일하고 60만 원 받는다. 두번째 일도 만만치 않다. 150인분의 밥을 둘이서 한다. 일하는 것에 비해 월급이 적지만, 배식하고 남은 반찬도 갖다 먹으니 반찬값도 절약된다며 위안으로 삼아본다. 하지만 이 반찬을 아이들에게 먹일 때마다 《삼국지》에 나오는 유비 엄마 생각이 났다. 유비네 엄마는 유비가 추접스럽게 차 얻어왔다고 차를 강물에 확 쏟아버리던데 ….

이러고 다니다가 병이 왔다. 당이 높다고 했다. 나 자신에게 신경 쓰지 못해 병이 나버린 몸이 불쌍하다. 두 번째 일하는 곳도 고용보험이고 퇴직금이고 없다. 여기나 저기나 노동자를 부리는 사람들의 생각이 변하지 않는 한 나에게는 대책이 없다. 외할머니는 평생 예수를 믿었지만 어려운 일 생기면 "전생에 쌓은 네 업보려니 해라"고 말해 우리를 웃겨주셨다. 새벽일이 끝나고 바로 또 출근해서 점심 준비를 하는 동안 과연 나는 전생에 뭔 짓을 해서 하루 내내 남의 밥을 해주나 생각한다. 가마솥에 불을 때니 국솥과 밥솥과 온갖 불판에서 날 덮치는 그 열기가 벌써 무섭다. 지금은 겨울이지만 곧 올 여름 걱정에 한숨이 나온다. 쉬는 날은 한 달에 한 번. 다른 직원들이 연차가 어쩌느니 복지카드가 저쩌느니 성과급이 많으니 적으니 불평할 때면 상대적 박탈감이 밀려왔다. 맘씨 좋아 보이는 직원이 물어온다.

"아주머니 여름휴가 안 가세요?"

"휴가 없어요. 힘 좀 써주시든지."

"제가 무슨 힘이 있어요."

직원이 정색한다. 우리는 추석과 구정 당일 이틀 쉬는데 그것도 일당에서 제한다. 작년에는 자기의 한 끼를 절대 양보할 수 없다는 직원들의 열화와 같은 성원에 힘입어 추석과 구정에도 나와서 밥을 팔았다. 불의는 용서해도 불이익은 절대 용서 못 한다더니, 그려 내 염병이 네 고뿔만 하겠냐. 자기들의 작은 불편함도 절대 참아주지 않는 야속한 나의 상전들!

초등학교 1학년 때부터 스스로 일어나 밥을 차려 먹고 다니던 꼬마가 이제 중2가 되었다. "아이가 자립심을 키워서 좋지 않을까?" 따위의 위로는 하지 마시라. 그런 말 듣고 싶지 않다. 뱃속에서부터 세상 빛 보는 날까지, 아이 낳으러 병원 가는 차 안에서까지 징그럽게 싸워댄 부모의 영향일까. 아이는 우울과 퉁명의 사춘기를 보내고 있다. 이젠 중학생이 되어서 엄마 손이 별로 필요하지 않을 거라 생각했는데, 어느 날 문득 "엄마 새벽에 안 나가면 안 돼요?"라며 은근하게 물어온다. 그리고 아이가 하는 말. "엄마 나 결혼 안 하고 혼자 살 거야. 나 엄마처럼 살까 봐 결혼하기 싫어." 애써 아이에게 최대한 교양 있게 "너희 아빠 같은 사람 흔하지 않아. 일부러 만나려 해도 쉽게 만날 수 없는 분이란다. 너는 평범한 사람 만나서 행복할 수 있을 거야"라고 말해주지만, 사실 나도 결혼을 권하고 싶진 않다.

흥사단에서 남편 검은 두루마기 입혀 남들이 죽어라 말려댔던 결혼식을 올릴 때까지만 해도 허영심이 하늘을 찔렀다. '난 너희와 달라. 세상 기준에 따라 이것저것 따지지 않고 결혼할 거야. 정말 아무것도 없는 노동자랑 결혼할 거라고.' 세상을 한번 확 바꿔보고 싶었다. 이런 썩은 세상을 고쳐주고 싶었다. 열심히 땀 흘린 만큼 잘 살아야 한다고 믿었다. 그러나 세상은 거의 변한 것이 없다. 내 생활만 밑바닥으로 떨어졌을 뿐. 힘 없고 눌려 사는 사람들이 다 힘을 합쳐 좋은 세상을 만들 수 있을 것이라 착각했다. 고생하면 뭔가 나아지는 게 있어야 할 텐데 똑같다. 일 년에 100만 원 모으기도 벅차다. 그러나 내 귀에 들리는 것은 누구는 몇 십 억을 먹었네, 몇 백 억을 먹었네밖에 없다. 오히려 수 억밖에 못 먹은 놈은 쪼잔해 보이기까지 한다. 제도권 안에 들어가 망가지는 수많은 사람을 보면 욕하기에 앞서 그들이 부럽기만 한 나는 참 형이하학적 인간이다.

몸으로 부딪히는 일을 하면 몸도 힘들지만, 마음에도 시퍼런 멍이 든다. 누군가 아들 장학금 신청한다고 서류 하나 떼어 달라니까 미리 얘기하지 않았다며 내가 아줌마만 위해서 일하느냐고 잡아먹을 기세로 달려든다. 근로계약서 달라니까 떨떠름해하며 주지도 않는다. 은행에 가도 월급이 분산되어 입금되는 통에 융자도 안 된다. 연금도 처음부터 냈으면 탈 수 있었을 텐데, 일당만 딱 받으니 고용보험도 국민연금도 없다.

올 정월에 사무실에서 나에게 말했다. "아주머니 참 잘됐네요. 아주머니들께 너무 못 해드리는 것 같아 마음에 걸렸는데 올해부터 퇴직금, 고용보험, 연금 다 적용되고 연차도 발생합니다. 연차 안 쓰면 연말에 돈으로 드릴게요. 휴가 쓰시려면 미리 얘기하셔야 합니다. 그리고 그동안의 퇴직금도 드릴 겁니다." 연차 소리에 눈이 번쩍 뜨인다. 감격스러운 순간이다. 갑자기 아플 때도 있을 텐데 어떻게 미리 얘기해야 하는지 걱정이 들지만, 어쨌든 휴가가 생겼다. 지금까지는 아프면 기어서라도 나갔는데, 이젠 정 아프면 하루 쉬어야겠다는 생각도 든다. 그리고 올 7월에 미국에서 조카들이 왔다. 난 여행이라도 한번 가려고 사무실에 전화했다.

"과장님 새벽 아줌마예요. 휴가 좀 쓰려고요." 수화기 너머로 기분 나쁜 고요가 흐른다. "난 잘 모르니까 부장님과 통화하세요." 얼마나 쌀쌀맞은지 감기 걸릴 뻔했다. "부장님 저 휴가 좀 쓰려고요." 더 긴 고요가 흐른다. "아주머니 휴가 쓰면 연말에 돈 안 나옵니다." "알아요. 휴가로 쓸 거예요." 딴에는 힘주어 단호하게 말했다. 많이 당황한 듯한 부장님이 말씀하신다. "누굴 대신 세워놓고 가야 하는데 야근 아주머 니께 부탁해보세요." 아니, 새벽 1시에 퇴근한 사람한테 새벽 3시에 또 나오라고 하라고? 숫제 안 된다고 하시지. 그러나 잘릴까 봐 벌벌 떠는 나는 힘없이 알겠다고 대답한다.

나의 퇴직금과 연금은 이미 퇴직한 용감하고 씩씩한 언니야 덕분이 었다. 난 아무 짓도 않고 손 놓고 투덜대고만 있었는데, 그분이 소송을 해서 이런 감격의 날이 오게 됐다. 올해부터 우리도 세금 떼고 퇴직금 도 준단다. 감히 기억도 못 한 그동안의 퇴직금 530만 원이 입금됐다. 결혼 후 20년 만에 내가 만져본 가장 큰돈이다. 이게 웬 떡이냐. 당연한 일인데도 좋아 죽겠다. 그런데 퇴직금이 내 계산과 달라서 사무실에 전 화해 물어봤더니 간단히 대답한다. "맞게 계산했어요." 금액 산정의 근 거도 없고 명세서도 없다. 맞게 계산했다는 금액만 입금됐을 뿐이다. 출근부에 사인 안 했다고 하루치를 빼고 준 적도 있었다. 하루치 안 들 어왔다고 하니 "아줌마가 사인 안 했잖아요!" 앙칼지게 몰아세운다. 아무 말도 못 하는 내가 한심하다. 결근하면 저들에게 당장 보고될 텐 데 잊어버리고 다음 날 사인했다고 하루치를 빼다니.

대체 내 일당은 얼마일까? 이것저것 떼고 85만 원 정도 입금되는데, 2월에는 74만 원 입금됐다. 이런저런 것 안 떼고 줄 때는 총액 나누기 근무일 하면 일당이 딱 나왔는데 이젠 도대체 어떻게 된 계산인지 모르겠다. 뭘 얼마나 떼고 퇴직금은 어떻게 적립되고 있는지 진짜 궁금하다. 어쨌든 나는 일 년짜리 무기계약 직원이 되었다, 아직 부러워하지 마시라. 또 있다. 한 달에 두 번이나 쉬게 해준다. 너무 부러워들 마시라. 주 5일 근무란 도대체 어느 나라 얘긴가. 난 한 달에 두 번이나 쉰다. 예전에는 안 그랬던 것 같은데 오직 살기 위해 조용히 살고 있다. 따지기도 싫다. 종만 치면 침을 질질 흘리는 파블로프의 개가 되어 오직 월급날을 기다리며 침을 질질 흘린다. 썩은 침 냄새가 코를 찌른다.

누가 뭐래도 내 소원은 비정규직이다. 꿈에도 소원은 비정규직이다. 내 사전에서 통일은 둘째로 밀려버린 소원이다. 비정규직을 없애야 한다고 시끌시끌할 때에도 누가 뭐래도 내 소원은 비정규직이다. 노조비도 내보고 노조 활동 겁나게 하다 잘려서, 노조에서 모아주는 생활비 한번 받아 써보는 게 내 소원이 되었다.

한은주(2013)

신선물류센터

✦

**식재료 등을 신선하게 보관하기 위해
냉장고와 냉동고 등을 갖춘 창고.**

한 번도 정규직이었던 적이 없었다. 계약직이었다. 계약만료가 되면 자연스럽게 하는 일이 바뀌었다. 그게 일상이었다. 이전에 하던 일은 제조업이었는데 탄력근로제 때문에 노동시간이 길어서 힘들었다. 그래도 생계 걱정은 없으니 참고 다닐 만했다. 하지만 2년이 되기 전에 회사에서 내미는 서류 한 장 '자진 사직서'에 서명하고 '계약만료'가 되었다. 실업급여를 타서 생활한 지 몇 달이 지나자 슬슬 생계비가 걱정되기 시작했다. 구직 사이트를 열심히 뒤졌다. 코로나19 영향 탓인지 공단 일자리는 절반 이상 줄어버렸고, 어떻게든 내 이력으로 비벼봐야 했다. 그러다 '신선물류센터 계약직 모집'이라는 문구를 발견했다. 원하는 일만 하면서 생계를 해결하는 사람이 얼마나 되겠나 싶어 지원을 했다.

첫날, 내가 일할 현장의 모습은 담기지도 않은 교육 영상자료를 본 후 계약서를 썼다. 3개월짜리였다. 작업할 때 쓸 물품으로 방한장갑과 방한화를 지급받았는데, 방한복은 아직 줄 수 없다고 했다. "맞는 사이즈가 들어오지 않아서"라고 했지만, 사람들이 워낙 잘 그만두니 한 달은 지나야 주는 거라고 속닥거리는 소리를 들었다. 정확히 한 달 뒤에 방한복을 지급한다는 문자가 왔다. 어렵사리 받았다. 첫 단추가 힘겹게 끼워졌다. 방한복 없는 한 달 내내 입었던 낡은 롱패딩은 방한복을 지급받고 바로 버렸다. 더 이상 입을 수 있는 상태가 아니었기 때문이다. 좁은 공간에서 계속 몸을 움직여야 하니 옷이 빨리 상한 것이다. 방한장갑은 3일 만에 구멍이 났지만 다시 지급되지 않았다. 현장에서 매일 지급하는 일반 장갑을 쓰기로 했다. 고무가 동글동글하게 박힌 면장갑인데, 그걸 쓰고 있다. 방한화는 매일 신는 신발이지만 세탁은 내가 직접 세탁소 가서 해야만 한다. 몇 천 원이지만 빠듯한 월급에 망설여지는 액수다.

'현장 일은 장비 빨'이라는 이야기도 있는데, 장비를 처음부터 제대로 지급하지 않아서 당황스러웠다. 방한장갑, 방한화 그리고 방한복은 그냥 추위를 막아주는 용도가 아니다. 나를 보호해주는 것이다. 꽝꽝 언 아이스팩이나 드라이아이스를 만질 때 방한장갑이 없으면 손에 동상이나 습진이 생긴다. 방한화는 안전화 기능도 있어 떨어지는 물건들로부터 다치지 않게 해준다. 그런 안전을 위한 방한용품들을 제대로 주지 않는다니 너무한다 싶었다. 단 하루를 일해도 안전하게 일하고 싶은데 그러기 쉽지 않았다.

'OB계약직'('OB'는 'Out Ban'을 줄인 말로 출고 쪽 업무를 말한다)이라고 적힌 사원증을 찍고 현장에 들어갔다. 물건을 내보내는 곳인데 '집품', '리빈', '포장'의 공정으로 나뉜다. 생각보다 너무 추웠다. 몸을 움직이며 일을 하는데도 온몸과 두 손이 덜덜 떨렸다. 냉장고의 냉랭한 느낌을 여과 없이 바로 받는 느낌이었다. 축축하고 차가운 시린 기운이 온몸에 가득 퍼졌다. 일을 마치고 나오면 바깥 온도와 30~40도씩 차이가 나다 보니 얼굴이 벌겋게 달아올랐다. 아직 5월이었는데도 온몸에서 열이 났다.

건물은 층별로 용도가 달랐는데, 1층은 냉장이고 2층으로 올라가면 냉동 창고, 꼭대기 층은 식당이다. 이 건물이 바로 내가 일하게 될 곳이었다. 잘 견딜 수 있을까 불안했지만 실전에 바로 투입되었다. 처음 배정받은 업무는 '리빈Rebin'이었다. 집품된 물건 중 멀티 건에 해당하는 물건들을 분류하는 일이다. 집품된 제품들은 싱귤레이션과 멀티로 나뉘는데, 싱귤레이션은 하나의 포장에 한 종류의 물건이 배송되는 것이고, 멀티는 여러 종류의 물건이 하나의 포장으로 합쳐져서 한 집에 배송되는 것이다. 신기한 제품이 많아서 구경하랴 바코드 찍으랴 제대로 된 세트(물건을 분류해두는 물품으로 책꽂이처럼 생겼다)에 집어넣느라 혼이 쏙 빠져버렸다.

오후에 다시 현장에 들어가니, 캡틴이라 불리는 관리자가 "리빈 업무를 하고 계신데, 포장 업무를 받은 분이 최종 합격을 해놓고 출근을 안 해서 업무 변경을 해야 할 것 같다"며 대신 포장 업무로 가셔야 되는데 괜찮냐고 물었다. 뭐가 뭔지도 모르는 상황에서 괜찮다고 할 수밖에 없었다. 나는 최종적으로 포장 업무를 배정받았다. 그날은 싱귤레이션 쪽에 가서 일했다. 토트(상품을 담는 파란 플라스틱 장바구니)에 물건이 오면 토트 바코드를 찍고, 그 안에 있는 제품의 바코드를 찍는다. 그리고 자리마다 있는 모니터에서 맞는지 확인한 후 프레쉬백이나 종이 박스에 넣고, 아이스팩을 개수만큼 넣은 다음 운송장을 부착해서 레일에 태워 보낸다. 그러고 나면 그 밑에 있는 허브 담당 직원들이 지역과 시

155

간에 따라 분류한다. 트럭에 실린 물건은 각 지역 캠프로 옮겨져 집집마다 배송된다. 이걸 알고 나니 사람들이 편리하게 누리는 시스템 모두가 사람의 노동으로 연결되어 있다는 것이 신선하면서 놀라웠다.

다음 날, 조를 배정받고 '이제 매일하게 될 과정이겠지' 하면서 포장하는 과정을 배웠다. 아침에 그날그날 배정받은 작업대로 가서 U카트에 실린 프레시백을 챙기고, 뽁뽁이(에어캡)와 오퍼스opus를 챙겼다. 운송장도 얼마나 남았는지 확인한 뒤 업무하다가 끊어지지 않도록 새것으로 하나 준비해둔다. 테이프와 커팅 기계를 챙기고 있으면 워터 업무(포장에 필요한 부자재를 채워주는 사람으로 간접공정에 포함된다)를 맡은 사원들이 와서 자리마다 박스를 사이즈별로 채워준다. 8시 정각, 레일이 돌아가면서 하루가 시작된다. 싱귤레이션 업무는 토트에서 시작되고, 멀티 업무는 리빈 세트마다 들어 있는 물건을 포장대로 가져오면서 시작된다. 나는 주간 조에 속해서 10시 50분, 11시 50분에 마감하는데, 마감 시간만 다가오면 현장은 전쟁터가 된다. 로켓배송, 당일배송을 내세우는 곳이라 물량이 쏟아져 나와도 시간 안에 다 쳐내야 해서 압박이 상당하다. 정기 배송이나 제품 행사라도 하는 날이면 제품들이 마구 날아다닌다. "6·25 때 난리는 난리도 아니여", "1·4 후퇴는 별것도 아니여"가 딱 어울리는 상황이 되어버린다.

바빠서 화장실 갈 시간이나 따로 쉬는 시간도 주지 않는다. 그래서 마땅히 휴게실이라 불리는 곳도 없다. 급한 마감이 끝나면 주변 동료들과 눈치껏 화장실을 다녀올 뿐이다. 4시간마다 30분 휴식이 법에서 정한 것이라 한다. 오전 4시간 통째로 일하고 점심시간 1시간이 끝나면 다시 오후 4시간을 일한다. 현실적으로 4시간 연속으로 일하면 탈이 나기 마련인데, 법에서는 그걸 허용한다. 회사를 원망하다가 제도를 탓하게 되었다. 그래도 일에, 사람에 점점 익숙해지면서 조원들과 교대로 화장실 가는 때를 만들었다. 생리현상만큼은 참지 않고 해결하기로 암묵적인 약속을 했다.

바삐 일하는 날들이 쌓여 내 몸에도 흔적이 남았다. 급하게 물건을 담고 포장하다 보면 어딘가에 멍이 들어 있기도 하고 피부가 베이는 경우도 생긴다. 처음엔 놀라서 급히 응급처치를 했지만 어느 순간 일상이 되었다. 손목, 팔목, 허리, 목, 어깨 등 온갖 근골격계도 살려달라고 아우성이다. 싱귤레이션 업무를 할 때는 물건이 너무 무거울 때가 많고, 멀티를 할 때는 쪼그려 앉거나 머리 위로 손을 뻗어 물건을 들고 와야 하는데 그 작업을 8시간 반복하다 보니 몸 구석구석 남아나지 않는다. 일할 때 필요한 부자재도 모두 머리 위에 위치해 있다 보니 내내 팔을 머리 위로 뻗는 일을 한 것도 몸에 무리가 되었다. 나는 어깨에 염증이 생겨서 치료를 받아야 했고, 옆의 이모는 어깨에 뼛가루가 쌓여 약을 먹고 있다고도 했다. 1년 6개월째 일하는 동안 손목에 두 번, 팔꿈치에 한 번 인대주사와 염증주사를 맞았다. 목에는 늘 부항 자국을 달고 다닌다.

아직 살아갈 남은 날들이 많은데 내 몸이 과연 버텨줄까 싶긴 하다. 천천히 일하려 해도 마감 때가 다가오면 아픈 줄 모르고 빨리 하게 된다. 먼저 일하던 언니들과 이모들은 근골격계 질환을 직업병이 아니라 고질병처럼 여긴다. 아프면서도 사회 구성원으로서 자기 일에 책임을 다하는 이 사람들이 더 나은 삶을 살아가는 것은 불가능한 일일까?

힘들게 일을 시킨다고 노동자들에게 미안해하는 회사가 없듯, 이곳도 마찬가지다. 알게 모르게 엄청난 통제가 이루어지고 있다. 취업규칙이 어떻게 되는지 아는 노동자는 아무도 없다. 사내 게시판이 있어도 노동에 지친 사람들이 그걸 볼 여유는 없다. 또 급하게 일하다 보면 사람이 하는 일이라 실수를 할 수 있음에도 불구하고, 운송장을 놓치거나 물건을 빼먹거나 하면 '사실 관계 확인서'라는 반성문 같은 것을 작성해야 한다. 뒤돌아볼 여유 없이 돌아가는 구조 안에서 실수는 온전히 '내 몫'이 된다. '산재 부정수급 금지' 포스터, 사내 물건 훔치면 징계한다는 내용이 담긴 포스터, 화장실 휴지걸이마다 '훔치는 것 금지' 경고장 등 온갖 곳에서 노동자들을 도둑 취급하는 포스터들을 보면 과연 이런 회사를 위해 몸 상해가면서 일해야 하나 싶은 생각이 들기도 한다.

포장할 때 사용하는 컴퓨터 모니터 상단에는 '메시지 없음'이라는 직사각형의 칸이 있다. 처음엔 그게 뭔지 몰랐다. 그런데 어느 날 관리자가 찾아와 "무슨 일 있어요? 왜 속도가 느려요?" 하면서 압박을 했다. 현장 상황을 수시로 감시하고 있었던 것이다. 모니터의 '메시지 없음'은 원래 자신이 하는 업무의 속도나 양을 표시하는 창이었다고 한다. 그런데 대구 쿠팡센터에서 일하다 사망한 고 장덕준님 사건 이후 그 창은 더 이상 작동하지 않게 되었다고 한다. 그래서 사람들은 업무 성과나 속도에 대한 압박은 줄었다고 생각했다. 누군가의 죽음이 현장의 숨통을 조금 트여놨다고 생각했다. 그런데 아니었다. 작업자들 컴퓨터에만 표시되지 않을 뿐 관리자들의 컴퓨터에는 누가 얼마나 했는지 다 기록되고 있었다. 사람이 과로로 죽었으니 겉으로라도 달라진 모습을 보여주고 싶었던 회사의 기만이었다.

결국 아무것도 달라지지 않았다. 언제 어느 곳에서건 감시와 통제는 이루어지고 있었다. 그 안에서 일하는 사람은 여전히 성과에 대한 압박을 받고 있으며, 재계약에 불리할까 봐 불안해하면서 감시와 통제 속에 일해야 하는 상황은 계속되고 있다. 사람들은 흔히 물류센터에서 일하는 것을 '현대판 노가다', '막장'이라 부른다. 일이 그만큼 고되고 힘든

데 제대로 보상받지 못하는 곳이라 그렇게 표현하는지도 모르겠다. 하지만 사회에서 누군가 꼭 맡아서 해야 하는 일이다. 요새 물류센터 노동자들의 인권실태와 열악한 환경 등이 주목을 받는다. 그럼 꼭 따라오는 이야기가 "다른 곳에 가서 일해라", "열심히 공부했으면 그런 곳에 가지 않아도 되었을 텐데", "불쌍하다" 등이다. 그런 표현들을 들을 때마다 마음이 좋지 않다.

사회의 변화를 막을 수는 없다. 로켓배송을 통해 필요한 물품이 문 앞에 놓이는 편리함을 이미 알아버렸는데 시대를 거슬러 올라가 굳이 "불편함을 감수해야 한다"고 주장하는 것은 맞지 않다. 다만 내가 누리는 이 편리함들은 누군가의 값진 노동에 의해 누릴 수 있다는 것을 기억하고, 그 값진 노동을 하는 사람들이 좀 더 나은 노동조건과 환경에서 일할 수 있도록 지지와 응원이 필요하다. 열악한 곳에서 일할수록 그를 세상의 패배자로 취급하기보다 그 노동의 가치가 내 노동의 가치와 다르지 않다고 생각해주면 노동자들이 조금 더 존중받는 사회가 될 수 있지 않을까. 거기서 공정과 평등이 시작되지 않을까.

현장에서 일하는 노동자들 대다수는 계약직이다. 정규직들은 소수의 관리자들만 있을 뿐이다. 현장 노동자가 정규직이 될 수 있는 방법은 없다. 현장 노동자들은 1년이 지나면 다시 계약서를 작성하고, 총 2년이 지나면 무기계약직 여부를 회사가 판단하게 된다. 그러니 다시 계약하기 위해 온갖 불합리한 것들을 참아가며 일한다. '내 옆의 동료들보다 잘해야지' 하는 묘한 긴장감에 휩싸여 모순적인 현장 상황들을 참아내다 보면 갖은 권리들을 박탈당한다. 그나마 노동자들의 권리를 지켜줄 수 있는 노동조합마저 '쪼개기 계약'에 발목 잡혀 활동하기가 쉽지 않다. 그렇게 이 악순환의 굴레가 돌고 돈다. 그러다 보면 더 열악한 노동환경만이 기다리고 있다.

하루를 일해도 안전한 현장에서 인간으로서 권리를 누릴 수 있는 곳에서 일할 수 있으면 좋겠다. 누적되는 질병 없이, 사고 없이 하루의 노동을 마치고 무사히 집에 다다르겠다는 생각이 고된 노동 사이에서 한 줄기 희망의 씨앗 같다. 오늘도 순조롭게 하루가 흘러가길, 밤하늘을 바라보는 내가 숨이 붙어 있기를 바라며 마음을 다잡고 문을 나선다. 출근이다.

김미르(2022)

어린이집

✦

보호자의 위탁을 받아 6세 미만 어린이를 돌보고 기르는 시설.

내가 일하는 곳은 '아이들을 내 아이같이 돌보는' 공동육아 어린이집이다. 나는 정교사들을 보조하는데, 주로 주방보조와 행정보조 업무다. 아침 10시에 출근해 오후 2시 30분까지 시간제로 일하며, 1년 계약직으로 올해 3년 차에 접어들었다. 마흔 넘어 일자리를 구하는 것은 쉽지 않은 일이다. 그래서 계약직이든 시간제든 애 셋을 키우면서 일할 수 있는 것만으로도 좋았다. 그전에는 동네 약국에서 시간제로 일하기도 했고, 방과 후에 아이들 미술공부를 집에서 가르쳐주는 일을 하기도 했다. 내가 사는 동네는 서울에서 공동육아로 유명하고 마을공동체가 잘 형성된 곳이다.

나에게 보조교사 자리를 제안한 원장은 동네 이웃이기도 하다. 그런데 원장이 간혹 교사들에 대해 이런저런 평가를 할 때마다 마음이 편치 않았다. 그렇다고 맞장구를 칠 수도 없어서 가능하면 단답형으로 대답하는 수준이었다. 그러나 날이 갈수록 평가는 험담이나 비난으로 치달았고, 급기야 아이들에 대해서도 스스럼없이 비난하기 시작했다. 처음에는 귀를 의심했다. "부모가 그 모양이니 아이가 저 모양이지", "저 교사는 띨띨하다", "저 교사는 머리가 나쁜 거 아니냐"는 말을 나와 교사들 앞에서 거리낌 없이 했다. 어떤 교사에게는 교사들끼리 무슨 말을 하는지 원장인 자기에게 말해달라고 했고, 심지어 핸드폰을 보여달라고까지 했다. 내가 없는 곳에서 내 험담도 하겠구나 싶어 조심했다. 자칫 잘못하면 재계약이 안 될 수도 있겠다는 생각도 들었지만, 하루 4시간 30분 동안 원장과 부딪히지 않으면 별 탈 없을 거라고 생각했다. 어느 직장이든 고달픈 일이 있게 마련이니까. 원장은 본인 말에 대한 호응을 원하는 것 같았다. 하지만 호응을 해줄 수 없는 일이었고, 내게 주어진 일을 잘 하는 것이 최선이라고 여겼다.

그러다가 올해 봄, 친정어머니와 이별하는 큰 아픔을 겪었다. 장례를 치르고 출근한 날 큰일 치르고 오느라 고생했다는 원장의 말에, 덕분에 장례를 잘 치렀다며 손을 잡고 감사의 인사를 했다. 그러나 그날부터 원장과의 관계가 불편하다는 생각이 들었다. '오늘 기분 안 좋은 일이 있는 건가'라는 생각만 하고 일을 했다. 퇴근 시간 10여 분을 남겨놓고 업무와 관련된 책을 읽고 있을 때쯤 원장은 "할 일 없으면 퇴근하세요"라고 했다. "네"라고 대답한 뒤 읽던 책을 마저 읽고 있었다. 그런데 갑자기 "퇴근 안 할 거면 이거나 하세요"라며 영수증을 던졌다. 놀라기도 했지만 모욕적이어서 얼굴이 달아오르고 몸이 떨렸다. 옆에서 지켜봤던 동료는 본인이 기분이 나쁠 정도였다고 했다. 이해할 수 없는 행동에 떨리는 손으로 영수증을 정리하고 퇴근을 했다.

아이들 챙기느라 정신없는 주말을 보내고 출근을 했다. 동료 교사는 원장이 전해주라고 했다며 바뀐 업무가 적힌 쪽지를 내게 건넸다. 쪽지를 보니 요일마다 업무가 모두 달랐고, 오후에 출근해서 청소하는 분의 일도 포함되어 있었다. 나한테 서운한 게 있는 것 같은데 뭔지 종잡을 수가 없었다. 하루는 옥상 청소를 하라고 했다. 배수구가 막혔는지 물이 잘 내려가지 않았다. 삽으로 일일이 물을 퍼 수돗가로 옮겨서 버리고 빗자루로 옥상 바닥을 깨끗이 청소했다. 팔목 아픈 건 그렇다손 치더라도 폭염주의보가 내려진 날이라 바깥출입을 자제하라는 경보가 내린 날이었다. 땀이 온몸을 타고 내려가 옷이 흠뻑 젖었다. 이 날씨에 왜 이러고 있어야 하는지, 얼굴이 빨갛게 익었다며 동료 교사가 걱정하는 말에 쓴웃음만 나왔다. 내가 정교사였다면 지금처럼 아무 말 못하고 당하고 있었을까? 좀 더 당당하게 아니라고 말할 수 있지 않았을까? 많은 생각이 들었다.

잠을 못 이루는 날이 많아졌다. 언제, 무슨 일로 나를 괴롭힐까 노심초사했다. 애들 키우면서 일을 관둘 수도 없고, 다른 직장 구하는 것도 만만치 않은 일이다. 이렇게 가슴 졸이면서 하루하루 눈치 보는 것보다는 얘기를 해보는 게 나을 것 같아 원장에게 면담신청을 했다. 잘못한 것이나 서운한 게 있으면 풀고 싶었다. 원장에게 그동안의 일에 대해 물어보자 "어머니 장례 후 출근한 날 말과 행동이 맘에 안 들었어요"라고 말했다. 어떤 행동과 말 때문인지 물어봤더니 "생각해보세요"라는 말만 했다. 모르겠으니 재차 말해달라고 하자, 장례 치르고 출근한 날 원장에게 인사를 제대로 안 하고 사무실로 갔다는 게 이유였다. 어이가 없었다. 원장의 위로에 손까지 잡고 고맙다는 말을 했는데 왜 원장과 나의 기억이 다른 걸까?

말이 나온 김에 물어봐야겠다 싶어서 며칠 전 영수증을 던지면서 정리하라고 했던 일에 대해서도 물었다. 원장은 "책 보며 앉아 있는 게 꼴 보기 싫어서요"라고 했다. 잠깐 동안 말을 잇지 못했고 멍해졌다. 면전에 대고 저런 말을 할 수 있다는 게 놀라웠다. 내가 계약직이라서 저런 말을 아무렇지도 않게 하는 건가? 왜 업무가 갑자기 바뀌었는지도 물어봤다. "갑자기가 아니라 원래 해야 할 일인데 지금까지 안 했던 것"이라고 했다. 계약서에 없는 업무 내용이라고 말하자 "원장의 권한이에요"라고 큰 소리로 말했다.

하루는 외부에서 손님이 오는 날이었다. 출근해 사무실로 들어서는데 갑자기 원장이 "왜 초인종 안 누르세요"라고 야단을 쳤다. 무슨 영문인지 몰라 어리둥절해 있는 나에게 "오늘 외부에서 모니터링이 오는데 벨을 누르고 들어와야죠. 사무실에 모니터링단이 와 있었으면 어쩔 뻔했어요"라고 했다. "저 직원인데, 직원도 벨 누르고 들어와야 하나요?"라고 말했더니 "9시 이후에 출근하셨잖아요"라는 답이 돌아왔다. 내 출근 시간은 10시다. 그걸 모르는 사람은 아무도 없다. 내게 모니터링에 대한 얘기를 해주지도 않았다. 원장은 나를 괴롭히는 게 업무 중 하나인가보다라는 생각까지 들었다. 동료 교사들도 "직원인데 …"라며 말끝을 흐렸다. 계약직이며 시간제로 일하는 나는 어린이집 직원이 아닌 것 같았다. 오해를 풀려고 했지만 원장은 그럴 생각이 없어 보였다. 몇 차례의 면담이 있었지만 원장은 늘 옳았고 나는 늘 틀려야 했다. 절이 싫으면 중이 떠나야지. 마음이 불편하면 일하는 게 무슨 소용이 있을까 싶어 퇴사를 고민하기 시작했다. 힘들어하는 내 모습을 아무리 숨기려 해도 아이들은 귀신같이 알아챈다. 아이들이 눈치챌까 봐 걱정도 됐다.

고민이 깊어가던 어느 날, 우연히 계약직도 2년 이상이면 무기계약직으로서 정규직과 같은 권리를 지닌다는 기사를 보게 되었다. 육아휴직을 사용할 수 있다는 것도 알았다. 원장에게 육아휴직을 사용하겠다고 말하자, 12월에 계약이 끝나는데 무슨 육아휴직이냐며 비웃었다. 그래, 비웃어라. 더 이상 비웃음과 경멸의 눈을 피해 도망치지는 않을 것이다. 이 다짐을 하는데 많은 시간과 용기가 필요했고, 떨리는 나를 격려하고 다독여야 했다. 절을 떠나는 중이 되지는 않겠다. 절을 리모델링해서 웃으며 일하고 말겠다는 다짐으로, 내가 알고 있는 정보를 원장에게 또박또박 알려주었다. 원장은 운영위원회에 이야기하겠다고 했다. 운영위원회도 육아휴직에 대해서는 잘 모르는 눈치였다.

육아휴직을 사용하게 되면 업무 특성상 같이 일하시는 분들이 힘들다는 걸 안다. 아이들이 새로 오신 분에게 적응해야 하는 어려움도 있다. 그래서 마음이 편하지는 않았다. 매일 잠들기 전에 관련된 기사를 찾아보았다. 보육교사노동조합에 가입하라는 권유도 받았고, 직장갑질 119를 소개받아 상담도 했다. 그곳에 글을 남기자 노무사들과 직장맘지원센터에서 정성껏 답을 해주었다. 상담을 통해 '육아기근로단축시간'이라는 것을 알게 되었고, 동료에게 피해를 주지 않겠구나 싶어 기뻤다. 동료 교사들에게 육아기근로시간단축을 하면서 2월까지 일하고, 육아휴직을 3월부터 하는 것은 어떻겠느냐고 제안했더니, 동료들도 그게 훨씬 좋다고 했다.

원장에게 얘기했더니 "사무실 일은 생각 안 하나 봐요, 개인적으로 서운하네요"라고 했다. 나는 아직도 원장이 왜 서운한지, 연차휴가와 육아휴직에 대해 '사무실 생각'을 어떻게 해야 하는지 알 도리가 없다. 나도 어린이집이 어떻게 돌아가는지, 언제 바쁘고 한가한지, 무엇이 어려운지 정도는 알고 있다. 연차휴가든 육아휴직이든 조정이 필요하면 협의할 수 있을 텐데, 휴가를 사용하겠다는 사람을 이기적인 사람으로

만 몰고 가는 것이 힘들었다.

　정교사들에게 안식년을 부여하는 것은 교사가 행복해야 어린이집 아이들도 행복해지기 때문이라고 생각한다. 동료 교사들은 어린이집이 예전에는 즐겁고 행복한 곳이었는데 많이 달라졌다고들 했다. 그러면서 나에게 대단하다고 했다. 나는 대단한 사람도 아니고 특별한 사람도 아니다. 귀찮고 부딪히는 게 싫어서 퇴사까지 고민했었다. 도망쳐서 안 보면 그게 속 편한 게 아닐까 생각했으니까. 그러나 무엇인가 억울하다는 생각이 나를 자꾸 불러 세웠다. 재계약이 안 되더라도 부당한 것에 대해 말이라도 해야 후회가 없을 것 같았다. 당당한 엄마의 모습을 보여주고 싶은 마음도 간절했다.

　그렇게 결정을 하고 난 뒤부터 신기하게 많은 사람이 도와주고 응원해주었다. 아이들이 잠든 후 전화기가 뜨거워지도록 새벽까지 검색을 하면서 공부했다. 시간이 조금 걸리긴 했지만 운영위원회에서 교사들과 나의 얘기를 경청해주었다. 덕분에 내년에 육아휴직을 사용할 수 있게 되었다. 침묵과 회피는 내 권리를 찾아주지 못한다는 걸 깨달았다. 내 권리를 찾는 과정에서 남의 권리에도 관심을 가지게 되었다. 동료들과 함께 우리가 일하는 곳을 건강하게 만드는 것이 행복의 출발선이다.

| 변세명 (2019) |

요양원

✦

거동이 불편한 어르신을 모시며
요양 서비스를 제공하는 생활 시설.

2014년 여름부터 교육을 받고 시험을 본 뒤 12월에 요양보호사 자격증을 수령했다. 20대 중반부터 쉬지 않고 직업 활동을 해왔으나, 40대 후반 나이에 새로운 도전을 하는 과정이 쉽진 않았다. 시험을 치르기 전에 실습 기간이 있었는데 요양원 일주일, 방문요양과 주간보호센터 일주일 정도였던 걸로 기억한다.

주간보호시설은 요양보호사들이 프로그램을 하면서 노래와 율동도 해야 하는데, 여흥을 즐기는 것에 그다지 재주가 없어 적성에 맞지 않는다고 생각했다. 왜 사회복지사를 두고 요양보호사가 프로그램을 진행하지 싶었다. 요양원 실습에서는 요양원 특유의 냄새와 함께 바쁘게 움직였는데 뭐가 뭔지 몰라 대처하기가 어려웠다. 돌봄을 경험한 적이 없었고, 치매에 대응하는 것은 글로 배웠으나 접해본 적이 없어 적잖이 혼란스러웠다. 한 여성 어르신이 뭘 해달라고 했는데 내가 잘못 알아들

167

자 욕을 하셨고, 어찌 대응해야 할지 몰라 우왕좌왕했던 기억이 아직도 생생하다. 그때 실습을 마치면서 '이 일은 내가 할 수 있는 일이 아니다'라고 생각했다.

그럼에도 다음 해 요양보호사로 일을 시작했다. 처음 일한 요양 시설은 규모도 꽤 되고, 신설이라 깨끗했다. 나는 '퐁당당'(3일에 한 번 출근해서 24시간 일하는 방식을 가리키는 현장 용어)으로 근무했다. 실습도 하고 이론도 익혔으나 요양원 돌봄 현장에서 경험하는 일은 달랐다. 출근해서 인수인계를 포함한 조회, 청소, 기저귀 케어 여러 차례를 한 뒤 목욕이 있는 날은 8~10명 목욕 케어를 하고 간식을 챙긴다. 그러다 보면 점심시간이 되어 어르신마다 식사를 도와드린 후, 어르신 케어를 마무리하면 요양보호사들도 교대로 식사를 한다. 나는 내가 밥을 그렇게 빨리 먹을 수 있는 사람인 줄 몰랐다. 몸이 고되다 보니 먹는 양도 많아지고, 후다닥 먹고 가야 동료가 식사를 할 수 있었다.

휴식 시간도 없이 기저귀 케어 등 어르신을 돌본 뒤, 인지 활동 지원을 위한 프로그램을 위해 이동 지원을 하고, 프로그램에 참여하고 간식 드리고, 또 청소와 빨래를 하고 나면 저녁식사 시간이다. 식사 케어 후에는 취침을 위한 준비를 한다. 저녁 8시가 지나면 어르신들이 주무시기 시작하고, 하루 종일 땀범벅이 된 요양보호사들도 자기 몸을 씻을 수 있었다. 야간에도 라운딩은 수시로 돌아야 하며, 기저귀 케어도 여러 차례 해야 하고, 어르신이 부르시면 달려가야 한다. 그나마 내가 근무했던 요양원은 휴게공간이 있어서 얼마 안 되는 시간이나마 교대로 휴식을 취할 수 있었다. 하지만 많은 요양원의 경우 야간 휴게시간이 있기는 하나 공간이 없어, 어르신들의 생활실에서 돗자리를 깔고 쉬거나 소파 등에서 잠시 눈 붙이는 정도다. 이러다가도 어르신이 부르시면 달려가 케어를 해야 한다.

밤 근무 중이던 여름 어느 날, 한 어르신이 새벽 2시경 나를 불렀다. "야야~" 여자 어르신의 몸은 왜소했다. 허리가 굽어 늘 모로 쭈그리고 누워만 계시는 분이었는데, 밤이면 잠이 안 온다고 자주 부르셨다. 혼자 근무 중에 부르시니 가보았는데 하시는 말씀이 "창밖에 갓 쓴 젊은이가 검은 옷을 입고 있는데 들어오라고 해라"였다. 당시 내가 근무하던 층은 4층이었다. 순간 식은땀이 흐르고 너무 당황스러웠다. 얼른 창문 블라인드를 내리고 "어르신, 젊은이 자기 집에 갔으니 얼른 주무세요" 하고 나왔다. 동료 요양보호사가 올 때까지 나는 긴장된 시간을 보냈다. 그날따라 요양보호사를 찾는 어르신이 많았던 기억과 함께 아직도 그날 밤 어르신의 모습이 생생하다.

아무리 새로 지은 시설이라고 해도 요양원 특유의 냄새는 있었다. 24시간 근무를 마치면 아침에 퇴근해서 씻고 쉬었다가 오후에 사람들을 만났는데, 이야기를 나누면서도 나의 냄새를 맡아보는 버릇이 생겼다. 앞사람에게는 "나한테서 냄새 안 나?"라며 물어보곤 했다. 아무 냄새도 안 난다고 해주어도 내 코끝에서 나는 냄새를 느끼곤 했다. 석 달 정도는 이런 현상이 계속되었던 것 같다. 그러면서 차츰 요양보호사 업무에 익숙해져갔다.

평일 낮 시간에 한 어르신의 아들 보호자가 술을 먹고 요양원을 방문했다. 요양원 근처에 사는 아들은 자주 찾아왔는데, 오면 요양보호사를 거치지 않고 바로 자신의 엄마에게 향했다. 그날 요양보호사들은 다른 어르신을 케어하고 있어 40대 후반 정도의 아들이 술에 취해 올라와 있는 줄도 몰랐다. 갑자기 남자 목소리가 들렸다. "도대체 뭐하는 X들이야?" "우리 엄마 상태가 왜 이래?" "방은 왜 청소를 안 했어?" 등 반말과 욕설, 삿대질을 하면서 요양보호사들을 '아줌마'로 불렀다. 어르신은 아들을 말리고 있었으나, 요양보호사 누구도 그에게 대꾸하지 못하고 언어폭력에 노출되었다. 코로나19가 퍼지면서 달라지긴 했지만, 요양원이나 요양보호사들은 보호자의 방문을 제지할 수도 없고, 방해해서도 안 된다. 하지만 술에 취한 경우 등에는 제지해야 하지 않을까 싶다. 보호자 교육도 필요하다. 보호자가 어르신들이 보는 데서 요양보호사들을 대하는 태도는 어르신과 요양보호사의 관계 형성에 영향을 미친다.

요양원에서 어르신 대비 요양보호사 숫자가 2.5 대 1이라고 하면 요양보호사 한 명이 어르신 2~3명을 모시는 줄 안다. 그러나 실제로는 전체 인원 대비 숫자 비율이라서 낮에는 요양보호사 한 명이 어르신 7명 이상, 야간에는 20~30명까지 혼자 돌보는 경우가 있다. 보호자들이야 제 부모에게 집중하기를 바라며 이것저것 요구하지만 감당하기 어려울 때가 많다.

수원에서 요양보호사협회를 꾸리고 들은 50대 후반 여성 요양보호사의 이야기이다. 그는 결혼 후 집에서 살림만 하다 요양보호사 일을 시작했다. 자식도 다 키우고 시간 여유가 생기니 봉사한다는 마음에 보람도 느꼈다고 한다. 어느 날 야간에 혼자 한 층의 어르신 20명을 케어하면서 쓰레기를 버리러 가는데 나이 든 남자 원장과 엘리베이터에서 마주쳤고, 원장은 CCTV 사각지대인 쓰레기장까지 쫓아와 젖가슴을 주물렀다고 한다. 당황스러웠지만 갑자기 벌어진 일이라 항의는커녕 누구에게 말도 못한 채 사직서를 쓰고 나왔단다. 혹시 남편이 이 일을 알까, 다시는 이 일을 못하게 될까 두렵기도 하고 혼자서 전전긍긍했다고 한다. 곧 예순이 되는 여성은 사건에 대해 처음 말한다며 그 원장을 혼내주고 싶다며 눈물을 글썽거렸다. 하지만 물증도 없고 늙은 남자 원장이 발뺌하면 그만인 상황이라 아무 조치도 할 수 없었다고 한다.

한 요양보호사는 거동이 불편하나 인지가 있는 어르신이 불렀을 때 (물론 '아줌마'로) 다른 어르신의 식사를 배식 중이라 조금 늦게 갔다. 그러자 어르신은 욕설과 함께 자신의 식판에 있던 김치를 들어 던졌다. 계속 소리 지르며 욕을 해 요양원 원장과 사무실 직원들이 올라왔다. 그런데 원장은 김치로 맞은 요양보호사에게 "어르신께 무릎 꿇고 사과하라"고 했고 얼떨결에 요양보호사는 무릎을 꿇고 말았다. 그 광경을 지켜보던 동료 요양보호사가 저녁에 퇴근하면서 나에게 전화로 하소연했다. "정말 요양보호사는 사람이 아니에요." 이런 상황이 벌어지면 원장은 어르신과 요양보호사를 격리시키고, 다른 요양보호사가 수발 들도록 지시하는 게 옳지 않을까 싶다. 조선시대 아씨 마님을 모시는 몸종도 아닌데 정황도 확인하기 전에 무릎을 꿇게 하다니, 생각하면 할수록 화가 나지만 그 후에도 이런 사례는 종종 생겼다.

"○○○ 요양보호사와 함께 일하기를 원합니까?" 한 요양원의 전체 직원 조회시간에 배포된 설문지 문항이다. 3년 이상 근무해온 ○○○는 일방적인 탄력적 근무시간제에 동의하라는 요양원의 요청에 더 알아본 뒤 사인하겠다고 한 노조 조합원이었다. ○○○가 출근하지 않는 날 전체 직원 조회에서 배포된 이 종이는 다른 조합원이 사진을 찍어 그에게 보내주면서 드러났다. 노조를 용납할 수 없다던 대표는 자기 말 잘 듣는 몇몇 요양보호사와 함께 이런 식으로 조합원을 '왕따'시키고 있었다. 몸종 대접보다 더한, 말 안 듣는 노비를 멍석말이로 매질시키는 것과 비슷했다. 말할 수 없는 분노가 치밀었다. 즉각 노동조합이 개입했으며, 요양원이 공식 사과를 하고 사과문을 요양원 각 동에 게시하는 것으로 일단락되었지만, 요양보호사를 대하는 요양원의 태도를 단적으로 보여주는 사건이었다.

장기요양제도가 생기고 국가자격증을 갖게 되었지만, 요양보호사들은 아직도 최저임금에, 휴게시간 공짜노동에, 갖은 갑질과 욕설에, 노조 할 권리마저 박탈당한 채 주면 주는 대로, 시키면 시키는 대로 일하고 있다. 그럼에도 대부분의 요양보호사들은 어르신 돌보는 일을 좋아한다. 어쩌면 생의 마지막이 될 일상을 요양원에서 보내는 어르신들과 함께 웃으며 돌보는 일에 보람을 느끼는 요양보호사들이 '똥 치우는 사람들'로 대접받지 않았으면 한다. '노동하는 사람'으로 인정받고, 돌봄노동의 사회적 가치도 인정받을 수 있었으면 한다.

이미영(2020)

우체국

✦

우편, 체신 보험, 소포 배송 업무 등을 맡아보는 기관.

큰아이가 초등학교 6학년이 되자 나는 일자리를 알아보기 시작했다. 아이들 학원비라도 보탤까 하는 생각이었다. 서울우편집중국에 취직했는데, 2011년 12월 31일 서울우편집중국이 없어지면서 동서울우편집중국으로 일터를 옮겼다. 13년 동안 주간근무, 야간근무, 격일근무 등 웬만한 형태의 근무는 모두 경험해보았다. 지금은 오후 2시에 출근해 11시간 정도 근무한다. 수만 건의 우편물을 수십 명이 처리해야 하는 정신없이 바쁜 강행군이다. 그러다 보니 사소한 부상이나 근골격계 질환을 달고 다닌다. 하지만 치료는 각자 알아서 해야 한다. 월급보다 병원비가 더 나오겠다는 웃지 못할 우스갯소리도 돈다.

여름엔 덥고 겨울엔 춥다. 어느 일터가 안 그렇겠느냐만 내가 일하는 곳은 덥다거나 춥다는 말로는 충분히 표현되지 않을 정도다. 건물이 단열이 잘 안 된다고 한다. 에너지 절약 정책 때문에 냉난방도 대폭 줄었다. 저마다 쿨팩과 손난로 등을 가져와 버티려 하지만 역부족이다. 이렇게 일하고 손에 쥐는 돈은 월 100만 원 정도다. 정규직 공무원의 3분의 1 수준이다. 10년을 넘게 일했지만, 2012년까지는 명절마다 고용하는 아르바이트생과 같은 임금을 받았다.

일도 고되고 잘 오르지도 않는 낮은 임금 탓인지 젊은 사람들은 얼마 못 가 그만둔다. 젊은 사람들이 자꾸 빠져나가면 일이 그만큼 힘들어지지만, 그만둘 수밖에 없는 이유를 잘 알고 있으니 차마 붙잡을 수가 없다. 오히려 입을 모아 다른 일을 찾았으면 하루빨리 그만두는 게 낫다고 말할 수밖에 없는 실정이다. 젊은 사람들이 빠져나간 자리를 채우는 노동자들은 대부분 가정을 이끌어야 하는 40~50대다. 한창 돈이 많이 필요한 시기이다 보니 조금이라도 더 벌기 위해 연장근로에 목을 맨다. 하지만 연장근로 역시 회사가 정하는 대로 따라야 한다. 작년엔 인건비를 절약한다는 명분으로 야간근무가 없어졌다. 야간근무가 없어져도 처리할 우편물은 그대로다. 야간근무가 없어진 만큼 낮에 강도 높게 일해서 주어진 물량을 모두 처리해야 한다. 일은 더 힘들어졌지만 야간수당을 받지 못해 생활은 더욱 팍팍해졌다.

근무 시간 축소는 인건비 때문만이 아니다. 얼마 전엔 절도 사건이 잦다는 이유로 소포계의 주말근무를 없애버렸다. 주말마다 고객에게 배송되어야 할 휴대전화를 누군가 훔쳐간다고 했다. 우편 배송의 사각지대를 파고든, 시스템을 아주 잘 알고 있는 사람의 소행이라고 했다. 회사는 범인을 잡고 보안상 취약점을 개선하는 대신 주말근무를 없애는 방식을 택했다. 빈대 한 마리 잡자고 초가삼간을 태우는 격이다. 자신들이 져야 할 책임을 떠넘긴 것이다. 주중에도 우편물이 사라진다면 어떻게 할 것인지 묻고 싶다.

처음 일을 시작했을 때 내가 비정규직이라는 사실도 모르고 일했다. '비정규직'이라는 이름 대신 '파트'로 불렸기 때문이다. 파트와 정규직들은 한곳에 섞여 일을 했다. 우리와 함께 일하는 정규직들은 기능직 공무원이었다. 외환위기 이후 정규직들이 퇴직한 자리는 하나둘 비정규직으로 채워지기 시작했다. 머지않아 정규직은 일부만 남고, 우편 분류는 모두 비정규직이 맡게 되었다. 그러나 비정규직 수가 늘어나도 처우는 개선되지 않았다. 정규직들이 명절 상여금을 탈 때, 비정규직인 우리는 일을 못 해 줄어드는 급여를 걱정해야 했다. 명절 쇠느라 써야 할 돈을 생각하니 더 이상 명절을 반길 수가 없었다. 해마다 돌아오는 명절이 두려워지기까지 했다. 성과급 역시 우편물 대다수를 다루는 우리가 아닌 정규직에게만 돌아갔다. 비정규직도 명절 급여와 성과급을 받기까진 16년이라는 세월이 걸렸다. 물론 정규직에 비하면 어림없는 액수다.

비정규직에게도 호봉제와 유사한 등급제가 있지만, 사측이 일방적으로 만든 것으로 납득할 만한 근거가 없다. '1등급 근로자'가 된다고 하더라도 '4등급 근로자'와 비교해 하루에 1920원가량을 더 받을 뿐이다. 게다가 동서울우편집중국에서 1등급 근로자는 아직 한 명도 없다. 사실상 최고 등급인 2등급 근로자들은 4등급 근로자보다 하루에 고작 1120원을 더 받는다. 등급 산정 기준 역시 이해할 수 없이 제멋대로다. 업무 경력보다는 어느 계에서 일하는지를 중심으로 등급을 산정하기에 숙련자가 초심자보다 등급을 더 낮게 받는 일도 생겼다. 2012년까지는 야간근무자가 주간근무자보다 등급이 낮았다. 야간수당이 이미 지급되고 있다는 이해할 수 없는 이유 때문이었다.

복수노조가 허용되면서 조금이나마 우리의 목소리를 낼 수 있게 되었다. 처음엔 자신이 차별받고 있다는 사실조차 인지하지 못하는 이들이 많았지만, 열심히 뛰어다닌 결과 비정규직들이 받는 차별과 부당한 대우를 대내외에 알릴 수 있게 되었고, 일부는 시정하는 성과를 거뒀다. 하지만 그 과정은 순탄치 못했으며 지금도 많은 장벽이 남아 있다. 비정규직 노조가 결성되자, 회사에선 노동자들에게 우정노조 가입을 적극 권유하기 시작했다. 우정노조는 우체국에 비정규직이 생기기 전부터 있던 노조다. 조직원 구성과 활동 방향 모두가 정규직 위주다. 사실상 우리의 노조 활동을 견제한 것이다.

회사에서 비정규직들의 사활이 걸린 연장근로를 무기처럼 사용하는 사례도 있었다. 집회 때 연장근로를 강제하지 말고 선택할 수 있게 하자고 주장했다는 이유로, 참가자 두 명을 지목해 앞으로 모든 연장근무를 하지 말라고 했다. 강제로 할 게 아니면 아예 하지 말라는 것이었다. 결국 그 직원 중 하나는 조합을 탈퇴했다. 노조의 간부 중 두 명은 회사에서 재계약을 해주지 않으려 해서 아예 일자리를 잃을 뻔했다. 비정규직들 전체가 반대하는 서명운동을 한 후에야 겨우 일터에 돌아올 수 있었다. 조합에서 탈퇴하지 않으면 재계약은 없다는 말을 대놓고 들은 사람도 있다. 각종 규칙을 입맛대로 적용해 무리하게 징계하려 한 사례는 셀 수 없이 많다. 정당한 투쟁임에도 생계 위협을 걱정해야 하니 노조 가입을 망설이는 사람들 역시 많다.

비정규직이 정당한 권리를 찾아가는 것에 대해 일부 정규직들은 정규직이 받을 몫을 떼어갔다고 생각하기도 한다. 그러나 비정규직의 권리를 찾는 것은 원래 받았어야 할 몫을 찾아오는 것에 불과하다. 비정규직까지 복지 포인트를 주느라 정규직 몫이 줄어버렸다고 하는 사람도 있다. 복지 포인트가 줄어든 것은 우정사업본부의 적자가 원인이지,

비정규직 때문이 아닌데도 말이다. 회사 내에서 비정규직에 대한 인식이 이렇다 보니, 근거 없는 편견에 입각한 폭언을 듣는 경우도 많다. 조합원 중 한 명은 노래를 듣다가 어디 감히 회사에서 빨갱이 노래를 듣느냐는 황당한 말을 들었다. 그가 듣던 노래는 트로트 가수 주현미의 노래였다. 한국에서 모르는 사람이 없는 주현미의 노래가, 단지 노조원이 들었다는 이유로 '빨갱이 노래'가 되어버린 것이다. 언론 인터뷰 등으로 외부에 우리의 이야기를 전할 때면 믿기 힘들다는 반응을 보이는 일이 많다. 하지만 전국의 우편 비정규직이 겪는 현실이다. 공공기관에서 솔선수범하기는커녕 차별을 자행하니, 비정규직 문제를 해결하겠다는 약속은 공허한 외침으로 들릴 뿐이다.

얼마 전 우정사업본부가 한국능률협회컨설팅에서 주관하는 고객만족도 조사에서 15년 연속 1위를 했다고 한다. 이런 소식을 들으면 우리도 상당한 자부심을 느낀다. 하지만 이런 '고객 만족'의 이면에는 비정규직 근로자들의 노동과 희생이 숨어 있다. 휴대전화 도둑을 잡는 대신, 단열성이 우수한 건물을 짓는 대신, 비정규직을 때린다. 동서울우편집중국의 노동자 700명 중 400명 이상이 비정규직이다. 행정공무원을 제외한 현장 노동자만 따지면 비정규직의 비중은 더 늘어난다. 대부분의 현장업무를 처리하고 있음에도 우리는 늘 동네북 신세다.

비정규직 노동에 대해 목소리를 내면 빨갱이, 공산주의 운운하며 매도하려는 이들이 아직도 사회 곳곳에 있다. 하지만 난 오히려 되묻고 싶다. 일을 열심히 잘하면 임금을 잘 받는 것이 시장경제의 기본 원칙 아닌가? 단언컨대 우편 업무의 생산성은 비정규직들이 훨씬 뛰어나다. 우리 작업장을 하루만 구경해도 알 수 있는 사실이다. 1인당 처리하는 우편물의 양이 훨씬 많으며, 숙련도도 근로 의욕도 더 높다. 일을 더 잘

하는데도 정규직에 입성하지 못했다는 이유로 임금과 복리후생 면에서 막대한 차별을 받는다면 신라의 6두품이나 조선 시대의 서얼 차별과 무엇이 다른 것인지 묻고 싶다.

정규직이 성골 귀족이나 양반이 아니듯이, 비정규직은 상민이나 노비가 아니다. 고용의 형태가 다를 뿐 정당한 권리를 보장받아야 할 노동자다. 그러나 우리는 회사의 만만한 먹잇감 취급을 받고 있다. 우편 업무의 1차 현장에서 일하는 비정규직을 소모품 취급하며 근로 의욕을 낮춘다면 고객 만족도 1위의 우편 서비스를 유지할 수 있다고 생각하는지 묻고 싶다. 기계에 들어가는 톱니바퀴조차 녹슬지 않도록 관리받고 뻑뻑해지면 기름칠을 하는데, 사람이 지쳐 그만둘 때까지 혹사당하는 현실이 말이 되는가. 모범을 보여야 할 공공기관에서 비정규직 차별을 방치하는 것은, 민간 기업에는 차별 허가증을 내주는 것이나 다름없는 일이다. 선거만 지나면 흐지부지되는 공허한 약속 대신 진정성 있고 내실 있는 개혁을 원한다.

김진숙(2013)

인공지능 개발사

✦

인간의 학습·추론·지각 능력을 인공적으로 구현하려는
컴퓨터 시스템을 개발하는 곳.

4년제 대학에 들어가고는 6년을 다녔다. 휴학을 포함하면 꼬박 8년. 느긋한 졸업을 하고도 뭐 하나 마땅한 직업은 없었다. 우연한 기회로 동네 서점에서 하루 5시간, 일주일에 이삼일 일한 게 전부였다. 서점 월급으로 한 달에 몇 십만 원 받으면서 형이 주는 용돈과 애인이 내는 데이트 비용에 의지하며 살아갔다. 대학을 졸업하고도 2년 가까이 그런 무책임한 일상을 살다 보니 어디라도 풀타임 직장에 다녀야 했다. 그래야만 될 것 같았다. 어떻게든 살아지는 삶이지만 미안함에 밤잠을 설치곤 해서였다.

전공에 맞는 일을 할 자신은 없었다. '진지하게' 일을 시작했다가 특출 나게 잘하지 못하면 스스로 초라해질 것 같았다. 최대한 전공과 무관하고, 그동안의 삶과 다른 일을 해야 잘 해내지 못하더라도 받아들일 수 있을 것이다. 열심히 살다 실패하는 건 무겁게 돌아오는 법이니,

별것 아닌 듯 내딛은 걸음이어야 길을 잘못 들어도 가벼운 마음으로 돌아올 수 있다. 가볍게 일하자고 무겁게 결심했다.

알바몬을 한 달 정도 뒤지다 적당히 할 만한 일을 찾았다. 전화 통화 내용을 들으며 그대로 타이핑하는 단순 노동이었다. 음성인식 AI 기술을 개발 중인 스타트업이라는데, 내가 할 일은 '21세기 인형 눈알 붙이기'라고들 말하는 일이었다. 발화되는 말을 정확하게 받아 적은 데이터를 입력해 AI를 학습시킨다고 했다. 주체적으로 일을 만들어야 하거나 동료들과 함께 뭘 생산해야 하는 것도 아닌, 그냥 이어폰을 꽂고 혼자 하는 일, 사회적 에너지가 별로 필요하지 않은 이 일은 지독히 내향적인 내게 아주 알맞은 일이었다. 아니, 그렇게 생각했었다.

100명 넘는 지원자가 있었고 50명 안팎의 알바생이 6개월 계약으로 채용됐다. 40명 정도는 선릉역 인근의 어느 공유 오피스에서 일한다고 매니저는 설명했다. 방 한 칸을 여섯 명 정도가 사용하는 좁은 곳에서 다닥다닥 붙어 일한다고 했다. 그러면서 우리 열 명에겐 "여러분의 이력이나 면접 때 실력이 좋아서 특별히 강남역의 본사 사무실을 함께 쓰게 됐어요"라고 칭찬하듯 말했다. 면접 후 인사 담당자 K는 내 이력서의 집주소가 고양시인 걸 보고는 친절한 웃음을 지으며 말했다. "선릉역은 꽤 멀 텐데요. 강남역엔 고양시로 가는 광역버스가 있더라고요. 집에서 한 번에 올 수 있으니 강남으로 오시는 게 편하시죠?" K는 어떻게 답할지 머뭇거리는 나를 기다리지 않았고, 그렇게 강남역으로 출근하게 되었다. 나는 광역버스를 타지 않았다. 그 광역버스는 고양시의 어딘가로 향했지만 우리 집 근처는 아니었으니까. 나는 지하철 3호선을 타고 다녔다.

"씨발년아, 신음소리 똑바로 내라고. 존나 김새네."

이 일이 내 성격에 어울릴 거라 믿은 건 잘못된 생각이었다. 6개월 간 수백 통, 어쩌면 1000통에 가까운 통화 내역을 들었지만 첫날 들었던 이 대화는 여전히 잊히지 않는다. 돌이켜 생각해보면 다행인지 모르겠다. 폭력적인 대화에 충격을 받으며 시작했기 때문에 6개월을 버틸 수 있었던 것 같다. 정확히 뭐라고 부르는 곳인지 모르겠는데, 여성이 전화를 받아 마치 성관계를 하는 것처럼 신음소리를 내고 대화를 이어가는, 그런 곳인 것 같았다. 몇 차례 여성을 거치면서 형식적이고 기계적인 반응에 화가 났는지 전화를 건 남성은 욕을 내뱉으며 소리쳤다.

내가 앞으로 듣게 되는 통화는 다 이런 종류인 건가? 혹시 첫날이라 일종의 신고식처럼 이런 걸 나한테 일부러 듣게 한 걸까? 다른 이들도 이런 통화를 듣고 있을까? 눈을 찡그린 채 이리저리 머리를 굴렸다. 흘끔흘끔 곁눈질로 다른 이들의 표정을 살폈지만 별다른 표정 변화는 없어 보였다. 아무렇지 않은 척하고 있는 건가? 점심시간이 되고 엘리베이터 앞에서 우연히 K와 마주쳤다. "이런 내용의 통화를 들었는데 너무 당황스럽더라고요. 계속 이런 내용을 듣게 되나요?" 그는 사뭇 심각한 표정을 짓고는, 내 질문에 대한 대답이 아닌 다른 말을 했다. "통화 내용은 아무한테도 말하지 마세요. 저한테도 말하지 마세요."

사업이나 계약 내용을 나누는 대화, 공인중개사로 보이는 이의 통화들, 흔한 고객 상담 전화의 내용들도 있었지만 받아 적기 단순하지 않은 내용도 많았다. 아기 이름을 부르며 놀아주면서도 불륜 상대에게 빨리 너랑 자고 싶다고 말하는 남성의 장난스러운 말투, 어느 여당 국회의원과 식사 약속을 잡았다는 목사의 쉬어버린 목소리를 들으면 나도 모르게 긴 한숨이 나왔다. 부드러운 대화를 주고받는 이들도 많았다. 오랜만에 안부 인사를 나누는 가족이나, 언젠가의 도움이 참 고마웠다고 진심을 꾹 담아 전하는 친구 사이, 누가 들을까 조용히 속삭이면서도 설레는 사랑을 나누는 동성의 연인도 있었다. 단 둘만 나누는 따뜻한 대화였겠지만 그 온도는 내게도 전해졌다. 그들은 아무도 듣지 못할 거라 믿고 조용히 속삭였지만, 나는 두 번 세 번 다시 들으며 그대로 글자로 써내려갔다.

다분히 일상적이고 사소하지만 그렇기 때문에 지극히 사적인 내용들을 끊임없이 반복해 들으며 기록해야 했다. 그러니 윤리적 죄책감이 생기는 건 자연스러운 일이었다. 이 어플리케이션을 사용하면 자동으로 녹취되는 것을 아는 그 사용자는 나 같은 알바생이 들을 것도 알았을까? 아마 '서비스 개선을 위한 정보 제공 동의' 같은 것을 잘 읽지 않은 채 동의했겠지. 동의 의사 없이 녹음되고 있는 통화의 상대방은 어떨까. 대화 안에서 호명되는 이름들, 그 이름을 가진 사람들은 내 존재를 짐작이나 할까. 죄책감과 고민이 들었지만 더는 K에게 말하지 않았다. 돌아올 답은 뻔했으니까. 나는 6개월간 수백 명의 목소리를 들어야 했고 무수한 사생활을 내 손으로 기록해야 했다. 자그마한 죄책감을 해소하고 싶었다. 처음엔 〈타인의 삶〉이니 하는 영화를 보기도 했다. 물론 그런 건 도움이 되지 않았다. 후엔 음성인식 기술에 관한 논문을 읽거나 한국어 문법을 공부했다. 통화의 내용이 아닌 기술과 업무로 관심을 돌리려 한 셈이다. 내 노동이 비윤리적이고 무가치하다고 느끼면서도 그 노동에 의미를 부여하기 위해 몸부림쳤다.

어려운 사투리로 말하는 이들과, 소음이 심한 곳에서 빠르게 말하는 이들과, 모르는 전문 용어를 써가며 대화하는 이들 사이에 앉아 괴로운 표정으로 몇 번을 다시 들으며 활자로 기록해간 그 노동은, 존중받을 만했을까? 어플리케이션의 뒤에서 대화에 끼어들어 맥락을 뒤쫓아 기록해나간 나는 존중받을 만했을까? 어쩌면 그것은 내 스스로가 아니라 공동체가 해결했어야 하는 일일 것이다. 엘리베이터에서 마주친 K에게 하소연했을 때 그가 나를 잡고 진지하게 대화를 이어갔다면, 통화 데이터는 많으니 문제적인 건 건너뛰어도 된다고 말해줬다면, 혹은 오히려 뻔뻔하게 그런 고민은 무용하다고 말했다면, 그러니까 우리가 서로 대화를 하고 이 노동에 관한 이야기를 나누며 투닥거렸으면 어땠을까. 노동의 내용과 노동자의 감정에 관한 윤리 문제는 연구 주제나 기삿거리일 순 있지만 노동시장에선 자리할 곳이 없다.

내가 들어갈 당시만 해도 10명이 조금 넘던 본사 직원들은 어느새 30명에 가까워졌다. 사무실도 이것저것 채워졌다. 요즘 스타트업이란 건 이런 거구나. 휴식 공간엔 여러 음료와 간식이 놓였고, 반대쪽 구석엔 비싼 안마의자와 매트리스 같은 것도 생겼다. 넓은 업무 공간의 끄트머리엔 탁구대가 놓였다. "집중이 되지 않거나 피곤할 땐 몸을 풀고 일하세요"라고 명랑한 글씨체로 써 있었다. 그러나 그건 어디까지나 본사 직원들에게 해당되는 내용이었다. 알바인 우리는 업무 시간과 휴식 시간이 엄격했다. 50분 일하고 10분 휴식, 다시 50분 일하고 10분 휴식 ….

우리를 감독하는 매니저가 입구 쪽 자리에 앉아 있었다. 그 옆엔 다이소 같은 곳에서 산 게 틀림없는 촌스러운 파란색 상자가 있었고, 각자의 이름이 써 있었다. 나는 그 이름들을 보고서야 처음으로 함께 일하는 사람들의 이름을 알게 됐다. 출근하면 그 이름 아래에 핸드폰을 두라고 했다. '보안상의 이유'라는 게 매니저의 설명이었다. 사적인 통화 내용을 기록하는 일이니 유출이 있으면 안 되고, 프로그램을 개발 중이니 관련한 보안 이슈가 중요하다고 말했다. 회사 입장에서 보안을 중요하게 여길 수 있다곤 생각했지만, 핸드폰을 제출한다고 그게 지켜질지는 잘 납득되지 않았다. 꼭 그래야만 하느냐 묻긴 했지만 따져 반대하진 않았다. 우리보다 개발자들의 접근 권한이 더 높을 텐데 그들의 핸드폰은 수거하려나. 생각은 했지만 적당히 넘어가기로 했다. 전화가 오면 매니저가 전달해주기로 했으니까.

어느 날엔가는 회사에 대해 이것저것 검색했다. 그러다 직원 채용 공고를 봤다. 회사 홈페이지에 올라온 정식 채용 공고였는데, 우리 같은 알바가 아니라 개발이나 회계 업무를 하는 정식 직원을 채용하고 있었다. 출근 시간과 퇴근 시간이 따로 없다고 쓰여 있었다. 늦게 일어나면 알아서 오후에 출근해도 된다고 했다. 우리는 세 번 지각하면 월차 하루가 깎인다고 교육받았다. 그들의 채용 공고엔 밥을 먹든 회식을 하든 법인카드를 쓸 때 결재받을 필요가 없다고 적혀 있었다. 나는 내 돈 지출을 아끼려 회사에 비치된 간식으로 점심을 때웠다. 직원으로 채용되면 아이맥이니 하는 기기를 제공한다고 했다. 나는 하루 종일 타이핑을 해야 했기에 며칠을 고민하다 큰맘 먹고 10만 원짜리 키보드를 샀다. 그들은 수직관계를 지양하기 때문에 직급을 없애고 서로 영어 이름으로 부른다고 했다. K와 매니저는 나를 '정한 씨'라 불렀고, 나머지는 내 이름을 알기는커녕 인사조차 하지 않았다.

배달 음식을 먹으며 대화를 나누는 그들을 멀찍이 등진 채, 우리는 캡슐 커피를 한 번에 두 개 내려 먹어도 되는지 서로에게 물었다. 나는 본사 직원들과의 거리를 확인한 후, 이 정도가 어떠냐고 호기롭지만 조심스레 말하며 캡슐 세 개를 내렸다. 우리는 조용히 키득거렸고, 그들은 멀리서 서로 큰 소리로 웃으며 MBTI 얘기 같은 걸 했다. "캡슐 세 개는 너무 쓰네요." 중얼거리고는 자리로 돌아갔다. 50분 일한 뒤 10분의 쉬는 시간, 나는 상자에 넣어뒀던 핸드폰을 집어 들고 1층에 내려가 담배를 피웠다. 두 개피나 연달아 피우곤 터벅터벅 억지로 느리게 걸었다. 그렇게 다녀오면 12분 정도 걸렸다. 좀스러운 뿌듯함을 느꼈다. 그런 반복에 적응될 때쯤 그들의 수는 서른 명이 넘어갔고 사무실은 너무 북적거렸다. 통화 내용을 귀담아 듣는 데 방해되기 시작했다. 그들은 정말로 아무 시간에나 출근했고, 격의 없이 얘기하며 편하게 깔깔댔다. 몇 명의 무리는 우리를 지나쳐 구석진 곳으로 향했다. 거기엔 서버실과 안마의자 하나밖엔 없는데, 왜 서너 명씩 거기로 가지? 일주일이 지나서야 깨달았다. 그들은 거기서 담배를 피웠다.

수직관계와 형식적 절차를 없앤다는 건 그들에게만 해당되는 이야기였다. AI를 학습시킨다곤 하지만 겨우 받아쓰기 수준의 단순 노동을 반복하는 우리까지 그 자유의 영역에 포함시킬 이유가 없었다. 보안상의 이유로 우리에겐 핸드폰 사용도 인터넷 접속도 금지했지만 그들에겐 그런 제약 같은 게 없었다. 출퇴근 시간이 자유롭고 최신 랩탑을 제공받으며 식비 지출이나 결재 절차도 없는, 원할 때 일하고 원할 때 쉴 수 있는 스타트업과 강남의 회사 분위기. 그 속에서 그들은 언제든 어디든 갈 수 있었고, 우리는 정해진 시간에 정해진 곳만 갈 수 있었다. 자기들끼리 탁구를 치거나 시끄럽게 떠드는 일이 우리에게 방해될 수 있다는 조심스러움 같은 건 그들 머릿속에 없는 듯했다. 우리가 보이지 않는 건 아닐 텐데. 우리를 뭐라고 생각하고 있을까? 우리가 핸드폰까지 반납하고 이렇게 숨 막히는 상태로 일하는 것을, 저들은 동의할까? 이런 현상 자체가 부당하다거나, 아니면 조금 이상하다는 생각 정도는 할까? 내가 그들의 흡연 공간에 처음 들어갔을 때 보인 그들의 당혹스러운 표정들은, 그 어색한 공기를 만든 그들의 마음은 무엇이었을까.

제대한 뒤 이곳에서 알바로 시작했다가 일을 잘해서 1년 넘게 일하고 있다는 매니저는 성실하게 자신의 일을 수행했다. 일종의 중간관리자였고, 나는 그런 위치와 역할이 실제로 '필요'하다는 걸 이곳에서 처음 알았다. 말하자면 그 매니저는 직원인 '그들'과 알바인 '우리'를 가르는 벽이었고, 따라서 '그들'은 우리를 상대하거나 신경 쓸 필요조차 없었다. 우리를 경계 바깥에 놓았다는 인식조차 없었을 것이다. 매니저는 지각하는 우리를 기록했고, 우리의 업무 데이터를 정리했다. 심지어 정기적으로 각자 일한 분량을 순위로 매겨 카톡방에 공개했다. 성과가 높은 사람에겐 노골적으로 친절했고, 순위가 낮은 사람을 좁은 책상으로 옮기기까지 했다. 능률이 떨어지는 사람들과의 개별 면담에서는 이전 달보다 잘하면 월차를 하루 주겠다, 더 떨어지면 시간제가 아니라 일일 할당량제로 변경할 수도 있다는 등 당근과 채찍을 번갈아 들었다. 상위권에 속하던 나와 면담할 때면 누구 때문에 평균이 깎여서 문제다, 누구는 자꾸 전화를 받으러 왔다 갔다 하느라 일에 집중을 안 한다며 뒷담화를 했다.

이곳의 시스템이 다분히 부당하다는 것을 우리 모두가 느낄 때쯤 나는 소심하고 억척스러운 반항을 했다. 업무 분량에서 상위 랭크에 오른 후 순위를 공개하지 말라고 하거나, 취업규칙은 있느냐, '그들' 직원들은 생리휴가가 무급인지 유급인지 캐물었다. 모두가 부당함을 토로하고 있었기에 나서서 문제를 제기할 수 있었다. 바꿔 말한다면 나 아닌 누구라도 했을 일이다. 다만 내가 더 빨리 결심했던 이유는, 1층까지 담배를 피우러 오가야 했던 게 퍽 빈정 상했기 때문이다. 그게 뭐라고 나는 친구들을 만나면 담배 이야기로 열변을 토했다. 그 빈정 상함 때문에 이것저것 딴지를 걸어 열받게 만들고 싶었다. 기어이 그들의 흡연 공간에 들어가면 행복을 누리기라도 할 것 같았다. 그곳에 들어가게 된다면 꼭 다리를 꼬고 앉아 천천히 담배를 피워야지, 몇 번을 다짐했다.

어쨌든 여럿의 불만이 모였으니 K나 매니저도 그저 무시할 수만은 없는 상황이었다. 순위 공개로 망신 주는 일이 사라졌고, 업무 시간과 휴식 시간을 자유롭게 쓸 수 있도록 바뀌었다. 환경이 조금은 나아지자 옆자리 동료는 내게 노동조합이 영어로 뭐냐고 물었다. 어떤 효능감을 느꼈기 때문이라기보다는, 다소 낯선 경험을 이해할 수 있는 단어가 노동조합 정도였기 때문이리라. 나는 신이 나서 'labor', 'union'이라고 천천히 끊어 말해주었다. 내가 면담 요청을 하면 매니저는 부담스러운 표정을 지었고, 흡연 공간에 들어가면 직원들이 서둘러 나갔다. 그 얼굴들을 보면서 역시 좀스러운 뿌듯함을 다시 느끼지 않을 수 없었다. 처음에 그들의 눈에 우리는 보이지 않았겠지만, 이제는 불편함을 느끼게 만들 정도로 눈에 거슬리게 됐으니 말이다.

어느 순간부터 나는 타자의 사적 대화를 듣는 일을 신경 쓰지 않게 되었고, 노동의 가치를 배제한 채 내 존재의 가치만을 따지게 됐다. 노동자로서의 가치를 획득하기 위해 문제를 제기했고, 근본적인 구조의 문제나 노동 내용에 대한 정당성은 말하지 않았다. 그 정도의 불만을 내세웠기에 딱 그만큼만 나아졌고, 나는 한 뼘 정도 되는 그 개선에 만족했다. 그리고 그 만족이 동력이 되어 나는 다시 성실한 부품으로 돌아갔다. 노동의 가치를 스스로 따져 묻는 일은 서서히 사라졌다. 어느새 돌아온 아침이면 지각할까 걱정하며 지하철에 서둘러 몸을 실었고, 흡연 공간에서 여유롭게 담배를 피우며 휴식을 누렸다. 세 개의 캡슐을 내려 커피를 마시고는 지루한 통화들을 기계처럼 받아 적었다. 나는 딱 그 정도만 얻었을 뿐이다.

| 이정한(2022) |

188

자동차 대리점

✦

자동차 회사의 위탁을 받아 자동차 거래를
대리하거나 매개하는 일을 하는 곳.

나는 자동차 판매 노동자, 즉 남들이 흔히 말하는 자동차 영업사원(카마스터)이다. 하지만 지금은 직장 폐업으로 실업자가 되었다. IMF 경제위기 당시 현대자동차는 구조조정으로 대리점 제도를 처음 도입했다. 당시 정리해고 과정에서 희망퇴직을 하든가 대리점 소사장제를 수용하는 것 중에 선택을 해야 했다. 그래서 많은 수의 정규직 판매 노동자들이 퇴직하고 대리점으로 이동했으며, 지점 업무와 구분 없이 똑같이 일했다.

지점의 판매 노동자는 본사에서 직접 채용해 운영하며, 모두 정규직 노동자이다. 그래서 급여와 상여금, 각종 성과급, 지원금, 복리후생 등 처우가 대리점과 비교할 수 없을 정도로 매우 좋은 편이다. 반면 대리점의 판매 노동자들은 동일한 제품을, 동일한 가격에, 동일한 방법으로 판매해도 기본급과 4대 보험이 없고, 십 수 년을 근무해도 퇴직금 한 푼도 받지 못한다. 대리점 소장들은 근로계약서가 아닌 용역계약서를 내밀었으며, 이마저도 작성하지 않는 대리점이 대다수다. 대리점 판매 노동자는 최저생활비조차 제공되지 않기 때문에 한 달에 차량을 한 대도 팔지 못하면 급여는 0원이다. 이런 이유로 건강보험료가 연체되고 생활이 어려운 판매 노동자들이 상당히 많다.

대리점 판매 노동자들은 급여가 0원이 될 수도 있으므로 무리해서 차를 판매하는 경우가 많다. 또한 분기별로 월평균 세 대를 판매하지 못하면 원청에서 '부진자 교육'이라는 명목으로 집합교육을 받아야 하고, 각종 모욕 속에 퇴사를 종용당한다. 기본급도 주지 않으면서 실적을 이유로 해고하는 이중 잣대를 들이대는 것이다. 반면 지점 정규직 직원은 저성과로 부진자 교육을 받거나 해고되는 일이 전혀 없다. 또한 그들에게는 하루에 교통비와 식대로 2만 1000원을 지급하지만, 대리점 직원들에게는 한 푼도 지급하지 않는다. 휴일 당직근무는 원청과 대리점 소장의 지시에 의한 필수 근무임에도, 대리점 직원에게는 휴일 근무수당도 없다. 직영지점 정규직과 대리점 비정규 판매 노동자들 간의 차별은 말로 다 표현할 수 없을 정도로 매우 심각하다.

본사는 대리점 직원의 입사부터 퇴사까지 모든 업무 전반에 관여하며 업무지시, 지휘, 관리감독을 한다. 대리점 직원은 입사 후 본사의 4박 5일 집합교육을 이수해야 하고, 시험을 통과해야 대리점에서 근무할 수 있다. 이른바 사번이라는 판매코드도 본사에서 승인해서 발급해주며, 직급을 주고 승진시키는 일 또한 본사에서 한다. 또한 대리점 직원들은 수시로 집합교육과 동영상 교육을 받고 본사의 지시와 지휘, 관리감독에 따라야 한다. 게다가 본사는 정기적으로 대리점 판매 노동자에 대한 감사를 진행한다. 업무지도라는 명목으로 판매 노동자의 통장 뿐 아니라 배우자의 통장까지 제출하라고 한다. 본사의 근무규정과 업무지침에 위배된 사항이 적발되면 본사에서 징계를 한다. 임금을 위한 종속적인 관계일 뿐 아니라 업무지시와 지휘·관리감독은 정규직들보다 더 많이 받는데 노동자로 인정조차 못 받는 것이다.

그 가운데서 대리점 소장들은 한 달에 수천만 원의 순수익을 얻어간다. 사용자로서의 책임은 지지 않으면서도 판매 노동자들이 차량을 판매하면 일정 비율의 수수료를 챙기는 구조다. 말 그대로 땅 짚고 헤엄치는 수준의 노력만으로 본인들의 노력보다 훨씬 많은 수익을 챙겨간다. 다른 대리점으로 옮기고 싶어도 옮길 수가 없다. 본인들 허락 없이 6개월간 이적을 금지하는 그들만의 규정 때문이다. 6개월이 지나 다른 대리점에 취업하려고 해도, 자기들끼리 살생부를 공유하면서 맘에 안 드는 직원은 사실상 어디에도 취업을 못하게 한다.

그러던 중 2015년 3월경 기아자동차 정규직노조 박주상 동지가 대리점 판매 노동자들의 열악한 환경을 타파하고자 노조를 만들자고 제안해왔다. 밴드를 만들어 많은 대리점 판매 노동자들이 가입했고, 뜻있는 동지들이 비밀리에 결의를 다졌으며, 5월에는 금속노조를 찾아가 도움을 청했다. 애초에 우리는 금속노조의 지회 설립총회를 원했지만, 금속노조는 "당장 받아줄 수가 없다"는 의견을 전달해왔다. 우리는 노동조합이 절실히 필요했기 때문에 상급단체 없이 전국자동차판매노동자연대노동조합(이하 '판매연대')으로 8월 22일 총회를 열었고, 나는 위원장으로 당선됐다. 국내 완성차 회사인 현대, 기아, 르노삼성, 쉐보레, 쌍용자동차 판매 노동자의 연대체였다. 현대기아자동차 대리점 판매 노동자 수만 해도 1만 명에 가깝다. 나머지 3개사를 합치면 2만여 명에

달할 것으로 예상된다.

공식 노동조합 출범과 동시에 위원장과 임원들의 신원이 밝혀졌는데, 월요일 출근하자마자 현대기아차가 발칵 뒤집혔다. 총회 며칠 만에 열 명 넘는 임원들이 모두 해고 통보를 받았으며, 나 또한 바로 해고 통보를 받았다. 본사에서 명단을 입수해 각 대리점 소장들한테 해고를 지시한 것이다. 결국 모든 임원들은 노조를 탈퇴했고, 사무처장과 위원장인 나한테는 퇴사를 강요했다. 사무실 열쇠를 뺏고 당직근무를 배제하며 차량계약서를 반납하라고 했다. 나는 영업사원이기 때문에 차량계약서가 없으면 일을 할 수가 없다. 즉, 실질적으로 해고된 상태나 마찬가지였다.

우리는 서울지방고용노동청에서 2015년 9월 18일 '전국자동차판매노동자연대노동조합'으로 정식 노동조합 설립인가를 받았다. 나는 해고를 받아들일 수 없어 매일 출근투쟁을 했다. 대리점 소장은 조회시간마다 전 직원들이 보는 앞에서 40분 가까이 입에 담을 수 없는 폭언을 시작했다. 그래도 계속 출근을 하니 이제 침을 뱉고, 목을 조르고, 때리고, 팔을 꺾고, 발로 차고, 눈을 찌르고, 머리로 들이받는 등의 폭행도 했다. 심지어 얼굴에 바람을 불어 넣고 귓불을 빨고 얼굴과 입술을 핥는 등 강제추행도 했고, 집에 찾아가 칼로 죽이겠다는 끔찍한 말도 서슴지 않았다. 출근할 때마다 도살장에 끌려가는 기분이었다. 지옥 같은 하루하루를 버티면서 새정치민주연합 을지로위원회를 찾아가 도움을 청했다. 을지로위원회를 통해 수차례 이야기를 전달했음에도 바뀌는 것은 없었다. 대리점 대표는 계속 "국회에나 가서 떠들어라"며 비아냥거렸고, 폭언과 폭행은 계속 이어졌다.

결국 3주 넘게 병원 치료를 받았고, 큰 충격으로 정신과 치료도 받아야 했다. 나는 이 부당한 현실을 언론사에 제보하기로 결심했다. 이 문제는 2015년 10월 19일, 21일, 22일 3일 동안 KBS 9시 뉴스에 방송되었으며, 다른 많은 언론사들도 보도하기 시작했다. 장하나 의원과 함께 22일 국회 정론관에서 노조 탄압 규탄 기자회견도 열었다. 국민들은 공분했고 큰 파장을 일으켰음에도 불구하고, 정작 현대자동차는 사과는커녕 본인들과는 무관하다는 모르쇠로 일관하며 대응조차 안 했다. 회사 관계자는 대리점 판매 노동자들을 편의점 알바에 비유하면서 본사와는 아무 관계가 없다고 했다. 정말 후안무치하고 어처구니없는 비상식적 '해명'이었다.

본사는 내가 근무하던 대리점을 대상으로 타깃 감사를 벌여 21일간 영업정지라는 중징계를 내리더니, 한 달 후에는 대리점을 폐쇄했다. 통상적으로 판매대리점이 폐쇄되면 인근의 대리점으로 영업사원들을 고용승계해 전환배치를 하는 것이 원칙이었으나, 노조에 가입한 동료들은 배제되어 일자리를 잃었다. 대부분 10년 이상 근무한 장기 근속자들인데도 퇴직금 한 푼 받지 못하고 쫓겨난 것이다. 본사는 또한 전국의 모든 대리점 소장들에게 명단을 배포해 절대 채용하지 말라는 지침까지 내렸다. 노조는 대리점 소장들한테 노조법에 의한 단체교섭을 요청했지만, 소장들은 본사의 일관된 지침하에 영업사원은 노동자가 아니라는 이유로 교섭을 거부했다. 지방노동위원회와 중앙노동위원회가 대리점 영업사원은 모두 노조법상 근로자라고 판정했는데도 소장들은 대형 로펌을 선임해 행정소송으로 시간을 끌었다.

2016년에만 해도 노조에 가입한 노동자가 있다는 이유로 대리점 여섯 곳이 폐쇄되었다. 일부 대리점에서들에서는 조합원 전원이 해고되는 사태까지 발생했다. 본사는 노조 확산을 막기 위해 대리점을 통째로 폐업시켰고, 전국의 모든 대리점 소장들은 "노조에 가입하면 대리점을 폐업하겠다"라며 노동자들을 협박한 것이다. 대리점 소장들은 한결같이 "부당노동행위는 무섭지 않다. 벌금 몇 백만 원 내면 그만이다. 대법원까지 시간을 끌면 니네가 얼마나 버티겠냐" 하면서 그전에 노조를 파괴하겠다고 공공연히 발언하며 부당해고를 자행했다. 본사는 대리점 직원들과 사용—종속 관계가 아니라고 주장하면서 뒤로는 노동 탄압을 일삼는다. 2016년에만 해고자가 100여 명에 이르렀다.

우리는 상급노조의 필요성이 절실했기 때문에 2015년 5월경부터 줄기차게 금속노조에 가입을 요청했다. 하지만 현재까지 금속노조의 가입 승인은 정규직 노조의 반대로 보류되고 있다.* 적대적 관계에 있는 대리점 직원이 같은 금속노조에 가입하면 지금까지 정규직 노조가 사측과 체결한 단체협약이 무력화된다는 이유였다. 그래서 해당 주체들이 충분한 시간을 갖고 논의를 진행해서 대안 수립 후 가입하라는 주장이다. 나는 '적대적 관계'라는 표현에 동의할 수 없고, 정서 차이로 대책을 세우고 논의를 해야 한다는 주장은 이해가 가면서도 배부른 자의 진정성 없는 핑계거리로 들린다. 정말 대책을 마련할 생각이 있으면 만나서 대화로 풀면 된다.

얼마 전 금속노조는 중앙위원회에서 가입 승인에 대해 논의하기로 했지만 정규직 노조 반대로 또다시 무산됐다. 회의가 끝나고 우리 조합원이 눈물을 펑펑 쏟으며 가입 승인을 호소하는 모습을 보았다. 내내

---

* 이 갈등은 비정규직과 정규직 노조의 대립으로 비춰지면서 사회적 이슈로 떠올랐으며, 금속노조는 2018년 5월 30일 위원장 전결을 통해 전국자동차판매노동자연대노조의 가입을 승인했다.

가슴이 찢어졌고 노조에 가입하는 것조차 이렇게 힘든 건가 하는 자괴감마저 들었다. 산별노조의 위원장이 기업지부의 이해관계에 따라 규약을 어겨가며 스스로 결정을 내리지 못하는 모습은 정말 안타깝다. 기업만 사회적 책임이 있는 건 아니라고 본다. 조직된 대기업 정규직 노조에도 분명 약자에 대한 사회적 책임이 있다고 생각한다.

우리는 정말 홀로 열심히 투쟁해왔고 앞으로도 가열차게 투쟁할 것이다. 상당수 동지들이 칼 맞아 피 흘리며 다 죽어가고 있지만 절대 포기하지 않는다. 본사와 모든 대리점 소장들에게 강력히 경고한다. 불법적이고 인권유린적인 노동 탄압을 즉각 중단하기를 바란다. 판매연대는 절대 타협하지 않고 오로지 '투쟁 없이 쟁취 없다'라는 각오로 투쟁할 것이다. 반드시 자본을 무릎 꿇리고 재벌 개혁에 앞장서며 비정규직이 없어지는 그날까지 동지들과 함께 투쟁을 멈추지 않겠다고 결의한다.

| 김선영 (2016) |

자동차 제조사

✦

공장에서 큰 규모로 자동차를 만드는 회사.

아침 6시면 자연스럽게 잠에서 깬다. 괘종시계가 울리려면 아직 20분이나 남았다. 누워서 즐기는 이른 아침시간이 나른한 기쁨이기도 하다. 하지만 오늘도 손발은 부어 있고, 어깨와 허리는 뻐근하다. 이 공장에 다닌 지 벌써 7년째다. 그동안 결혼도 하고 딸아이도 하나 얻었지만, 남은 건 골병뿐이다. 언제까지 이놈의 공장을 다닐 수 있을지 모르겠다. 오늘은 토요일이라서 아내가 늦잠을 자는 것 같다. 당장 때려치우고 싶지만 곤히 자는 딸아이를 보면 그럴 수 없는 노릇이다. 누워서 손발을 주물러 보고, 기지개를 펴면서 허리와 어깨를 풀어본다. 특근이라도 있어야 애기 분유값이라도 번다는 생각에 자리에서 일어난다. 일주일간 쌓인 피로가 몰려온다. 다음 주 야간에는 침이라도 맞으러 가야겠다.

통근버스를 기다리는 곳에 복직한 금속노조 조합원 형이 서 있다. 원청 관리자 눈치도 보이고, 미안하기도 해서 눈도 못 마주친다. 나도

196

한때는 금속노조 조합원이었었는데, 씁쓸하다. 그때는 정말 이길 줄만 알았다. 하지만 복수노조 시비가 걸리면서 '불법노조'가 되었고, 믿었던 형들도 회사의 탄압으로 탈퇴해버렸다. 누구 하나 나서려는 사람도 없고, 이제는 솔직히 사람을 믿을 수도 없다. 이번 주부터 신차를 양산하는데, 설비에 문제가 많고 라인이 안정되지 않아 생산에 차질이 많았다. 조회시간에 반장 형이 미안해하면서 의장공장에 '바디'(차체)를 투입해야 하니 특근을 10시 반까지만 하잔다. 원청 관리자들과 업체 사장이 그렇게 지시한 모양이다. 이제는 문제제기하는 사람도 없다. 같이 입바른 소리 하던 애들은 벌써 퇴사해버렸고, 그 자리에 중국동포 노동자들이 들어왔다. 한두 명이었는데 이제는 라인의 절반을 넘어버렸다.

차체 라인에 8시 20분쯤에 올라가니 동희오토 원청과 기아차 생산기술팀 사람들이 라인을 돌리고 있다. 의장공장에 바디를 한 대라도 더 보내려고 난리도 아니다. 신차 '레이' 때문에 이제는 기아차 직원들까지 와서 상전 노릇을 한다. '모닝'이랑 신차 '레이'가 기아자동차 상표를 달고 나가는데 우리는 동희오토에서 일하고 있고, 더구나 1년짜리 계약직이다. 서산 지역에 들어서는 공장은 몽땅 동희오토처럼 비정규직으로만 채워지고 있다. 그러면서 어느 순간 동희오토가 지역의 중견 일자리가 되어버렸다. 뭔가 잘못돼도 단단히 잘못됐다. 그래도 어쩌겠는가? 어쨌든 완성차를 만들고 있고, 보너스랑 성과급을 합치면 지역의 다른 공장보다는 조금 낫다. 그래서 때려치울 수도 없다.

오늘도 1시간 중식시간 중에 30분을 빼서 근무한다. 잠깐 눈을 붙이거나 몇 명 남지 않은 한국인 동료들하고 농담이라도 주고받는 꿀맛 같은 시간이 날아가버렸다. 얼마 전 뉴스를 보니 이런 게 바로 연장근로시간 위반이라고 한다. 다른 자동차 업계는 야간에 일 안 하고 8시간만

2교대로 일하는 걸 논의한단다. 하지만 여기서는 그게 꼭 좋은 것만은 아니다. 그러면 여기서는 월급의 3분의 1이 날아간다. 우리야 어차피 최저임금이고 잔업과 특근, 그리고 야간수당으로 먹고살기 때문이다.

피곤해죽겠는데 갑자기 업체 사장이 나와 라인을 분주하게 돌아다닌다. 조장한테 물어보니 2시 넘어서 기아차 임원이 현장순시를 나온다고 한다. 그래서 아마 동희오토 임원들하고 업체 사장이 보이는 것 같단다. 조장은 주변 정리 좀 잘하고, 열심히 일하는 척이라도 하잔다. 자동차를 만드는 사람은 우린데 기아차 임원이 온다고 왜 그렇게 생색을 내는지 모르겠다. 이렇게 비굴하게 살아야 되나 싶기도 하고, 갑자기 욕이 목구멍까지 차오른다. 그 모습을 봤는지 사장이 다가와 말한다. "요즘도 불만 많나, 가족을 봐서도 너도 이제 키퍼도 달고 해야 안 되겠나?" 솔직히 그때 금속노조만 가입 안 했어도 조장을 달았을 텐데 짜증난다. 대법원에서도 합법이라고 판단 내렸고, 더구나 지금은 복수노조도 풀렸다. 금속노조 형들도 다시 복직시키면서 내가 무슨 큰 죄를 지은 것처럼 지랄이다. 금속노조 형들이 복직하면서 사장의 감시도 훨씬 심해졌다. 홧김에 다시 금속노조로 확 가입해버릴까 하는 생각도 든다.

오후 5시 30분에 저녁을 먹으러 간다. 내년 2월에 중국으로 돌아가는 중국동포 노동자가 밥 먹으면서 대뜸 "내 중국으로 돌아갈 때 모닝 한 대 째벼갈끼다"라고 말한다. 내가 "모른 척할 테니깐 할 수 있으면 해봐라"라고 대꾸해준다. 하루에 '모닝'을 1000대도 넘게 만들면서 3년을 일했으면 '모닝' 한 대는 받아야 된다고 너스레를 떤다. 국적은 달라도 노동자는 노동자다. 한국 관리자들한테 찍소리도 못하고 살았지만, 곧 중국으로 돌아간다는 생각에 우리가 로봇보다 더하다는 등 과감하게 이런저런 이야기를 나누는 친구다. 동희오토에서 일하는 중국

동포 노동자들은 두 부류가 있다. 영주권을 취득해 계속 한국에 남아야 겠다는 사람들과 중국으로 돌아가는 사람들이다. 계속 한국에 남겠다는 사람은 영주권 때문인지 꽤 열심히 일한다. 원청에서 주최하는 볼링대회도 나가고 등산도 따라다닌다. 자기는 경상도 사람이라고, 꼭 할아버지 고향인 '원적'을 강조한다. 이번에 우리 업체에서는 중국동포 노동자를 키퍼로 승진시키기도 했다. 어차피 라인에서 절반을 넘었으니, 관리 차원에서도 그렇게 하는 것 같다.

5일을 일하고, 오늘 같은 토요일에 10시 반까지 특근을 하는 건 정말 괴롭다. 끝나고 술이라도 한잔하고 싶지만, 마땅한 사람이 없다. 중국동포들이야 자기들끼리 술 한잔하겠지만, 한국 사람들끼리는 그런 술자리도 이제는 드물다. 지금 남아 있는 한국 동료들은 애초부터 사측에 기울었거나, 아무 생각이 없는 친구들이 많다. 원래 이런 일자리가 당연한 거라고, 절이 싫으면 중이 나가면 된다는 식이다. 그래도 꼬박꼬박 월급 나오고 물량이 넘쳐서 잔업과 특근을 할 수 있는 게 어디냐고 말한다.

지친 몸을 이끌고 돌아가는 길에 옛날 동료들에게 전화를 돌려본다. 얼큰히 취한 목소리로 빨랑 달려오라는 놈이 꼭 있다. 오랜만에 옛날이야기나 하면서 회포나 풀어야겠다. 하루하루 이렇게 살면서 내 청춘도 날아간다. 이제는 꿈도 희망도 없다. 오랜만에 만난 친구들도 사는 건 매한가지다. 술에 조금씩 취하면 금속노조 했을 때 이야기가 어김없이 나온다. 그래, 그때는 그래도 내가 사람이라고 느꼈다. 컨베이어벨트에 묶인 로봇이 아니라 사람이라고 말이다.

| 심인호(2011) |

200

잡지사

✦

**특정 제호 아래 각종 원고를 수집해서
정기적으로 편집·간행하는 회사.**

"그래서, 당신이 이 돈을 받기 위해 열심히 일을 했다고 생각해요? 도대체 이 돈의 액수는 뭐야. 당신이 이 많은 돈을 받아도 될 정도로 열심히 일을 하고, 또 좋은 글을 썼어요?"

7월의 일이었다. 고용노동부 감독관이 격앙된 목소리로 다그치듯 내게 물었다. 종이에 적힌 '내가 받아내야 할 글값' 때문이었다. 편집장은 옆에서 피식 웃고 있었고, 듣고 있던 나는 쉽고 떳떳하게 '그렇다'는 말이 잘 나오지 않았다. 혼자 생각했다. 난 떳떳한 사람인가. 그런데 내가 왜 이런 걸 생각해야 하는 거지? 민원을 넣은 내가 왜 해명하고 증명해야 하나? 내 잘못일까? 잘못이라면 어디서부터 시작된 걸까.

4월경이었다. 난 졸업을 앞두고 영화에 대한 글을 쓰며 살고 싶은 지방대 학생이자 블로거였다. 그 당시 한국의 유일한 영화 월간지였던《맥스무비 매거진》에 실린 객원기자 구인광고를 보고 있었다. 객원기자로 지원해서 자연스럽게 평론가의 길로 들어설 수도 있지 않을까 생각했다. 예전부터 영화평론 등으로는 절대 먹고살 수 없다는 얘길 듣긴 했지만, 객원기자도 엄연한 '직업' 아닌가. 최소한 '아르바이트'보다는 낫겠지. 내가 좋아하는 영화와 관련된 직업으로 돈을 벌어보고 싶었다. 그러다 보면 당시 개봉 예정작이었던 영화 〈인터스텔라〉를 필름 아이맥스 프린트로 감상하러 미국에 갈 수도 있지 않겠냐는 꿈도 꾸고 있었다. 꿈꾸는 건 죄가 아니지 않은가.

공고는 '영화를 사랑하는 덕후', 'SNS', '소통' 등 몇 년 새 자주 회자되던 단어들을 쓰며 여러모로 어필하고 있었다. 적극적으로 SNS 이용자들과 덕후들을 객원기자로 기용하겠다고 밝힌 건 적어도 내가 본 잡지들 중에서는 이곳뿐이라 꽤 독특하다고 생각했다. 서울에 살지 않는다는 핸디캡이 있었지만(난 경산에서 자취를 하고 있었다) 그래도 지원했고, 몇 번의 심사 절차를 거쳐 결국 합격했다. 날 포함해 총 11명의 객원기자가 선발됐다.

4월 26일에 서울에서 오리엔테이션이 열렸다. 그런데 온라인에 내건 공고에 없는 말들을 했다. 합격된 사람들이 '객원기자 1기'이며, 활동 기간은 1년인데, 앞으로 1개월간 고료 없이 사수로 지칭된 기자들에게 기사 쓰기 트레이닝을 받는다는 것이다. 한 달 이후 고료를 얼마나 받는지도 말하지 않았고, 심지어 교통비조차 없었다. 말하자면 시작부터 허위공고였다. 사실 이때 항의를 하거나 자리를 박차고 나왔어야 했나 싶다. 하지만 한 달까지는 지켜보자고 생각하며 결국 승낙했다. 두세 시간의 오리엔테이션을 위해 서울에 오느라 들인 돈과 시간이 아까워서 그랬는지도 모르겠다. 영화와 관련된 기업의 잡지사에 객원기자로 참여하는 일이 처음이라 잘 몰랐던 이유가 더 컸겠지만 말이다.

객원기자들은 트레이닝 명목으로 뉴스 기사를 작성해 온라인 사이트에 올리는 일을 했다. 당연히 기사로 확정되려면 사수 담당 기자와 편집장에게 모두 승인받아야 한다. 결국 하루에 기사가 될 아이템을 몇 개씩 찾아가면서 쓴 것이다. 난 아직 대학을 졸업하지 않은 학생이었기 때문에 강의는 강의대로 듣고, 남는 시간에는 무조건 컴퓨터 앞에 붙어 앉아 마감 시간까지 기삿거리를 찾아 써야만 했다. 오리엔테이션 당시에는 5월 31일에 이뤄질 최종평가회의 이후 '공식적인 객원기자 활동'이 시작될 거라고 했다. 공식적으로 어떤 활동을 할지에 대한 말도 그때는 듣지 못했다. 일이 고된 거야 어느 정도 예상은 했었지만 너무 불안했다.

그런데 최종평가회의 하루 전날에 갑자기 잡지사 측에서 최종평가회의가 밀렸다고 공지했다. 객원기자들이 기다리다가 먼저 나서서 언제 하느냐고 묻기 전까지는 아무 말도 해주지 않았다. 이런 점에 대해서 나는 편집장이 대표로 사과의 말이라도 해주리라 생각했다. 그런데 그들은 미안하다는 말 대신 6월 2일까지 휴가라고 답장을 보내왔다. 아마 미안함을 가질 필요조차 없다고 생각했는지도 모르겠다. 결국 나는 객원기자 일을 그만뒀다. 혼자 그만뒀다. 약속을 어기고 숨기고 거짓말을 하는 회사에 초장부터 신뢰를 잃은 점이 컸다. 추후 객원기자로 뽑은 사람들에게 일을 시키며 어떤 식으로 말을 바꿀지 모르겠다는 생각이 들어서였다. 그리고 말이 '객원기자'이지 여태껏 해온 일은 정규직 기자들의 뒤치다꺼리나 하는 무급 어시(스트)였다.

오리엔테이션 당시, 그만두려거든 사수 기자에게 전화해 사유를 말하라고 했다. 일하기 싫다며 이른바 '먹튀' 하지 말라는 의도에서 그런 시스템(한 달여간의 트레이닝)을 만들었단다. 나는 사수 기자에게 전화를 걸어 그만두겠다고 했다. 그 기자는 이유를 들어봐도 되겠냐고 되물었

는데, 구구절절 설명하자 다 듣고는 "그래도 나한테만 말해놓고 그만
둘게 아니라 편집장에게도 말해야 한다"며 수고했다는 한마디를 남긴
채 쏙 빠져버렸다. 사실 그 잡지사에는 객원기자 선발 이전에 같은 직
위로 활동하던 영화평론가가 있었다. 생각해보니 같은 객원기자 직함
을 달고 있으면서 내가 받았던 대우는 그와 같다고 볼 수 없었다. 그가
고료도 받지 않고 자신의 시간을 소비하면서 글을 썼다면, 계속 이 월
간지에 몸을 담고 있었을까? 그는 돈을 받아왔을 것 아닌가. 이에 대한
편집장의 답변은 가관이었다. "○○ 씨를 비롯해 다른 분들은 구체적
으로 어딘가에 글을 기고한 적이 없잖아요. 지금 우리 잡지사에 있는
모 객원기자와 여러분을 지칭하는 객원기자의 의미는 다른 겁니다. 교
육상 시킨 것이고, 여기서 일한 게 훗날 경력이 될 거예요. 오해 없길
바랍니다."

　이미 지원서를 낼 때 기고 경력을 다 썼는데, 편집장은 어디에도 기
고한 적이 없지 않느냐며, 무급으로 일을 시킨 것에 대해 합리화를 했
다. 편집장은 또 이렇게 덧붙였다. "사람 인연이라는 게 알 수 없으니
다음번에 다시 좋게 봤으면 합니다." 어쩐지 협박처럼 들렸다. 예술 계통
을 비롯해 대부분이 그렇듯 이 업계도 연줄과 인맥으로 유지되고 있으
니 정말 언젠가는 다시 보게 되지 않을까. 특히나 영화판은 서로 끌어
주고 밀어주면서 발전해왔으니 말이다. 난 경악하며 전화를 끊었다.

　이후 열린 최종편집회의에서 마침내 고료가 구두로 공개됐다는 얘
기를 전해 들었다. 온라인 기사는 200자 원고지 기준으로 4페이지까지
만 고료가 지급된다고 했다. 말하자면 더 써봐야 더 받는 게 아니라는
얘기다. 최종편집회의 이후 확정된 객원기자 일의 경우 단신 쓰기 기사
는 없으며, 기획 아이템을 찾아서 데스크 통과가 되면 관련 원고를 쓴

단다. 기사 소재 건의 수는 자율이었다. 돈을 벌고 싶으면 아이템을 최대한 많이 찾고, 벌기 싫으면 말라는 얘기다. 다른 잡지의 객원기자들도 이렇게 활동하는지는 잘 모르겠다. 그들이 말하지 않으니까 ….

"우린 경력을 제공해줬다." 참 무서운 말이다. 나머지 열 명의 객원기자는 그놈의 경력 때문에 계속 남아 있었다. 나도 그냥 '돈 내지 않고, 기사 쓰기 교육을 받은 값진 경험이라 생각하자'고 여길까 싶었다. 그런데 생각할수록 황당했다. 이 엄연한 직업이 아르바이트보다 더 열악했으니 말이다. 돈은 아르바이트가 더 많이 벌 수 있는 거였잖아? 암만 생각해도 납득할 수가 없었다. 과연 이들이 가르쳐준 '기술'은 노동력의 대가 지불을 상쇄할 만큼 대단했나? 난 회의적이었다. 적어도 내 사수였던 그 기자는 짜증만 줄창 냈을 뿐 모든 걸 다 바쳐 열심히 기술을 전수해준 것도 아니었기 때문이다.

그만두고 오래 지나지 않아 고용노동부에 민원을 넣었다. 내가 한 달간 쓴 글값은 받아야겠다고 생각했다. 잡지사의 계산법으로 내 글값을 모두 계산해봤다. 100만 원이 넘어갔다. 그 와중에 난 혼자 이 돈을 받아도 되는지를 고민하고 있었다. 고용노동부에 보낼 민원서를 작성하는 와중에도 끊임없이 의문을 품었다. 지금 하는 행위가 정당한지도 잘 모르겠다는 생각이 들었다. 순응이 아니라 의문을 제기하는 게 맞는지 알 수 없는 환경에서 살아오기도 했고, 줏대가 없는 탓일 수도 있다. 불안하기도 했다. 고용노동부도 기업 편을 많이 들고, 대개 형식적으로 응답하며 애초에 사건을 해결하려는 의지도 보이지 않는다는 말을 들어왔기 때문이다. 겨우겨우 서류를 작성하고 보내니 얼마 뒤 응답이 왔다. 대답이 와줘서 기뻤다.

고용노동부에 출석하려고 상경을 했다. 고용노동부 측의 담당감독관과 나, 뒤이어 잡지사 편집장이 들어와 합석했다. 담당관은 내가 내놓은 증거를 보는 둥 마는 둥 휘휘 들춰보고는 책상에 탁 던져버렸다. 불안은 곧 현실이 됐다. 가장 먼저 나온 말이 여기서 해결할 수 있는 문제가 아니라서 당신이 요구했던 몫을 받아낼 수가 없다는 것이었다. 객원기자는 '프리랜서'이며, 노동법의 지원과 보호를 받지 못하는 직종이니 민사를 거는 방법밖에 없다고 했다. 그러면서 애초에 계약을 철저히 했어야 한다고 지적했다. 난 허위공고가 문제 아니냐며 되물었다. 담당관은 "공고는 원래 허위가 있을 수 있는 법이다"라고 했다. 애초에 오리엔테이션에서 당장 고료가 지급되지 않는다는 점을 알면서도 결국 승낙을 했으니, 결국 고용노동부의 시각에서 보자면 나도 문제가 있다는 것이었다.

내가 지금 뭘 들은 거지? 그걸 해결하라고 고용노동부가 있는 거 아닌가? 물론 명확하게 모든 의문을 해소하지 않은 내 잘못도 있긴 하지만, 담당관이 이리 말하자 편집장이 기다렸다는 듯 말했다. "공고를 낼 때 우리는 직원을 '모집'하려는 게 아니라 객원기자에 '지원'하라는 의미를 담았다"며, "하고 싶지 않으면 하지 않아도 됐는데 홍준호 씨가 이렇게 나와서 우리 잡지를 포함해 일하고 있는 다른 객원기자들도 무척 당혹스러워하고 있다"고 말했다. 담당관은 다른 객원기자들도 반발한다면 모를까 당신 혼자만 불만을 가지고 항의하면, 정당함의 입증은 힘들다고 했다. 이야기를 들으며 적어도 고용노동부는 나 같은 사람을 도와주라고 있는 기관이 아니겠다는 생각이 들었다.

삼자대면은 1시간 30분 만에 끝났다. 고작 불가능하다고 얘기할 거면 왜 서울까지 오라고 했을까. 객원기자가 고용노동법에 의해 보호받을 수 없는 것이라면 직접 와서 호소해도 결과는 똑같지 않은가. 하지만 여기서 포기할 수 없었다. 글값을 받아내기 위한 방법이 분명 더 있으리라 생각했다. 알아보던 중에 법률구조공단이라도 찾아가 상담 받는 게 낫다는 이야기를 들었다. 민사로 가야 한다면 그 기관에서 무료로 변호사를 고용할 수 있다는 것이다. 결국 법률구조공단까지 가서 상담을 받았다. 그러나 그들 역시 회의적이었다. 어찌됐든 사전에 먼저 고료 없이 일을 시키겠다고 한 말에 내가 응했으니, 재판 때 확실히 승소할지 모르겠다고 얘기했다. 확실히 승소한다는 보장이 없으므로 나설 수 없다는 얘기였다.

경산에 돌아오니 일몰이 펼쳐지고 있었다. 한창 더울 때였다. 잠시 알베르 카뮈의 《이방인》 속 주인공이 된 듯한 기분이 들었다. 걔는 태양을 보고는 미쳐서 권총으로 쏘고 그러던데. 난 … 내년이면 대학 졸업인데. 머리가 백지가 됐고, 막막해졌다. 그 저질스러운 곳에서 난 잠시 순응했다. 난 여러 환경과 이해관계를 생각하고, 또 용납하고 있었다. 만약 회사가 날짜를 미루지 않고 최종편집회의를 했다면 계속 순응하고 있지 않았을까? 민사를 걸어볼까 했으나, 돈이 없었다. 문득 그런 생각을 해봤다. 만약 나 같은 일을 겪은 사람들이 과거부터 나서서 목소리를 한데 모았다면 회사 측에서 "우린 직원 지원 공고를 낸 거니, 하고 싶지 않으면 안 하겠다고 말하면 되지 않나요?" 따위의 헛소리를 당당하게 할 수 있었을지.

이 얘기를 처음 주변에 알렸을 때, 여러 문화언론 계통에서 임금을 주지 않고 부려먹는 시스템이 유지 중이라는 의견을 많이 들었다. 이 사실을 알려준 사람들은 이 문제에 관해서 거의 항의하지 않았다고 한다. 어떤 형태든 불이익을 받는 쪽은 자신들이었기 때문에. 사람들이 머리를 쥐어짜며 써낸 글들, 피땀이 서린 일들을 아무 대가도 지급하지 않고 가져갈 수 있는 현실이 우리 앞에 펼쳐져 있다. '경력'이라는, 그 흑마법 같은 단어 아래서 말이다. '경력'이라는 놈은 손에 잡히지도 않고 내 주린 배를 당장 채워줄 수가 없다. 노동을 하고 받는 대가는 정당하다. 얼마가 됐든, 우리는 일한 만큼의 돈을 가질 자격이 있다.

이 일은 내게 큰 상처를 남겼다. 돈도 돈이지만 영화에 관해 글을 쓰고 그걸로 입에 풀칠하는 게 꿈이었다. 그런데 이번 일을 겪으며 이걸 생업으로 할 수 없겠다는 생각이 확실하게 들었다. 화끈하신 김부선 누님은 세상에 직업이 수만 가지가 있다고 말씀하셨지. 하지만 그렇게 많은 직업들이 내 시야에는 보이지 않는다. 시야가 좁나 보다. 〈인터스텔라〉는 결국 개봉했다. 나는 여전히 떠돌거나 처박혀 있다.

| 홍준호(2014) |

조선소

✦

배를 만들거나 고치는 곳.

2018년 3월 2일. 옷 몇 벌과 이불 한 채를 보따리에 싸서 거제로 왔다. 쉰세 살에 가족을 두고 홀로 거제로 간다는 것도, 지금까지 해왔던 일을 그만두고 새로운 일을 시작하는 것도 쉬운 일은 아니었다. 2018년은 조선업의 위기가 본격화되던 때였기에 조선소 취업 자체가 쉽지 않았고, 나처럼 초보인 경우에는 더욱 힘든 일이었다. 4개월 동안 거제에 적응하기 위한 시간을 보냈다. 취업할 수 있다는 보장도 없이 막연한 기다림이 이어지던 7월, 건강검진을 받고 대기하라는 이야기를 듣고 뛸 듯이 기뻤다. 또다시 대기시간이 흐르고 마침내 8월 22일, 안전교육 날이 잡혔다. 200여 명이 함께 안전교육을 받았다. 8시간 교육 후 드디어 조선소에 들어가는구나 하고 안도의 숨을 쉬었다.

8월 23일 첫 출근. 두꺼운 책을 한 권 던져주더니 읽으란다. '이 책을 다 읽으라고? 설명도 없이?' 산업 안전과 관련된 책이었다. 홀로 탈의실에서 뒤적거리다 오후엔 견학을 위해 배에 올랐다. 안전관리자와 함께 올라간 배는 내가 상상하던 것보다 훨씬 컸다. 배에서 이것저것 설명을 들었는데, 좌현, 우현, 선수, 선미를 알게 되었다. 이것만 알면 된다는 이야기에 진짜 그런 줄 알았다. 나중에 알았지만 그건 그야말로 '저렇게 생긴 게 코끼리라는 동물이야' 정도였다. 조선소에 들어오면서 품었던 기대감과 설렘은 그다음 날부터 물거품처럼 사라졌다.

내가 배치된 직종은 도장부였다. 일을 소개해준 동생이 "물만 푸면 되니 그리 힘들지는 않을 겁니다"라고 했는데 …. 도장부는 전처리(일명 '파워'), 터치업T/UP, 스프레이 등 3개 직종으로 이루어져 있는데 그중 터치업을 하게 됐다. 터치업은 붓과 롤러를 사용해 손으로 하는 도장을 말한다. 깡통(페인트를 섞는 약 4리터짜리 용기), 롤러, 인치붓, 끌칼, 스크레이퍼, 보루, 안전벨트, 보안경, 안전모, 귀마개, 빗자루, 작업복(도장용), 방독마스크, 승선증, 작업증, 플래시 등을 챙겨 승선했다. 16가지 준비물을 꼼꼼히 챙겨 작업에 들어가야 한다. 조선소는 반 단위가 최소 작업단위이자 관리단위인데, 내가 속하게 된 반은 10여 명이 한 반으로 구성되어 있었다.

국민체조와 조회를 끝내고 첫날 작업이 시작되었다. 첫날이니 모든 작업 도구를 두고 따라와서 구경만 하라고 했다. 긴장과 불안감을 안고 들어간 탱크. 캄캄한 동굴에 전등 몇 개 켜놓은 듯 어두침침한 탱크는 그 자체로 사람을 주눅 들게 만들었다. 20~30미터 높이를 좁은 계단이나 수직사다리를 타고 내려갔다. 당시 내 몸무게가 82킬로그램이었으니 초보인 나에게는 오르내리는 것 자체가 매우 힘들었다. 하루, 이틀, 사흘째 되는 날 '아, 이러다 죽겠다' 싶었다. 배에서 일한다는 것 자체가 나에게는 생사를 오가는 일이었다. 일이 문제가 아니라 살부터 빼야 했다. 나흘째부터는 하루 한 끼만 먹었다. 아침 거르고, 점심 먹고, 저녁에는 탄수화물을 끊었다. 그렇게 4개월 동안 17킬로그램을 빼 65킬로그램이 되었다. 몸이 가벼워지는 동안 조선소에 필사적으로 적응했다. 한 달에 한 번씩 근로계약서를 작성했고, 페인트 희석부터 터치업하는 방법, 에어호스(도장 뒤 건조를 위해선 공기가 필요하다) 설치 방법 등 도장에 필요한 실무 기술을 익혀갔다.

문제는 고소공포증이었다. 나는 운전하면서도 다리를 통과할 때면 시속 120킬로미터로 달린다. 빨리 지나가야 하니까. 조선소에서 보통의 액화천연가스LNG 운반선은 길이 300미터, 높이 30미터 정도이니 얼마나 무서웠는지 하루하루가 공포였다. 어느 날 갑판에서 지상 안벽으로 25미터 통에어호스를 연결해 두세 개 내리는 일이 있었다. 안벽에 있는 동료는 "형님, 빨리 안 내리고 뭐하는교?"라며 고함을 치며 닦달했다. 후들후들 떨면서 내렸는데 지금 생각하면 웃음이 나지만 그때는 정말 죽을 맛이었다. 또 어떤 날은 탱크 안에서 길을 잃어 30분 동안 동료 노동자들을 찾아 땀을 비 오듯 흘리며 헤매기도 했다.

일당 10만 5000원을 받다가 4개월 뒤에 11만 5000원으로 올려 받았다. 반원들이 일당을 올려달라고 반장한테 이야기해준 모양이었다. 4개월 만에 A급 일당을 받게 된 것이다. 죽을 각오로 일한 덕분에 반원들에게 인정받은 것이다. 그런데 반원들은 거의 15년 이상 도장공으로 일해왔는데 임금이 같았다. 조선소 임금이라는 것이 경력도, 기술 능력도 깡그리 무시하고 오직 '일당 얼마'로 임금을 책정하니 미안한 마음이 들었다. 그렇게 조선소에서 몇 달 일하면서 서서히 의문이 들기 시작했다. '조선소 노동자는 왜 이렇게 저임금으로 일을 할까?'

조선소의 하루는 새벽부터 시작이다. 오전 8시부터 업무가 시작되지만 많은 노동자가 오전 6시에서 7시 사이에 출근한다. 조선소에서 밥 먹고 샤워한 뒤 작업 현장에는 7시 30분 전에 도착한다. 처음에는 왜 그러는지 이해하기 힘들었지만 차츰 이유를 알게 되었다. 일찍 출근해야 작업 준비가 가능했다. 이른바 깡통을 싸고(터치업용 비닐봉지), 강아지(롤러붓) 깎고, 인치붓을 자르고, 16가지 준비물을 챙겨야 하니 어쩔 수 없었다.

탱크 안에서 작업하는 도장공은 바다로 들어가는 해녀와 같았다. 한 번 들어가면 다시 나오기가 힘들었다. 화장실 가거나 담배 피울 때를 빼곤 아침에 들어가면 점심 먹을 때나 나왔다. 탱크 속에서 하는 도장 작업은 일도 힘들지만 무엇보다 유기용제 때문에 고역이다. 페인트에 경화제와 시너를 희석해야 하므로 도장 과정에서 유기용제 가스가 탱크를 가득 메운다. 방독마스크를 끼고 작업하지만 그것만으로는 100퍼센트 차단이 불가능하다. 일하다 보면 눈은 따갑지, 머리는 아프지, 호흡하기는 힘들지 정말 죽을 맛이다. 어떤 노동자는 구역질을 하기도 했다. 회사에서 연 2회 건강검진을 하는데 할 때마다 오줌 검사에서 발암 성분이 나왔다. 마스크를 벗고 일하는 도장공도 간혹 있는데, 살려고 일하는지 죽으려고 일하는지 알 수 없었다.

대우조선에 취업한 지 6개월이 되던 2019년 1월 25일, 도장 작업을 하던 노동자가 추락해 사망했다. 수많은 노동자가 죽어 나갔다고 들었는데 입사 후 처음 겪는 일이었다. 도장공은 유기용제뿐만 아니라 고소 작업의 위험에도 노출되어 있다. 규정상 당연히 안전벨트를 차고 일해야 하지만 무거워서 잘 차지 않으려고 한다. 평소 고소 작업을 할 때 항상 위험을 느끼고 일했는데, 실제로 노동자가 죽는 것을 보면서 '아, 나도 저렇게 죽을 수 있겠구나' 생각하니 섬뜩했다. 조선소에서 일한 3년

3개월 동안 동료 노동자들이 추락사고로, 심정지로, 더위로, 용접하다 가 죽었다. 일부는 산업재해 인정을 받았으나, 어떤 노동자의 죽음은 개 죽음이 되기도 했다.

조선소 노동자들과 제법 친해지면서 참 많은 이야기를 나누었다. 주로 불평불만이다. 이야기 중 절반이 욕이다. 하청 사장 욕은 '돈 떼먹는 다'는 내용이고, 원청 욕은 주로 원청에 속한 노동자들을 향했다. 왜 하청노동자들이 원청 사장이 아닌 정규직 노동자를 욕하는지 파악하는 데 그리 오랜 시간이 걸리지 않았다. 정규직과 비정규직 노동자 사이의 차별은 분단의 벽처럼 공고하고 단단했다. 원청 정규직 노동자한테는 노동조합이 있었다. 하청노동자는 자신들이 수십 년간 노동조합을 만들어 투쟁하고 자신의 권리를 쟁취하고, 투쟁하다가 죽어간 사실에 관심이 없었다. 단지 자기 삶과 비교해 너무 큰 차별이 있기에 거의 본능적으로 싫어했다.

조선소는 활황기에 돈을 많이 벌었다고 한다. 도장공도 한 달에 500~700만 원을 받았다고 한다. 현재 내가 받는 임금은 1공수(조선소에 서는 하루 일을 1공수라고 함)에 12만 5000원이다. 30일 일하면 세전 375만 원이다. 거기다가 1시간 잔업하면 1만 5000원이니 하루 4시간씩 30일 일하면 180만 원. 합치면 555만 원이다. 월 500만 원은 하루도 쉬지 않고 매일 밤 10시까지 일해야 받을 수 있는 돈이다. 당시에는 최저시급이 훨씬 적었으니 한 달에 몇 시간 일했을까 생각해보면 끔찍하다. 하지만 이것도 지난날 추억이 되어버렸다. 조선업 위기라는 요즘에는 일이 없어 하루 8시간 근무에 잔업은 0, 토·일요일은 휴무니 한 달에 20공수, 임금 200만 원 안팎이다. 심지어 무급인 여름휴가나 명절이 끼어 있으면 월 150만 원 정도다. 언제 어떻게 죽을지 모르는 위험구역에서 일하지, 유기용제에 노출되어 서서히 죽어가지, 인간 대우를 받기는커녕 중세시대 노예처럼 살아야 하지, 하청노동자들이 "조선소는 생지옥이다"라고 하는 말은 그냥 하는 소리가 아니었다.

이 생지옥을 살아가는 노동자의 모습은 철저히 개인적이다. 조선소 안에는 수십 개의 식당과 샤워장이 있다. 점심시간이 되면 줄을 서서 기다리는데 식당 문이 열리자마자 서로 먼저 먹으려고 뛴다. 마치 〈동물의 왕국〉에서 먹이를 서로 먹으려고 쫓아가는 동물들처럼. 수십 수백 명이 이용하는 샤워장 바닥에는 수건이 여기저기 널브러져 있다. 수건함이 있지만, 그냥 자기만 닦고 바닥에 던져버린다. 처음에는 놀랐지만, 곧 왜 그런 행동을 하는지 알게 되었다. 조선소에서 일하는 것이 1도 즐겁지 않고, 대우조선에 대한 소속감은 1도 없다. 하루 잘 개기다가 살아 나가는 것이 전부였던 것이다.

나는 3년 3개월 만에 내가 속한 도장부에서 최고 고참이 되었다. 나처럼 한 회사(하청업체)에서 붙박이로 일하는 노동자는 거의 없다. 여기저기 다른 하청업체로 떠돌아다니는 것이 일반적이었다. 단돈 1000원이라도 더 주면, 잔업 많다고 하면 옮긴다. 다닌 회사의 이름을 말해 보라고 하면 기억 못할 정도로 많이 옮겨서 모른다고 한다. 이른바 진보 정부라고 하는 지금, 조선소는 아직도 전태일 열사의 평화시장이다.

조선소에 들어온 지 2년 7개월이 지난 2021년 4월, 도장공의 파업이 벌어졌다. 도장부에 속한 전처리 노동자가 이끌었고 터치업, 스프레이 노동자도 힘을 보탰다. 도장부는 90퍼센트 이상이 일당제이다. 일하면 돈 주고, 일 안 하면 돈을 안 준다는 식이다. 그동안 1~3개월짜리 근로계약서를 계속 작성했는데, 3년이 넘었으니 무기계약으로 전환되어야 했지만 여전히 일당제였다. 그러니까 도장공의 파업이란 사실 파업이 아니라 그냥 노동하지 않는 것이다. 그렇게 따지면 사용자들도 할 말이 없어야 하는데, 그들은 근태가 어떻고, 무단결근이 어떻고 말이 많았다.

300여 명이 모여 23일간 파업을 했다. 그동안 잘릴까 봐 아무 말도 못했던 노동자들이 무려 23일간을 파업하다니. 그 과정에서 노동조합에도 가입했다. 23일의 투쟁은 대우조선을 중심으로 하는 거제통영고성조선하청지회 간부들의 헌신적인 노력과 투쟁 끝에 승리로 이어졌다. 덕분에 근로계약서를 1년짜리로 바꾸었고, 휴가비(설·추석 각각 15만 원, 여름휴가비 10만 원), 블랙리스트 금지, '데마치'(강제무급휴가) 금지 등을 쟁취했다. 그동안 없었던 퇴직금도 얻어냈다. 조선소 도장 노동자들은 포괄임금제로 계약했다. 포괄임금 안에는 연차와 휴일 등 법정 수당이 다 포함되어 있고, 기본급은 최저시급이다. 게다가 그전까지는 퇴직적치금이라는 명목으로 노동자들에게서 임금을 공제했으니 기가 막힐 노릇이었다.

하청업체가 노동조합과의 합의를 거부해 그 아래 9개 도장업체 대표와 업체별 노동자 대표가 맺은 합의에 그치긴 했지만, 하청노동자에게는 정말로 소중한 성과였다. 특히 나에게는 너무나도 큰 감격이었다. 4월 파업투쟁 이후 6월에 다시 조선하청지회 도장분회 이름으로 정식 교섭공문을 보냈다. 아니나 다를까 하청업체는 공동교섭을 거부했기에, 결국 개별업체 단위로 교섭할 수밖에 없었다. 그것도 대단한 일이지만. 6차에 걸친 교섭 끝에 '수용 불가'라는 사용자의 답변이 돌아왔다. 특히 돈과 관련된 것은 100퍼센트 수용 불가란다. 안전보호장구를 지급하라는 것도 수용이 아니라 '검토'하겠다고 했다. 그뿐이 아니었다. 4월 투쟁의 성과인 휴가비를 지급하지 못하겠고, 데마치도 다시 하겠다고 엄포를 놓았다. 우리에게는 다른 선택지가 없었다.

11월 1일 드디어 합법적인 쟁의권을 확보했다. 대한민국 조선소 역사상 하청노동자가 합법적인 쟁의권을 확보한 것은 처음이란다. 1978년 대우조선이 창립되고 처음 있는 일이었다. 대한민국 헌법에 보장된 단체행동권을 합법적으로 행사하게 되었으니 도장 노동자들도 비로소 대한민국 국민으로 인정받게 된 것이다. 파업권을 쟁취하고 열흘 뒤인 11월 11일 낮 12시, 대우조선 민주광장에서 첫 부분파업이 있었다. 간부들은 6시간 파업, 조합원들은 오후 4시간 파업하고 400여 명이 모였다. 모두가 손을 잡고 '아, 이제 우리는 인간답게 살아갈 최소한의 준비를 하고 있구나' 하며 감격하고 또 감격했다. 〈임을 위한 행진곡〉도 〈파업가〉도 우리의 노래가 되었다.

진짜 첫 파업을 마치고 행진을 시작했다. 도장업체 중 가장 악질적인 사업장 앞으로 찾아가 규탄집회를 하고, 하청노동자들의 진짜 사장이 있는 본관으로 향했다. "대우조선 진짜 사장, 원청 사장은 나와라!" 목 터지게 외치며 본관으로 당당하게 걸어갔다. 2020년 12월 용접작업을 하다 쓰러져 결국 사망한 김도영 노동자에 대한 추모를 마치고, 다섯 분의 열사 추모비를 지나 원청 본관의 이른바 지원센터라는 곳에 도착했다. 철옹성 같은 버스 차벽은 하청노동자의 앞날이 얼마나 험난할지를 말해주는 듯했다. 하청노동자들은 그 차벽을 '거머리 산성'이라고 불렀다. 거머리는 피를 빨아먹는다. 하청노동자들의 피를 빨아먹는 원청의 차벽은 말 그대로 거머리 산성이었다. 거머리 산성 앞에서 구호를 외쳤다. "대우조선 진짜 사장 원청을 박살내자!" 하청노동자가 가야 할 최종 목적지가 바로 그곳이었다. 옥포만 바닷바람을 타고 조선하청노동조합의 깃발이 펄럭였다.

강인석 (2021)

216

종합병원

✦

의료법에 규정되어 있는 여러 진료 과목을 고루 갖춘 병원.

겨울이 막바지에 들었나 보다. 엊그제와 다르게 바람의 찬 기운이 많이 누그러졌다. 달력으로는 아직 2월의 끝 무렵이다. 두꺼운 외투를 걸치고 출근할 때와 달리 왠지 산뜻해지고 싶은 날씨다. 어제 노사협상에서 좋은 소식이 나오지 않았을까 하는 기대와 함께 병원 문으로 들어섰다. 작업복으로 갈아입고 믹스커피 한 잔을 타서 나오는데 앞 번 근무자가 자못 상기된 표정으로 말한다. 표정에서 어제 협상 결과가 좋지 않음을 직감했다.

"에이! 이번에도 우리 상용직 요구는 꽝이야."

"지부장님한테 상용직 처우 개선 힘써달라고 했고, 아직 협상 중이니 더 지켜보자."

"에이 씨벌! 매번 해봤자 정규직 자기들 것만 챙길 줄 알지. 언제 우리 같은 상용직 신경 쓴 거 있나. 너는 열 안 받아? 업무와 관련해서 차이가 나는 거야 인정하지. 그런데 정규직은 가족수당이고 아이들 보육수당이고 다 나오는데 우린 왜 안 주는 건데? 상용직은 어디서 주워온 거지새끼야."

"그게 사측이 나쁘지 조합 잘못은 아니잖아."

그렇게 조합을 대변했지만, 나 역시 씁쓸한 기분이 드는 것은 어쩔 수 없었다. 내가 일하는 병원에는 정규직과 상용직으로 직제가 구분되어 있다. 상용직은 정규직 임금의 70여 퍼센트 정도를 받는다. 정규직은 매년 호봉이 인상되지만 상용직은 호봉 자체가 없다. 직급수당이라고 해야 쥐꼬리만큼이고, 정규직은 다섯 배 이상 받는다. 그중 제일 화가 나는 것은 가족수당이나 보육수당처럼 업무와 관계없는 복지 차원의 수당도 상용직은 제외되는 것이다.

퇴근 후 쓰린 맘을 달래려 한잔했다. 멀쩡한 정신으로 들어가면 화가 나서 잠을 이루지 못할 것 같았다. 아파트 입구에 들어서니 취기가 올라왔다. 몸과 맘은 지쳐 있었다. 집 거실에 불이 켜져 있다. 가장이 한잔하고 들어올 때 혹여 넘어질까 걱정되어 불을 켜놓고 잠들었을 가족들을 생각하니 가슴이 아렸다. 눈물이 날 것 같아 담배를 챙겨 밖으로 나왔다. 보름달이 환하게 세상을 비추고 있었다. 누구에게나 고루고루 잘난 놈 못난 놈 가리지 않고 비추고 있었다. 문득 지난 20대 청춘을 훌쩍 보낸 목재공장 생각이 났다. 월급이 많지 않았고 남들이 뒤에서 공돌이라 쑥덕거렸어도 지금 생각해보면 그때가 제일 행복했다. 월급은 적었지만 차별은 없었다. 정규직, 비정규직 그런 구별이 존재하지도 않았다. 나이가 많고 적음에 따라 형, 동생이 되면 그뿐이었다. 어쩌면 지금보다 더 가난했고 회사도 노동자를 더 쥐어짰지만, 노동자들은 하나였지 결코 둘이 아니었다.

　그렇게 겨울이 가고 어느새 봄이 왔다. 진달래꽃이 한창 피어 곳곳에서 진달래 축제가 열릴 즈음 내게도 생각지 못한 기회가 왔다. 우여곡절 끝에 정신과 병동에서 정규직이 그만둔 빈자리로 들어가게 된 것이다. 옮겨간 곳은 정규직 간호조무사 티오였고 정규직과 똑같은 일을 했지만, 상용직인 나의 처지는 변하지 않았다. 그래도 개의치 않았다. 희망이 있었기 때문이다. 오로지 간호조무사 자격증을 따서 정규직이 되겠다는 목표만이 눈앞에 놓인 최우선 과제였다. 목표가 생기니 마음이 급했다.

　다음 날 간호조무사 학원을 알아보니 비용이 만만치 않았다. 학원비가 200만 원이었다. 매달 빠듯한 살림에 며칠을 고민하다, 자격증을 따 정규직이 되는 것에 투자한다 생각하고 등록하기로 아내와 함께 결정했다. 학원에서 이론 수업과 현장실습으로 정해진 시간을 이수하면 시험을 볼 수 있고, 총 60점 이상을 맞으면 자격증이 나온다. 내 나이 40대 중반에 이제 갓 사회로 나서는 20대 초반 학생들과 함께 수업을 듣고 현장실습을 해야 했다. 학원에서야 어차피 모르는 사람들이니 창피해도 무시할 수 있지만 실습은 그렇지가 않았다. 병원에서 정규일 마치고 다른 부서에 가서 심부름이나 허드렛일을 해야 한다. 근무가 없는 날 실습을 하고, 근무 들어가기 전 다른 부서에 가서 실습하면 얼굴 아는 사람들이 물어본다.

　"어? 7층에서 근무하는 거 아니에요?"

　"간호조무사 시험 보려고 실습하는 중이에요."

　"아! 그렇구나. 힘드시겠어요."

　물론 쉬는 날 나와서 실습하고 또 정상적인 근무를 하려니 몸이 피곤한 거야 당연하지만, 그보다 더 힘든 것은 직원들의 질문이었다. 오가며 툭 던지는 물음에 일일이 대답하다 보니 짜증이 났지만 표정은 항상 웃는 얼굴이어야 했다. 상용직에서 정규직으로 들어가려는 몸부림이 정규직의 눈에는 어떻게 보일까 생각하니 내 모습이 초라하게 느껴졌다. 그래도 참고 견뎌야 했다. 이 시간이면 학교에서 돌아와 학원 대신 지역아동센터에 갔을 아이들과 변변치 못한 남편을 가장이라 믿어주는 아내가 있기에 모든 것을 참아야 했다. 그저 이 시간이 어서 지나가기를 바랐다. 그리고 자격증을 따고 정규직이 되는 상상을 했다. 잠시나마 정규직 상상을 하면 힘든 것도 잊어버렸고, 책을 한 장 더 넘기고 실습을 한 시간 더 할 힘이 생겼다. 회사에서 학원으로, 집에서 학원 들러 다시 회사로 1년을 보냈다.

마침내 지난하고 힘겨운 실습과 학원 수업을 마쳤다. 추운 겨울이 가고 따스한 봄이 왔다. 아파트 담 아래 영산홍이 활짝 피었을 때 간호조무사 시험을 보았다. 합격이었다. 합격자 발표를 확인하고 맨 먼저 아내에게 전화했다.

"여보! 합격이야."

"그래요? 잘했어요. 여보! 다 떠나서 오늘까지 오는 과정에서 정말 애썼어요. 오늘 당신 아주 멋져요. 퇴근하고 한잔해요."

"에이~ 뭘. 옆에서 도와준 당신이 고맙지요."

그랬다. 1년 넘게 학원 때문에 늦고, 실습하느라 늦게 들어가도 짜증 한 번 없이 묵묵히 뒤를 받쳐준 아내가 있었기에 마음 편하게 준비할 수 있었다.

자격증 사본을 노동조합에 보여주고 회사 총무과에 제출했다. 그리고 직종 전환을 해달라고 요구했다. 내가 일하던 자리는 정규직이 그만둔 자리였고, 내가 자격을 획득했고, 단체협약에도 "직원이 전직을 위한 자격을 획득하면 전직을 위해 노력한다"라고 나와 있기에 나의 주장은 정당했다. 전직 요구를 해놓고 초조하게 시간이 지났다. 보름이 지나도 회사에서 별 이야기가 없어 노조를 찾아갔다.

"지부장님, 제 직종 전환에 대해 어떻게 되고 있는지요?"

"그게 총무과장 만나서 이야기했는데 병원에서는 티오가 없다고 하네요."

"정규직 직원이 그만두고 그 자리에서 제가 일하고 있는데 그 티오는 남아 있는 거 아닌가요?"

"그런데 병원에서는 얼마 전 병동에서 뽑은 계약직까지 포함해서 지금 티오가 넘었다고 말하네요. 다음 주 노사협의 때 공식적으로 이야기해볼게요."

조합을 나오는데 망치로 한 대 맞은 것처럼 멍해졌다. 그리고 일주일이 지났다. 오가며 만나는 동료들이 걱정스럽게 과정을 궁금해하며 희망 담긴 말을 해주었지만 나는 여전히 불안했다. 노사협의 다음 날 조합을 찾았다. 문을 열고 들어서자 내가 온 이유를 알고 있는 듯 지부장이 먼저 말을 꺼냈다. 병원 측에서 말하기를 티오가 없어 지금은 해줄 수 없고 다음에도 확약하기 어렵다는 것이다. 상용직에서 정규직이 되는 것을 인정하지 않겠다는 완곡한 표현이자 핑계일 것이다. 어쩌면 조합 활동을 열심히 하는 내가 회사 눈에 좋게 보이지 않아서 더욱 그랬는지 모르겠다. 그렇다면 … 그렇다면 … 정규직은 멀어지는 것인가. 자격증을 따기 위해 보낸 시간과 적지 않은 돈, 그리고 창피함을 무릅쓰고 쏟았던 내 노력과 열정은 물거품이 되는 것인가.

정규직과 비정규직. 이것은 사회가 만들어낸, 노동자들을 갈라놓는

악법이다. 회사가 비용이 적게 드는 비정규직을 늘리기 위해 정규직을 반대하는 것도 알고 있다. 그런데 노동조합이 보여주는 형식적인 듯한 모습에도 화가 나고 서운했다. 이런 마음이 내 자격지심 때문인지, 아니면 그동안 정규직이 보여준 상용직에 대한 홀대 때문이었는지 모르겠다. 퇴근 후 동료와 한잔했다. 내 기분을 아는 동료가 위로해주었다. 쓴 소주가 술술 넘어갔다. 정규직과 같은 자격이 있고 똑같이 출근하고 같은 일하고 똑같이 쉬는데 왜 차별이 있는지, 나는 왜 정규직이 안 되는지 이해가 되지 않았다. 회사에 화가 나고 노동조합도 야속했다. 술이 얼큰할 때 벽에 걸린 티브이에서 가수 인순이가 부른 〈거위의 꿈〉이 흘러나왔다. 가사 한 구절 한 구절이 살을 에고 심장에 스미듯 박혔다. 그렇게 술에 취하고 노래에 취했다.

동료와 헤어지고 아파트에 도착하니 현관 앞에서 아내가 기다리고 있었다. 비척거리는 모습에서 오늘 상황을 이해한 듯 말없이 손을 잡아주었다. 소파에는 아들의 책가방과 책들이 널려 있고 그때까지 졸음을 참고 아빠를 기다리던 아들이 달려와 팔에 안겼다. 아토피 때문에 먹고 싶은 것도 제대로 못 먹어 갈비뼈가 앙상한 개구쟁이 아들을 안으니 왜 이렇게 서러운지 눈물이 났다. 딸이 방문을 열고 나왔다. 나를 딸바보로 만드는, 이 세상에 제일 예쁜 딸이다.

"아빠, 울지 마. 무슨 일 있어?"

"아빠가 꿈이 있었는데 그 꿈이 잘 안 돼. 그래서 아빠는 슬프단다. 오늘 조금 힘들어서 그래. 태권도도 보내주고 예쁜 공주 옷도 사주고 싶은데 아빠가 많이 미안해."

딸과 아들이 품에 안겨 눈물을 닦아주었다.

"아빠. 우리는 아빠가 제일 좋아. 그리고 우리 학원 안 가도 되고,

옷 안 사줘도 되니까 아빠 울지 마."

"미안하다. 우리 공주랑 씩씩한 아들. 아빠가 좀 더 힘낼게. 자~ 약속!"

눈물을 닦아주는 아이들 손을 꼭 잡으며 마음속 다짐을 했다. 결코 여기서 주저앉지 않겠다고.

며칠간의 고된 밤 근무가 끝났다. 인터넷을 뒤져 자료를 찾아보았다. 억울함을 호소하고 내 권리를 찾고 싶었다. 국가인권위원회와 지방노동위원회에 진정하는 방법이 있었다. 그러나 결정은 쉽지 않았다. 진정이란 것은 개인이 회사와 다툼을 벌이는 것이고 만약 패하면 뒷일은 오롯이 혼자 감당해야 한다. 진정하는 순간 회사는 어떻게 나올까? 면담하자고 할까? 아니면 비웃음 가득한 표정으로 콧방귀도 끼지 않을까? 진정을 내는 것이 제일 나은 방법일까? 갖가지 상상을 하다 보니 내가 두려움에 차 있다는 것을 알았다. 내 요구가 정당한 것이 맞나 하는 회의까지 들 정도였다. 그해여름은 유난히 무덥고 비 한번 시원스레 내리지 않았다. 타는 목마름으로 내 마음은 가문 논바닥처럼 바짝바짝 말라가고 있었다.

이제는 선택해야 했다. 친한 동료에게 국가인권위에 진정할 생각이라고 조심히 말을 꺼냈다. 반응은 부정적이었다. 조급히 생각하지 말고 조금 더 기다려보자는 것이다. 조합을 찾아가서 생각을 말했다. 마찬가지였다. 하지만 주위 말을 예상했기에 내 결심은 흔들리지 않았다. 내 주장이 한 치도 부끄럽지 않다는 것을 믿었다. 회사의 시혜를 기다리며 그들의 눈에 들기 위해 내 자존심을 꺾지 않을 것이다. 결과에 책임을 질 것이고, 회사의 탄압이 오면 꿋꿋하게 맞설 것이다. 내 주장이 인권위에서 받아들여지지 않더라도 결코 도망치거나 용서를 구하지도 않을 것이다.

이른 아침으로 찬 이슬이 내렸다. 가을이 깊어가고 있었다. 밤 근무를 끝내고 돌아와 지친 몸으로 잠이 들었다. 후둑! 후두둑! 창문을 때리는 빗방울 소리에 잠이 깼다. 심호흡을 하고 컴퓨터 전원을 눌렀다. 라디오를 켜고 국가인권위 홈페이지를 찾았다. 불안도 걱정도 없이 그저 담담했다. 이름 석 자를 또박또박 적고 그동안 정리해온 내용을 첨부했다. 마지막으로 확인을 클릭했다. 내 싸움은 다시 시작이다. 접을 수 없는 도전, 그리고 꿈이라는 날갯짓을 멈추지 않고 차가운 운명이란 벽을 넘어 하늘을 날아갈 것이다. 나 웃는 그날을 위해서.

| 한재호(2016) |

주민센터

✦

각 행정동을 관리하고 주민 생활 업무를 처리하는 행정기관.

"직원이세요?"

어떤 의도도 품지 않은 것이 분명한 이 질문에, 머리가 순간 복잡해졌다. 마음도 함께 덜컥 내려앉았다. 사람에 따라서는 내가 머뭇거린다고 느낄지도 모르겠다. 내가 서 있는 곳은 서울의 한 동 주민센터 입구. 내가 처음 민원인에게 건넨 말은 "어떤 업무 보러 오셨을까요?"였다. 나는 '청년 보안관'이다. 코로나19로 경제적 위기에 처한 청년들을 위한 일자리였다. 3개월을 꽉 채워서 일했고, 이제 한 달여 정도가 남았다.

'청사 안전 관리', '민원인 응대'가 내 기본 업무지만, 실질적인 역할은 '진상 퇴치'다. '악성 민원인'이 아마도 공식적으로 쓰이는 단어일 테지만, '진상'이 가장 적절하지 않을까 싶다. 그런데 나는 악성 민원인을 대하는 방식과 법적 책임에 관련된 교육을 받은 적이 없다. 구청의 일자리경제과 사무실에서 계약서를 쓰고 거주지와 가까운 주민센터(동사무소)로 파견되는 개념이었고, 나는 주민센터 입구에 서 있는 것으로 하루를 보낸다. 지인들이나 친구들에게는 흔히 "은행에 있는 청원경찰 같은 역할"이라고 소개하곤 했다. 그러나 구청에서 나눠준 것은 실내에서 입을 수 있는 플리스 자켓 하나뿐 내가 안전을 담당하고 있음을 보여주는 표식은 없다. 청원경찰의 '총'까지는 아니더라도 최소한 내 몸 하나 지킬 수 있는 무언가가 있으면 좋겠다 싶은 생각이 든다.

신체를 쓰고 안전과 관련된 일을 하는 터라 한 달에 한 번 안전교육은 받는다. 하지만 '무거운 물건을 들 때 허리를 조심하는 방법'이나 '위험물 취급 시 주의사항' 등의 교육은 내가 실제로 해야 하는 일과 아무 관련이 없다. 가끔 나는 궁금해진다. 진상 민원인을 실제로 진압한다면 그 책임은 누가 질까? 구청이 나를 대신해 책임질까, 아니면 내 판단에 의한 일이니 모든 책임도 내가 져야 할까? 그리고 무엇보다 내가 위해를 입는다면 치료비는 누가 댈까? 만약 죽는다면 공적인 죽음일까 사적인 죽음일까? 이런 고민을 해야 하는 것 자체가 잘 이해되지 않았지만 하지 않을 수 없었다. 각자의 자리를 지키고 있는 내 눈앞의 정규직 공무원들은 공무원노동조합의 보호가 있겠지만, 나는? '기간제 근로자'라는 이름으로 근무하는 나를 보호할 노동조합이 있는지조차 알지 못한다.

이런 사실을 가끔 깨닫곤 몸도 마음도 순식간에 무너져내리는 시간이 많다. 하지만 다시 추스르고 다음 날 출근을 하지 않으면 내 생계가 무너진다. 그러니 내가 실제로 할 수 있는 일이란, 진상 민원인이 말 그대로 '진상짓'을 시작할 때 뒤에서 '누군가 당신을 지켜보고 있고, 유사시에 공무원을 보호할 인력이 있다'는 경고의 의미를 담아 '서 있는 것'

이다.

　평범한 날이었고, 아무런 전조증상도 없었다. 그날 진상 민원인은 공무원에게 반말을 하는 것도 모자라, 업무가 빨리 진행되지 않자 소리를 치기 시작했다. 주민센터는 일순 조용해졌다. 나는 양손을 공손히 모은 채 가만히 진상 뒤에 섰다. 진상이 나를 발견하고, 뒤돌아 나에게 왔다. "너는 뭐하는 놈이야?" "보안관입니다." 그게 뭐냐고 묻는 말에, 나는 많은 말을 할 수 없었다. "보안 업무와 안전 업무를 하고 있습니다"라고 말했으면 되었을까, 아니면 "당신 같은 진상을 퇴치하는 일을 하고 있습니다"라고 말해야 했을까. 내가 아무 말 없이 가만히 서 있자 그가 내게 말했다. "보안관은 무슨 보안관이야, 그냥 민원 도우미지! 사람들한테 위압감이나 주고! 여자들 집적대기나 하고!"

　말했듯이 나는 겉으로 볼 때 아무런 표식도 갖추지 않았다. 근무복으로 받은 플리스 자켓 어디에도 보안관 역할을 알려주는 마크는 없다. 민원 안내 도우미가 맞을지도 몰랐다. 왜 저 진상은 자신에게 아무런 해도 가하지 않은 내게 저런 이야기를 하는 걸까? 그래서 진상일까? 그렇다면 나는 저 진상을 퇴치할 일종의 의무가 있는데, 가만히 이야기를 듣는 나는 정말 의무를 다하고 있는 걸까? 악성 민원인을 만나든 일반 민원인을 만나든 매번 생각이 많아진다. 오래 서 있어서 다리가 아팠지만 다리보다 머리와 마음이 더 아팠다.

　또 다른 날이었다. 행정 사고로 주거지가 사라진 탓에 '거주지 불명'이 된 민원인이었다. 한참을 담당 공무원에게 따지고 또 따지고 반복해서 따졌다. 나는 그날도 서 있었다. 아무 말도 하지 않고, 심지어 그 어떤 표정도 짓지 않겠다는 노력으로 얼굴의 모든 근육에 휴식을 명령하고 서 있었다. 나는 분명 가만히 있었다. 근데 그 민원인이 나에게

다가왔다. "뭐하는 사람이에요?" 나도 내게 매일 하는 질문. 나는 뭐하는 사람일까? "보안관입니다." "이름이 뭐예요?" "제 이름은 왜 …?" 그리고 마침내 할 말이 없어지는 질문이 내 온몸과 마음에 박혔다. "여기 직원이에요?"

아, 그냥 처음 물었을 때 말해줄 걸. 후회하며 이름을 말했다. 번호표 뒤에 내 이름을 적어가는, 아직까지는 '진상'이라고는 부르기 애매한 민원인. 목소리는 다소 높았고 시간은 질질 끌었지만 잘 마무리되는 듯했다. 그가 일을 마치고 주민센터 밖으로 나가는 것을 곁눈질로 보았다. 진상이 아니었구나. 하지만 10분 뒤에 다시 돌아와 말했다. "아까 저 사람이 나 녹화한 것 같은데 확인해보고 싶어요." 문장 속의 '저 사람'은 나였지만, 내게 한 말은 아니었다. 나는 입구에서 언제나처럼 가만히 서 있었는데 나에게 직접 묻지 않고 안쪽 자리에 앉은, 민원인과의 거리가 제일 먼, 직급이 가장 높아 보이는 팀장님에게 가서 말하고 있었다. 내가 불법으로 녹화한 것 같으니 확인하고 싶다고 말하는 목소리가 내 귀에 들렸다. 아닌데, 나는 녹화 같은 거 안 했는데. 그냥 서 있기만 했는데.

내 핸드폰을 보여드렸다. 전날 맛집에 들러 찍은 음식 사진이 제일 마지막 사진으로 저장되어 있었다. 이 집, 맛있었는데. 혼자 생각했다. 그는 자신이 아까 공무원에게 요구한 게 불합리한 것이었냐고, 진상짓을 한 것이냐고 물었다. 솔직히 대답하고 싶었다. 네. 진상이십니다. 하지만 아무 대답도 하지 않았다. 그냥 가만히 서서 아무런 표정도 짓지 않았다. 팀장님이 오셔서 계속 이러시면 업무 방해가 된다고 안내해도 쉽게 자리를 떠나지 않았고, 끝까지 나를 걸고 넘어졌다. 분명 뭔가를 찍는 것 같았다고, 사진첩 말고 녹음 기능도 보고 싶다며. 내가 녹음된 파일들을 보여주자 그제야 주민센터를 떠난다. 이런 악성 민원인에게 내 휴대전화를 보이고 이름을 말하는 것에 대한 법적 기준은 있을까. 가만히 다시 자리에 서서, 내가 위해를 당할 경우 저것만이 나를 지키는 최소한의 수단이 되겠구나 하는 눈빛으로 청사 내 CCTV 카메라를 보았다.

나는 서 있다가 민원인이 들어오면 "어떤 업무 보러 오셨을까요?"라고 물은 뒤, 일선 공무원보다 먼저 민원인을 분류한다. 번호표가 필요한 행정 민원인지, 번호표 없이 바로 상담이 가능한 복지 업무인지 판단한다. 같은 공간에 있었지만 공무원 연금에도 가입되지 않고, 공무원노동조합에는 당연히 가입할 자격조차 없는 사람. 임시적인 일을 하는 사람. 1년 이상 근무하지 못하니 퇴직금은 언감생심이고, 일하면서 다치거나 죽지 않기만을 바라는 하루의 연속이다. 나는 시험을 치지 않았으니, 나는 국가에서 정한 최소한의 선을 넘지 못했으니, 내 삶을 영위하기에 충분한 월급도 받지 못했다. 연차도 쌓이지 않고, 같은 공간에 있는 공무원들이 받는 혜택은 하나도 받지 못하는 것도 울적했지만, 내가 진정으로 울적했던 것은 도대체 나는 여기서 무슨 일을 하는 사람일까 하는 생각이 들어서였다. 누군가는 편한 일자리라고 하겠지만, 나는 불편하고 어색했다. 무엇보다 위험에 너무 가깝게 노출되어 있었다.

그저 안전하게 하루가 끝나기를, 내년에는 비정규직이 아닌 일자리를 찾을 수 있게 되기를 바라지만 어느 하나 확실한 답은 얻지 못하고 시간은 흘러간다. 사람들은 구청에서 뽑았으니, 지자체에서 뽑았으니 나름 편하게 지내는 것 아니겠냐고, 적어도 벽으로 막힌 곳에서 일하니 날씨 영향도 없고 기본적인 안전도 보장되는 것 아니겠냐고 말한다. 그러나 여기도 비정규직 일자리로 삶을 영위하는 사람이 있다. 계약서가 있다고 할지라도, 보장되지 않는 고용과 언제 무슨 일이 생길지 모르는 하루하루를 비틀거리며 걸어가는 사람이 있다고 말하고 싶다. 답답하고 갑갑하지만 더 열악한 환경에 있는 사람들도 있으니 조용히 계약 기간이 끝날 때까지 있어야 하는 건가 스스로 묻는 것밖에 할 일이 없다.

대나무숲 안에 서 있는 것처럼, 크게 한번 외치고 싶다. 저는 여기 직원 아닙니다. 근데 여기 서 있는 것으로 돈을 벌고 올해 말까지는 먹고삽니다. 먹고살아야 합니다. 그러니까 저 해치지 마세요. 여러분들 눈앞에 서 있는 저는 감정노동과 육체노동과 안전노동 모든 것을 하고 있는 그저 한 명의 비정규직 노동자일 뿐입니다. 그러니까 제발 우리 서로에게 친절해지기로 해요. 진상짓은 하지 않기로 해요. 은근한 차별의 시선은 거두기로 해요. 저는 시험을 치지 않았으니 정규직 전환을 해달라고는 하지 않을게요. 하지만 최소한의 안전장치는 보장해주었으면 해요. 그렇게만 해준다면 "직원이세요?"라는 질문에 "직원은 아닙니다만, 이곳의 안전 업무를 맡고 있습니다"라고 당당하게 말할 수 있을 것 같습니다.

권현우 (2022)

주차장

✦

차를 세워두도록 마련한 곳.

"죽고 싶다."

안내용 마이크는 반응이 한 박자 느렸으므로, 그 말이 사거리에 쩌렁쩌렁하게 울리고 나서야 내가 말한 것을 깨달았다. 약 10미터 바깥의 발레파킹 직원들이 컨테이너 박스에서 뛰쳐나와 주차도우미 부스 쪽을 내다보았다. 나는 마이크를 끄고 심호흡을 한 뒤, 바로 백화점 영업시간 멘트를 시작했다. 직원들은 잠시 서 있다가 제자리로 돌아갔다. 아주 잠깐 사이의 일이었다. 어느 1월의 밤, 주차도우미로 일하던 때였다. 직원들은 모른 척 넘어가주었고, 나는 다행히 질책을 면했다.

그날 퇴근길에 내 노동의 대가인 140만 원에 대해 생각했다. 그리고 140만 원 중 30만 원이 육체노동에 대한 값이고, 나머지는 눈물 값인 것 같다고 생각하며 울었다. 어디까지가 감정노동에 대한 값일까? 물론 딱 떨어지게 구분할 수 없는 부분이다. 주차도우미의 주 업무는 사람을 대하는 일이기 때문이다. 주차도우미는 지정된 장소에서 친절하게 인사하는 동시에 주차 비용, 주차 공간, 운영 시간, 시설 내 행사, 시설 내부 지리 등에 대해 안내하며, 고객의 요청 시 개개인에게 필요한 응대를 한다. 차량 동선 조정, 입차 제한, 발권 등 지정된 장소에 따라 업무 내용은 조금씩 바뀐다.

이 중 가장 중요한 공통 업무는 입차 차량을 향해 '미소를 가득 담은 인사'를 하는 것이다. 여기서 말하는 '인사'는 일상적인 인사와 다르다. '인사'는 기계처럼 일정한 속도를 유지하며 45도 각도로 허리를 숙이는 것으로 시작한다. 입으로는 '솔' 톤으로 안내 멘트를 하고, 허리를 펴면서 화려하고 눈에 띄는 손동작으로 입차 방향을 안내해야 한다. 이때 항상 잊지 말아야 할 것이 있는데, 바로 '미소'다. 차 안에서 보아도 웃고 있다는 것을 알 수 있게끔 빨간 립스틱을 바르고 입꼬리를 눈에 띄게 올려야 제대로 '인사'한 것이다. '인사'는 고객에게 친절해지기 위한 첫 번째 과정이다.

고객의 입장에서는 '인사'의 어디가 고객을 위한 것인지 의문스러울 수 있다. 그러나 직원의 입장으로 현장에 투입되면 주차도우미는 배운 것 이상으로 활짝 웃게 된다. 사람들은 유니폼 입은 사람을 보면 '도대체 왜 주차하는데 한두 시간 이상 걸리는 것인지'에 대해 항의하기 때문이다. 물론 주차도우미는 그 이유를 모른다. 이유를 알아도 할 말은 없다. 주차도우미로 일하게 된 사람은 그때야 비로소 주차도우미의 일에 대해, 그리고 주차도우미를 고용한 사람에 대해 이해하게 된다. 고객은 심기가 불편한 상태이고, 누군가는 그 앞에 서서 '이 주차장은 당신의 불편을 알고 있고, 신경 쓰고 있다'는 의미로 친절한 미소를 던져야 한다. 본질적인 해결책이 아니더라도 말이다.

자, 이제 상황 파악이 된 신입 도우미가 가장 쉬운 근무지 중 하나인 지하 주차장 3층에 섰다. 때는 일요일 정오, 코앞에는 차들이 좁은 간격으로 줄을 서 있다. 줄이 길어 출구로 가는 것도 어렵다. 사실상 갇혀 있는 셈이다. 그 안에서는 다양한 사연들이 만들어진다. 자지러지게 우는 아이를 어르고 달래는 부모, 화장실이 급한데 운전석에서 나올 수 없는 운전자, 몇 십만 원짜리 뮤지컬 공연을 예매했지만 주차 때문에 입장 시간을 한참 놓친 사람, 물건을 납품하러 왔다가 줄을 잘못 서서 전화기를 부여잡고 쩔쩔 매고 있는 기사까지. 이 상황에서 주차도우미가 할 수 있는 일은 최대한 친절하게 웃으며, 대기시간이 40분에서 1시간가량 남았다고 말하는 것이다.

당연하게도, 친절한 말로는 문제를 해결할 수 없다. 선팅된 창문 너머로 따가운 시선이 느껴진다. 공허한 친절로 도우미도 고객도 지쳐갈 때쯤 고객은 무리한, 그러나 고객 입장에서는 정당한 요구를 하게 된다. 위험하더라도 자투리 공간(그곳이 건물 내부로 들어가는 입구 앞일지라도)에 차를 세우고 싶다, 차키를 두고 갈 테니 알아서 해라, 필요한 물건이 있으니 가져와라 등이다. 난처한 요구에 SOS를 치기 위해 고개를 좌우로 돌려보지만, 전방 50미터 이내에 유니폼 입은 사람은 보이지 않는다. 만약 당신이라면 뭐라고 대답할 것인가? 상식적인 답은 다음과 비슷할 것이다. "입구에 차량을 세우는 건 안 됩니다." "제가 임의로 근무지를 벗어나는 것은 불가능합니다."

주차도우미로서 대답한다면, 이 대답들은 틀렸다. 주차도우미가 할 수 없는 말이 세 가지 있다. 그건 바로 '안 됩니다', '없습니다', '불가능합니다'이다. 모두 다 이렇게 하느냐고? 주차 서비스 업체는 그다지 많지 않은데, 그중 유명한 업체 두 곳이 이런 교육을 한다. 나를 교육했던 주임은 안 된다는 말 대신 '어렵습니다'라는 말을 쓰라고 알려주었다. 실제로 안 된다는 말을 어렵다는 말로 대신하면 어떨까. 고객에게 다급한 일이 없다면 그저 그러려니 한다. 하지만 일말의 가능성이라도 절실한 사람들은 "된다는 거야, 안 된다는 거야?"라고 되묻는다. 다시 원점으로 돌아온다. '안 된다'라는 말은 해선 안 된다.

안내에는 분명한 의미 전달이 필요하다. 그런데도 '안 된다'라는 말을 사용할 수 없는 이유가 뭘까. 고객에게 불쾌감을 줄 수 있기 때문이다. 이러한 제재는 주차도우미(여성)에게 한정된다. 수신호(남성)나 유도(혼성/바지착용) 근무자에게는 해당되지 않는다. 그 외에도 유도나 수신호 근무자는 가능하지만 주차도우미에게는 불가한 것이 있다. 바로 차 안에 있는 고객을 내려다보는 것이다. 무릎을 굽혀 차 안의 고객과 눈높이를 맞추거나 그보다 낮은 위치에서 올려다봐야 한다고 했다. 왜 주차도우미만 그래야 할까? 주차도우미를 고용한 사람은 정말 주차도우미에게 안내를 시키고 싶은 걸까?

근무 교대를 위해 이동 중이었다. 주차도우미가 배치되지 않은 근무지 앞을 지나고 있는데, 고객과 수신호가 실랑이를 벌이는 모습이 보였다. 사연인즉 우수고객 스티커가 붙은 차를 알아보지 못하고 일반 차량 주차 대기 줄에 서라고 수신호를 준 것이다. 고객이 다시 줄을 서려 했지만 앞도 뒤도 차량으로 꽉 막혀 대기 줄을 옮길 수 없는 상황. 운전자는 화가 나서 수신호에게 언성을 높이고 있었고, 수신호도 무언가 할 말이 있는 모양인지 불만스러운 표정이었다. 그리고 조금 떨어진 곳에 남자 주임이 무전기를 든 채 상황을 지켜보고 있었다.

빠른 발걸음으로 지나가던 내게 주임이 이리오라는 손짓을 했다. 사정을 설명하고는 "네가 가서 사과해"라고 말했다. "제가요?"라고 되물었더니 "남자 손님이니까 가서 사과 좀 해. 너 여자잖아. 도우미가 낫지 수신호보다"라는 것이다. 나는 이유를 납득하지 못했지만 손님에게 가서 눈높이를 낮추고 죄송한 표정으로 "우수고객이신데 저희가 못 알아봤습니다. 정말 죄송합니다. 죄송합니다" 하고 사과했다. 남자 손님은 몇 마디 불평을 하다가 유리창을 올렸다. 나는 닫힌 창문 너머로 감사하다는 인사를 하고 나서야 그 자리를 벗어날 수 있었다. 그 남자 주임은 책임이 없더라도, 영문을 모르더라도 사과하는 것이 주차도우미의 일이라고 생각하고 있었다.

'인사'를 가르치는 방식에서부터 그러한 생각은 지배적이다. 고객도 그 사실을 잘 안다. 다시 말해, 주차도우미는 화내도 되는 대상이라는 사실을 잘 알고 있다는 뜻이다. 바로 그 목적으로 주차도우미를 세워두었기 때문이다. 고객들은 주차가 늦어지면 당당하게 욕설과 폭언을 늘어놓는다. 그들은 자신의 발언으로 어떠한 문제도 생기지 않을 것을 안다. 어떤 감정노동이든 흔하게 겪는 일들이다. 그렇다면 주차도우미는 그 상황에서 방어다운 방어를 할 수 있을까? 도우미가 문제 고객을 발견했을 때 가장 최선의 방법은 문제 차량 근처에 가지 않는 것이다. 운전자가 차를 놓고 이동하기는 쉽지 않으니, 다른 차량을 안내하는 척한다든지 해서 그 차를 피하는 것이다. 창밖으로 고개를 내밀어 욕하거나 이리 오라고 소리를 질러도 말이다.

주차도우미를 묶어두는 것은 따로 있으니, 바로 머리 위의 감시

카메라다. 감시카메라 설치의 주목적은 주차장 내부 확인이다. 주차장 전체를 모니터하고, 필요한 근무지에는 실시간으로 지시를 내린다. 하지만 그 목적만 있는 것은 아니다. 주차시설 관리자들은 감시카메라를 통해 주차요원들의 서비스를 지켜보고 있다. 제대로 자리를 지키고 있는지, 인사를 성실하게 하는지 등을 살핀다. 업무 태도를 꼼꼼하게 체크하는 것은 문제가 아니다. 문제는 그렇게 모니터를 하면서도 문제 상황에서는 아무 조치를 취하지 않는다는 점이다. 차량을 버리고 도우미 앞에 와서 언성을 높이는 고객이 있어도, 그렇게 10분 이상 경과해도 관리자는 오지 않는다.

이런 일도 있었다. 차량 입·출차를 컨트롤해야 하는 곳에서는 차를 막고 서게 되는데, 간혹 주차도우미에게 '급정거 장난'을 치는 고객들이 있다. 속도를 잠깐 올렸다가 주차도우미 앞에서 급정거하는 것이다. 물론 있을 수 있는 실수다. 하지만 도저히 실수라고 말할 수 없을 때도 있다. 어느 날 두 개의 차선이 겹치는 지점에 서 있었는데, 도보로 이동 중인 손님들이 내 쪽을 향해 비명을 질렀다. 그중에는 우연히 그 앞을 지나는 대리도 있었는데, 갑자기 화난 표정으로 내 쪽을 향해 걸어왔다. 무슨 일일까 하고 뒤를 돌아보았을 때 무릎 바로 뒤에 차가 있는 것을 알았다. 차 안의 운전자는 무표정하게 나를 보고 있었고, 나는 우수고객 스티커를 보았다. 급하게 한쪽으로 비켜서자 차는 붕 소리를 내며 시설 밖으로 나갔다.

대리는 나를 불러 혼내기 시작했다. 왜 거슬리지 않게 피하지 못했느냐는 것이었다. "저 사람들, 너 하나 쳐도 문제없이 살 사람들이야. 다치면 너만 손해야." '사람 하나 쳐도 괜찮은 사람'이라는 말을 하는 대리도 마음이 좋지는 않았을 것이다. 그러나 '우리는 고객 탓을 할 수 없다, 그들은 왕이니까'라는 태도는 나의 상사가 나를 진상 고객으로부터 보호해줄 것이라는 기대뿐 아니라, 주차장에서 일하면서 갖고 있던 마음속의 방어기제, '나는 근무자일 뿐이다, 나는 그들과 평등하다'는 생각까지 무너뜨렸다. 이 시스템 안에서 그들은 왕이고, 나는 하녀다. 말을 탄 왕이 하녀 하나쯤 쳐도 누구도 왕을 탓하지 않는다.

'이렇게까지 해야 하는 건가?' 나만의 질문은 아니었을 것이다. 주임, 대리, 과장, 소장 할 것 없이 문제 상황을 알고 있었다. 특히 여성 상사들은 대다수가 주차도우미 경력이 있다. 다시 말해, 그들도 전설처럼 전해 내려오는 피해담의 주인공들이다. 하지만 주차 서비스 업체는 거의 다 아웃소싱이다. 1년 혹은 2년 단위로 서비스를 평가받고 계약을 연장한다. "왜 똑바로 웃지 않느냐", "손동작을 부지런히 하지 않느냐" 하는 말은 재계약을 의식한 관리감독이다. 아무리 주차도우미가 "저 고객이 나에게 성희롱 발언을 했어요"라고 해도, 고객이 백화점에 컴플레인 한번 걸면 재계약에 악영향을 미칠 수 있다. 물론 백화점은 고객의 고견을 신경 쓸 뿐, 노동자의 사소한 상황에는 신경 쓰지 않는다.

'이렇게까지 해야 하는 건가?'라는 질문에 '노'라고 말할 수 있는 사람은 일을 접고 나간다. 그러나 이 질문에 쉽게 대답할 수 없는 사람들이 있다. 대체로 '어린', '학력미달', '가난' 등의 키워드로 표현되는 사람들이다. 수능을 마치고 바로 돈을 벌기 위해 나온 친구가 있었다. 내가 휴게실에서 수능 이야기를 나누고 있을 때 누군가가 우리에게 옷가지를 집어던졌다. 스물두세 살쯤 되는 언니였다. 그녀는 "난 수능 근처에도 가본 적 없는 사람이야. 내 앞에서 수능 이야기하지 마"라고 말했다. 그 말을 듣고 돌아보니 휴게실에서 쉬고 있던 사람 중 대학교에 다니는 사람은 없었다.

기억에 남는 또 다른 친구는 열여덟 살 여자아이였다. 궂은 아르바이트 경험을 흥미진진하게 늘어놓던 친구였다. 아쉽게도 나와 좋은 사이는 아니었는데, 갈등이 격해졌을 때는 관리자에게 이렇게 말하기도 했다. "저 언니는 어차피 오래 안 해요. 저는 여기에서 오래 할 거예요." 그 친구는 다른 문제를 일으켜 주차도우미 일을 못하게 되었지만, 같은 근무지에 다른 소속으로 들어왔다는 이야기를 들었다. 그리고 그 친구의 말대로 나는 오래 일하지 않았다. 결과적으로 나는 '노'라고 대답할 수 있는 사람이었다. 그 친구는 이곳에 남을 수밖에 없는 사람과 떠날 수 있는 사람을 구분하고 있었다.

"이렇게라도 해야 해." 수능 이야기를 하면 소외감 느끼는 사람들, 어리기 때문에 편의점에도 채용되기 어려운 사람들, 다른 일을 찾기 어려운 사람들, 그들은 온몸으로 말하고 있었다. 질 낮은 일거리라도 해야 하는 사람들과 재계약에 목매는 아웃소싱 업체, 친절을 평가하는 백화점의 관계 속에서 '손님은 왕'이라는 프레임은 강화되고, 감정노동의 강도는 인권이라는 말이 허망하리만큼 높아진다.

주차도우미는 나의 첫 아르바이트였고, 고등학교 졸업식을 하면서 그만두었다. 그 뒤로 거의 1년간 악몽을 꿨다. 차가 나를 들이받는 꿈, 주차장 안에서 출구를 찾는 꿈, 사람들이 나를 쫓는 꿈 …. 주변 사람들에게는 "다시는 그 지옥에 돌아가지 않을 거야", "다시 돌아가면 나는 차라리 사람이 아니야"라고 말하고 다녔다. 바로 다음 해에 나는 지옥으로 돌아갔다. 등록금과 생활비, 책값이 필요했고, 짧은 시간 안에 돈을 벌기 위해서는 다른 방법이 없었다. 두 번째 근무는 겨울부터 여

름 직전까지 했다. 채용 업체는 달랐지만 더 나은 점도, 더 나쁜 점도 없이 비슷했다. 백화점 주차장 갑질 모녀가 논란이 되었을 때 사람들은 분노했지만 나는 오히려 기뻤다. 언젠가 한번은 조명되어야 할 일이었다. 아직도 주차장에는 감정노동으로 고통 받는 사람들이 있다.

황금별(2015)

카페

✦

커피나 음료, 술 또는 가벼운 음식을 파는 집.

얼마 전까지 내 이름은 '벨'이었다. 내가 일했던 카페에서는 파트너 모두가 서로를 닉네임으로 부르는 규칙이 있었다. 평등하게 관계 맺고 소통하기 위함이다. 과연 그랬을까? 내가 일한 곳은 여의도 1번지, 국회 정문에서 직선거리로 가장 가까운 한 카페였다. 인근에는 큰 방송국과 이른바 대기업으로 불리는 회사들이 위치해 있다. 국회 안에 있는 의원부터 국회 앞에서 농성하는 해고 노동자까지 다양한 손님이 찾아왔다. 지금부터 이 손님들을 매일 맞았던 벨의 속사정을 이야기해보려 한다.

시급 6600원. 나는 주 5일 하루 다섯 시간 일하는 가장 낮은 직급으로 입사했다. 근로계약서에 계약 기간이 없다. 모든 매장은 직영이기 때문에 근로기준법에서 보장하는 주휴수당부터 야간·휴일·연장수당까지 받을 수 있었다. 일하는 시간 동안 두 잔의 음료를 무료로 마실 수 있었고, 모든 매장에서 사원증을 제시하면 30퍼센트 할인가로 음료를 사 마실 수 있었다. 남들이 부러워할 만한 정규직 알바다. 그러나 계약 기간의 만료일이 없고 해고도 없기에 실업급여를 받지 못한다는 사실을 뒤늦게 알았다. 스케줄은 '오픈', '미들', '마감'으로 나뉘는데 다음 주 스케줄을 전주 수요일에 공지해준다. 일하는 시간이 하루 다섯 시간으로 짧고 스케줄이 유동적인 것이 맘에 들어 입사하게 되었다.

우리 매장은 12시부터 1시까지가 제일 바쁘다. 직장인들이 점심식사를 끝내고 커피를 사러 오는 시간이기 때문이다. 미들 근무자들은 이 점심 러시를 뛴다. 점심 러시 때는 파트너 여섯 명이 동시에 근무를 한다. 두 명이 주문을 받고, 세 명이 음료를 만든다. 음료를 만드는 세 명중 한 명은 차가운 음료에 마지막으로 얼음을 채우거나, 컵 위에 뚜껑을 덮어 손님에게 제공하는 역할을 한다. 참고로 매장에는 진동벨이 없다. 그래서 이 포지션에 배정된 사람은 생목으로 손님이 설정한 닉네임이나 영수증에 적힌 주문번호를 쉴 새 없이 불러야 한다. 그리고 나머지 한 명은 수시로 여기저기를 오가며 필요한 일을 다 한다. 얼음과 원두 채우기, 떨어진 원·부재료 갖다 나르기, 샌드위치나 빵 등을 데우기, 손님들이 아무렇게나 버리고 간 쓰레기들을 정리하기 등.

본사 교육센터에서 5일 동안 교육을 받고 매장 첫 근무를 시작했다. 첫 주는 미들 스케줄을 받았다. 첫날 나는 온갖 일을 담당하는 포지션에 배정됐다. 발에 땀이 났다. 얼음을 제빙기에서 퍼 나르면서 얼음스쿱에 계속 부딪혀서 손등에는 시퍼런 멍이 들었다. 첫날부터 시간당 6600원을 받고 할 일이 아니란 걸 몸으로 부딪히며 깨달았다. 퇴근하면서 점심시간 매출을 머릿속으로 계산해봤다. 매장에서 판매하는 음료의 평균 가격이 5000원이라고 했을 때, 한 시간 동안 200잔은 팔았을 것이고, 그럼 100만 원이라고 생각하니 내 시급이 너무 저렴하다 못해 가볍게 느껴졌다.

고작 하루 5시간 일하지만 쉬는 시간을 제외하고는 계속 서 있어야 했기에 허리와 다리가 너무 아팠다. 특히 손님들이 버리고 간 일회용 컵들을 재활용하려면 그 컵들이 섞인 쓰레기통을 뒤져서 컵을 건져낸 다음, 컵과 컵 뚜껑을 분리해 씻는 '컵 분리' 작업을 해야 한다. 쓰레기통을 뒤지는 고역은 참을 만했는데, 허리를 계속 숙여 컵들을 씻다 보니 허리가 끊어져나갈 것 같았다. 일한 지 2주가 지났을까. 어느 날부터 함께 입사했던 동료가 보이지 않았다. 다른 동료에게 물어보니 힘들어서 그만뒀다고 했다.

나 역시 몸도 몸이지만, 정신적으로도 힘들었다. 모르는 것들투성이니 하나부터 열까지 배워야 했고, 동료들은 그런 나를 가르쳐야 했다. 주문을 받는 법부터 바닥을 쓸고 닦는 법까지, 이 매장에서 1인분의 몫을 해낼 때까지 말이다. 입사일이 제일 늦은 나는 점장부터 내 전 입사자에 이르는 동료들로부터 매일 피드백을 받아야 했다. "이렇게 해라", "이렇게 하지 마라", "왜 그렇게 하냐" 등. 사람마다 말하기 방식이 다르듯 열 명의 선임 파트너가 있다면 열 가지 방식의 피드백이 있었다.

그러던 하루였다. 아침 출근 시간대에 선임 파트너와 일을 하고 있었다. 평소처럼 일하는데 갑자기 "지금 뭐하시는 거예요?"라는 말이 들렸다. 뭐가 문젠지 몰라 아무 대답도 하지 못하고 선임 파트너를 쳐다봤다. "지금 뭐하시는 거냐고요"라고 또 물었다. "네? 그냥 평소처럼 한 건데요." 자신 없이 대답했다. 선임 파트너는 "자기 자리에서 자기 일이나 제대로 하세요"라고 했다. 이 모든 상황이 이해되지 않았다. 그러나 이유를 물을 수는 없었다. 바쁜 시간대였고, 우리는 빨리 음료를 만들어 손님에게 전달해야 했다. '자기 자리'는 어디고, '자기 일'은 뭘까. 답을 알 수 있는 능력이 내게 없었다.

일주일 뒤, 그 선임 파트너로부터 업무 포지션에 대한 교육을 받으면서 그때 내가 뭘 잘못했는지 알 수 있었다. 출근 전 커피를 주문하는 손님들로 바쁜 아침 러시 때는 주어진 포지션에서 정해진 역할만 해야 한다는 것이었다. 그날 아침 나는 음료를 마무리해서 손님에게 건네는 포지션이었는데, 손님이 주문한 음료가 마킹된 스티커를 컵에 붙이는 옆 포지션의 일도 하려 했던 것이었다. 그 교육을 들으면서 선임 파트너는 "자신이 화가 난 것은 그 때문이었다"고 설명해줬다. 순간적으로 머릿속에 떠오른 한마디. '아니, 가르쳐주지도 않은 걸 나더러 하라고 한 거야?' 물론 말하지는 않았다. 말할 수 없었다는 게 더 정확한 표현일지도 모르겠다.

입사하고 한 달 반 정도는 매일 때려치우고 싶다고 생각했다. 매일 서 있는 것도, 가끔은 말도 안 되는 요구를 하는 손님들을 설득하는 것도, 감정적이고 불명확한 피드백을 받는 것도 너무 힘들었기 때문이다. 그럼에도 돈은 벌어야 했기에 버텨야만 했다. 버티기 위해 나는 나를 설득했다. '이게 사회생활이고, 직장생활이다. 남들도 다 이렇게 산다.' 그렇게 버티며 적응했다. 까칠한 피드백을 적절히 넘기는 요령도 생겼다. "네", "알겠습니다", "죄송합니다." 배울 내용은 취하고, 까칠한 목소리는 한 귀로 흘렸다.

나는 6월 중순에 입사했다. 미들 스케줄로 출근하는 날에는 최저임금 1만 원을 주장하는 사람들이 국회 앞에서 기자회견을 하는 모습을 목격할 수 있었다. 부족한 물품을 빌리러 인근 매장을 방문하는 길에 항상 마트 노동자들의 농성장을 지나칠 수밖에 없었다. 그러다 내년도 최저임금이 7530원으로 결정됐다는 소식을 들었다. 1만 원은 아니었지만 1000원이 넘는 인상액이라니. 반가웠다. 같이 일하는 동료에게 최저임금 인상 소식을 들었냐고 물었다. 동료는 모른다고 했고, 나는 인상 금액을 알려줬다. 동료는 내년까지 일해야겠다며 좋아했다. 더운 여름날 최저임금 1만 원 피켓을 들었던 사람들의 모습이 떠올랐다.

어색하고 때론 무섭기만 했던 동료들과도 점점 친해졌다. 한 달 반 넘게 버틴 나를 이곳의 구성원으로 점점 인정해주는 것 같았다. 할 수 있는 일이 점점 늘었고, 일하는 사람들을 궁금해할 수 있는 마음의 여유가 생겼다. 피드백은 여전했지만, 심한 피드백을 받은 날에는 동료들이 내게 위로를 건넸다. "나도 여전히 누가 무섭다"라거나, "저도 힘들던 때가 있었다"고. 그런 동료들이 고마웠다. 유독 바빴던 날에 함께 근무한 동료들이 퇴근할 때면 "오늘 진짜 수고 많으셨다"는 말을 먼저 건넸다. 내 위치에서 건넬 수 있는 유일한 피드백이었다. 어떤 동료는 "그런 말 해주는 사람은 벨밖에 없다"며 고맙다고 했다. 나는 동료들의 사는 이야기를 듣는 게 즐거웠다. 동료들은 벨이 이야기를 잘 들어주고, 공감을 잘해줘서 좋다고 했다. 앞으로 여기서 오래 일할 수 있겠다 싶었다.

그러던 중 매장이 점점 바빠졌다. 오래 일했던 파트너가 그만뒀다. 직장인들의 여름휴가 시즌이 끝났고, 공영방송을 지키기 위한 방송국 사람들의 파업이 있었다. 국회에서는 국정감사가 시작되었다. 하루 다섯 시간을 일하는 날이 거의 없었다. 기본적으로 한 시간에서 두 시간 연장근무가 들어갔다. 주 2회 휴무가 보장되어야 했지만, 2주 연속 하루만 쉬고 일하기도 했다. 휴무일 근무는 1.5배의 수당을 받았으나 몸이 축나기 시작했다. 점점 더 어려운 일을 배워야 했기에 노동강도도 세질 수밖에 없었다.

전주 수요일까지 공지되던 스케줄은 토요일에 나오기도 했고, 주중에 스케줄이 바뀌는 일도 잦았다. 매장이 너무 바빠 예정된 스케줄보다 더 일하기도 했고, 일찍 출근해줄 수 있냐는 전화를 받고 일하러 간 날도 있었다. 같은 미들 근무라 해도 오늘과 내일 출근 시간은 다르다. 예를 들어 오늘은 11시에서 오후 4시 30분이라면 내일은 10시 30분에서 오후 6시, 모레는 12시에서 오후 5시 30분. 그래서 출근 시간을 항상 잘 체크해야 한다. 최소한의 인원으로 매장이 운영되기 때문에 한 사람이 제대로 출근을 못하면 다른 동료들이 힘들어진다. 차라리 한 주에 다 미들만 있으면 불만을 갖진 않았을 것이다.

한 주에 오픈부터 미들, 마감까지 다 있는 날도 있었다. 월~수는 7시나 7시 30분에 출근하고 목~금은 11시 30분에, 토요일은 오후 6시에 출근하는 식이다. 마감 근무를 마치고 밤 11시 30분에 퇴근해서 다음 날 10시나 11시에 출근하는 날도 많았다. 운 좋게도 나는 '마오'(오늘 마감 근무하고 내일 오픈하는 근무를 말함. 즉, 밤 11시 30분 퇴근하고 아침 6시 30분 출근)는 안 해봤다. 밤 9시에 퇴근해서 다음 날 아침 6시 30분이나 7시에 출근하는 다른 동료의 스케줄을 보긴 했다. 이건 엄격하게 마오는 아니다. 심지어 12시 출근, 밤 11시 30분 퇴근 스케줄도 봤다. 일하기로 한 시간 외에 1분이라도 더 일하면 기본적으로 연장수당을 받으니 월급날은 행복하다. 근데 그것만이 전부는 아니다. 적어도 나에겐 그랬다.

이렇게 일하면 일단 신체리듬이 깨진다. 그리고 불규칙한 스케줄은 근무 시간 외 다른 삶을 제약한다. 다음 주 스케줄을 제때 안 알려주면 나는 스케줄이 나올 때까지 다른 일을 계획할 수 없다. 사소하게는 병원에 가는 것부터 친구와의 약속을 잡는 일까지. 물론 미리 일정을 빼야 한다면 스케줄을 신청하는 달력에 메모를 남길 수 있다. '벨 OFF 신청', '벨 마감 신청' 이런 식으로. 그러면 스케줄을 짜는 동료가 다음 주 스케줄에 반영해준다. 그러나 자주 할 수는 없고, 휴가 또한 매장 운영에 지장이 되지 않는 방식으로 돌아가면서 써야 한다.

나는 일하는 시간 외에 글도 써야 했고, 종종 다른 활동 때문에 회의나 미팅이 있었는데 이 모든 일들을 계획하기가 쉽지 않았다. 일하는 시간뿐만 아니라 나머지 시간도 매장에 묶였다. 일을 마치고 마감을 앞둔 글이라도 써볼라치면 책상 앞에 앉아 두세 시간은 멍을 때렸다. 특히 오픈 근무를 한 날에는 늦어도 두 시에 퇴근했지만, 아침과 점심 러시 두 번을 뛰고 나면 생각할 기력도 없어진다. 어느 순간부터 일이 내 삶의 중심이 되었다. 고작 하루에 5시간에서 7시간 일하는 알바였지만, 일하러 가는 시간, 일하는 시간, 일하고 돌아와 지친 체력과 정신력을 회복하는 시간이 필요했다. 뭘 좀 해볼라치면 다음 날 출근 시간이 다가왔다. 차라리 돈이라도 많이 받았으면 좀 더 참을 수 있었을까. 근데 월급이 고약했다. 첫 달에는 80만 원 조금 넘게 받았고, 연장과 야간, 휴일근무가 많았던 달은 120만 원 정도 받았다. 이대로는 안 되겠다 싶어 그만둔다고 말했다. 써야 할 글과 앞으로 하고 싶은 일을 포기할 수는 없었다.

동료들이 내가 그만둔다는 소식을 접하기 시작했다. 그러던 어느 날 한 동료가 내게 질문을 했다. "벨, 여기 일하는 사람들 보면 어떤 생각 들어요?" 순간 뭐라 답해야 할지 머릿속이 하얘졌다. "생각해본 적 없는데 …"라고 말문을 열며 "솔직히 쉬운 일이라고 생각해본 적 없고, 그래서 여기서 오래 일하는 사람들 보면 대단하다는 생각이 든다"고

했다. 그날 낮, 매장에 그 동료의 대학 동기인지 선배인지가 왔었는데 "너 여기서 뭐해?"라는 질문을 받고 마음이 상한 눈치였다. '너 여기서 일해?'와 '너 여기서 뭐해?'는 미묘하게 다른 말이니까. 그는 스무 살 때 개인 카페부터 시작해 프랜차이즈 카페까지 10년 동안 카페 일만 했는데, 이 정도면 이 분야의 전문가가 아니냐고 했다.

맞다. 그는 전문가였다. 빠르고 정확하게 음료를 만들 줄 알았고, 매장 운영을 맡아서 하는 시간대 매니저였다. 나는 그에게 많은 것을 배웠고, 오래 일하는 동료들을 보며 프로의식 없이는 이 일을 오래 할 수 없다고 생각했다. 그런데 사람들은 카페에서 일하면 다 알바고, 알바는 아무나 할 수 있는 쉬운 일이라고 생각한다. 그래서인지 함부로 대하고, 한편으로는 지나친 서비스를 요구하기도 한다. 본사에 직접 고용된 우리들은 매장은 달라도 본사의 방침에 따라 최고의 음료와 서비스를 일선에서 제공하는 직원들이었다. 손님들을 맞고, 커피를 만들고, 매장을 관리하고 운영한다. 이런 사람들을 우리는 '바리스타'라고 한다. 그렇다, 우리는 바리스타다.

절대 올 것 같지 않았던 마지막 출근날이 왔다. 4개월 동안 일한 시간 중 가장 바쁜 날이었다. 아침부터 손님들이 미리 약속이나 한 듯 물밀 듯이 밀려왔고, 점심 때도 마찬가지였다. 마지막 근무라는 아쉬운 감정이 생길 겨를도 없이 정신없이 일했다. 바쁘면 시간이 잘 가는데 그날따라 시간도 잘 안 갔다. 오전 7시 반에 출근해 3시에야 퇴근했다. 유니폼, 모자, 앞치마를 잘 정리해 종이가방에 담아 휴게실에 올려뒀다. 그동안 감사했다는 짧은 메모와 함께. 일하고 있는 동료들과 짧은 인사를 나눴다. '전문가' 동료와 눈이 마주쳤다. 갑자기 눈가가 뜨거워졌다. 서로 낯가리느라 늦게 친해진 만큼 아쉬움도 컸다. 나를 참 살뜰히 챙겨준 그녀였다. 때로는 내 실수를 눈감아주기도 했고, 둘만의 비밀을 공유하기도 했다. 놀러오겠다며, 꼭 밥 한번 먹자는 말을 남기며 나는 퇴사했다.

이 모든 이야기는 매장을 찾는 손님들은 알지 못하는, 아니 알 필요도 없는 나의 속사정이다. 가끔 지나친 요구를 하거나 심한 컴플레인을 하는 손님을 볼 때면 화가 났지만, 손님을 붙잡고 내가, 그리고 우리가 얼마나 힘들게 일하는지 설명하고 싶을 때가 있었다. 그래서 썼다. 그 손님들을 더 이상 만날 수 없지만 말이다. 마치 부치지 못한 편지처럼.

| 하윤정(2017) |

콜센터

고객이나 민원인의 전화에 응답하고
문제 해결을 돕는 업무를 담당하는 부서.

삐―"정성을 다하겠습니다. ○○○ 상담원 김미선입니다. ○○○ 광고
보시고 전화주셨습니까?"

상담원 특유의 '라'음으로 음정 높낮이에 변화를 주며 전화를 받는
다. 수화기 너머로 상대방 목소리가 들린다. 늦은 점심인지, 이른 점심
인지 무언가를 먹으며 심드렁하게 대답한다.

"네. 광고 보고 … 좀 … (쩝쩝) … 물어볼까 … (쩝) … 싶어서."

"네~ 지금부터 예약상담 접수 도와드리겠습니다."

"네? 지금 상담하는 거 아닌가?"

역시나, 바로 상담을 기대했던 고객이다. 심호흡을 크게 하고 더 상
냥한 목소리로 말한다.

"죄송합니다. 상담예약을 먼저 하셔야 되고요. 지금 예약 접수 해주
시면 내일까지 전화드리겠습니다."

"아우~ 복잡해. 당신은 아는 거 없어요? 그냥 물어보는 건데 ….”

"죄송합니다. 저희는 전문상담원이 아니라서 예약만 해드리고 있어서 ….”

"됐어요, 그럼.”

내 말이 끝나기도 전에 날카롭게 전화기 끊기는 소리가 헤드셋으로 파고든다. 그리고 전화가 끊김과 동시에 다른 고객의 전화가 들어온다. 그러면 다시 상냥한 목소리로 똑같은 대사를 뱉는다.

신문, 케이블 TV 또는 지하철에서 수시로 마주하는 각종 홈쇼핑 광고 속 '080' 또는 '1577' 같은 번호로 시작되는 무료전화를 받는 콜센터. 그곳은 지난 반년 동안 내 일터였다. 아침 11시부터 오후 4시까지 컴퓨터 한 대와 전화 한 대가 놓인 책상에서 다섯 시간을 보냈다. 주로 보험사의 상담예약을 맡았다. 모든 콜센터가 그렇듯 이곳도 24시간이었기 때문에 아침에는 야간 근무자의 흔적을 치우는 것으로 하루를 시작한다. 10시 45분, 내 이름표가 붙은 책상을 찾아 앉는다. 컴퓨터로 출근체크를 한 후 커피 한 잔을 준비하고 화장실에 다녀오면 11시. 이제부터 다섯 시간 동안 붙박이 노동자가 되어야 한다. 고3 수능 때 이정도로 책상에 앉아 있었더라면 아마 서울대에 들어갔으려나.

전화를 대기상태로 돌리자마자 기다렸다는 듯이 전화가 들어온다. 어이쿠, 첫 전화부터 잘못 걸렸다. 무슨 일로 아침부터 약주를 하셨는지 한 할아버지의 술주정이 시작됐다. 이럴 땐 조심스럽게 응대하고 주문용건이 아니시라면 먼저 끊는다고 한 후 끝내야 한다. 이것도 처음에는 당황해서 고객이 먼저 끊어야 한다는 생각에 계속 말도 안 되는 하소연을 들었지만, 점점 이런저런 돌발상황에 대처하는 여유가 생겼다. 정신없이 전화를 받다 보니 어느덧 1시. 보통 회사에서는 점심시간을 끝내고 업무로 복귀할 시간이다. 하지만 파트타임인 나에게는 점심시간이 따로 없었다. 처음에는 점심시간 30분이 있는 것으로 알고 들어갔지만 사실은 달랐다. 파트타임이 아닌 사람만 점심시간 1시간이 주어졌다. 물론 그분들도 전화량이 많으면 1시간에서 30분으로 점심시간이 줄었다. 그리고 그런 날이 더 많았음은 물론이다.

11시 출근이라 아무리 아침을 두둑이 먹고 집을 나서도, 쉴 새 없이 전화업무를 하다 보면 뱃속에서 난리가 난다. 처음에는 간식으로 작은 빵을 사갔지만, 그대로 들고 오는 날이 점점 많아졌다. 들어간 지 이틀째 되던 날, 뭣 모르고 휴게실에서 빵과 우유를 후딱 먹고 나왔다. 그랬더니 "파트타임 알바는 휴게실 가면 안 돼요~ 먹으려면 자리에서 드세요"라는 말이 돌아온다. 그래서 다음 날에는 자리에 앉아 전화가 들어오지 않도록 한 후 빵과 우유를 먹었다. 눈치가 보여 한 입 베어 씹은 후 다시 전화를 대기상태로 돌렸다. 한 입 먹고 한 통화하고. 저 멀리서 관리자의 외침이 들려왔다. "미선 씨, 왜 전화 안 받아요?" 순간 서러움이 왈칵했지만, 눈치 보며 먹기도, 전화에 쫓겨 대충 씹어 넘기는 것도 힘들어서 다음 날부터는 우유로만 점심을 때웠다.

콜센터에서 일하다 보면 가장 힘든 것은 업무 스트레스다. 화장실 가는 것도 간식 먹는 것도 눈치 보이지만, 무엇보다 고객 응대가 엄청난 스트레스였다. 직접 대면하지 않는 상황에서 종종 상대하기 힘든 고객들이 있기 때문이다. 다짜고짜 욕을 하거나 음담패설을 하고, 맘에 안 들면 무조건 관리자 바꾸라고 소리친다. 그럴 때도 상담원은 상냥한 목소리로 응대해야 한다. 그러다 보면 스트레스가 쌓이고, 하지도 않던 욕이 목까지 차올라 전화를 끝내고 낮게 뱉어내는 경우도 생긴다. 원래 착한 심성도 아니었지만 욕설은 하지 않았는데. 전화 한 통을 끝내고 나면 나도 모르게 구시렁대기 시작했다. 스트레스 때문인지 얼굴 전체에 크고 작은 뾰루지도 생겨났다. 계속 헤드셋을 쓰니 귀도 나빠지고, 컴퓨터를 뚫어져라 봐야 하니 눈은 항상 건조했다.

그러던 어느 날, 출근하자마자 '마인드 교육'이라며 교육실로 사람들을 불러 모은다. 나를 포함해 6명 정도였는데, 아마 교대로 교육을 실시하는 모양이었다. 강사가 제일 앞에 앉아 있던 한 명에게 그림이 그려진 종이를 주고, 나머지에겐 빈 종이를 나눠주었다. "여기 앞에 있는 분이 그림을 설명해줄 거예요. 그러면 여러분들이 설명을 듣고 그림을 그리시면 돼요." 아, 이게 말로만 듣던 미술치료구나. 열심히 설명을 듣고 따라 그렸다. 무엇보다 전화를 안 받아도 되는 이 합법적인 시간이 정말 즐거웠다. 끄적거리는 낙서도 좋아하는 터라 신나게 빈 종이를 채웠다. 강사는 아무래도 사람 상대하는 일의 어려움을 알 테니, 마음을 치유하는 심리 프로그램을 기대했다.

"원래의 그림과 여러분이 그린 그림을 비교해보세요. 이 중에 똑같이 그리신 분이 없죠. 그만큼 여러분이 그림 설명을 잘 파악하지 못한 거예요. 여러분이 전화를 받으면서 고객의 니즈needs가 무엇인지 잘 파악하는 게 중요해요. 그래야 고객의 불만에도 잘 대응할 수 있겠죠." 결국은 고객의 '니즈'를 잘 파악하라는 큰 깨달음을 주기 위한 교육이었다. 물론 맞는 말이지만, 내가 생각한 '마인드'가 아니라 고객의 불만을 더 상냥하게 대해야 한다는 '마인드'였던 것이다.

하루에 평균 200통, 주문 건수는 50통. 한 통화가 끝나면 대기시간도 없이 바로 다른 고객의 전화가 들어온다. 그렇게 꼬리에 꼬리를 물고 전화가 이어진다. 그러면 나는 마치 처음 하듯 상냥하게 똑같은 말로 응답한다. 가끔 발음이 꼬이기도 하고, 빈 배를 움켜쥐고 입술만 축이다 보면 힘도 빠진다. 그러면 전화받는 목소리가 왜 그러냐며 바로 불만이 들어온다. 여기서 일하기 전 나도 콜센터에 전화 걸어봤고, 텔레마케터의 전화도 받아봤다. 그때마다 무뚝뚝하게 말했던 것이 이렇게 돌아오는 건가 싶었다. 물론 반대의 경우도 있다. "친절하시네요" 혹은 "고맙습니다, 수고하세요"라는 한마디가 그렇게 가슴 먹먹해지는 말인지 그때 처음 알았다. 고객들에게는 의례적인 말일 수 있겠지만, "수고하세요"라는 한마디가 다음 전화를 힘 있게 받을 수 있도록 해준다.

가끔은 언젠가 방송에서 본 다큐의 한 장면을 떠올리곤 했다. 1970~1980년대 공단 지역에 일대 정전이 일어나 장시간 노동에 시달리던 여공들이 환호성을 지르며 공장을 나가는 장면이었다. 나도 일하다가 힘이 들 때 가끔 그런 상상을 해보곤 했다. '정전이 된다면', '전화기가 불통이 된다면' 하고 말이다. 그리고 드디어 기적처럼 정전이 발생했다. 유례없던 정전 사태가 벌어진 지난여름 날이었다. 퇴근을 40분 앞두고 갑자기 컴퓨터 화면이 꺼졌다. 에어컨도 선풍기도 형광등도. 마음속으로 '올레!'를 외치려던 나와 달리 관리자들은 난리가 났다. 고객의 전화 한 통과 주문 한 건은 매출과 연결되기 때문이다. 그러나 내 상상과 달리 전화기만은 살아서 계속 울어댔다. 컴퓨터는 전원이 나가서 주문 입력이 안 되는데, 주문하려는 고객의 전화는 정전에서 비껴갔다. 결국 관리자는 손으로 직접 쓰라며 빈 종이를 나누어주었다. 찜통 같은 더위에 전화를 받으며 일일이 손으로 고객 주문을 적어갔다.

근로계약서를 쓴 건 들어가고 석 달째 되던 날이었다. 담당자는 시급제에서 월급제로 변경되어 부득이하게 늦게 작성할 수밖에 없었노라고 말했다. 물론 나는 그 기간이 석 달이나 늑장부릴 정도로 부득이한지는 잘 이해되지 않았지만. 아무튼 만근하면 3만 원을 추가로 받을 수 있고, 실적이 좋으면 성과금까지 더해 더 많이 받을 수 있다며 전보다 좋아졌다고 자랑을 늘어놓는다. 그런데 가만 생각해보니 하루를 빠질 경우에는 일당 3만 원에 만근 수당 3만 원이 고스란히 날아가게 된다. 월급제로 만근을 하게 하는 꼼수라고 생각한다. 하루는 몸이 아파 하루를 빠진 적이 있었다. 주말에 약속도 있어서 주 5일을 못 채웠더니 기본급이 쑥 깎여나갔다. 이후부터는 나도 모르게 주 5일을 채우려 아등바등하고, 적은 성과금이라도 받을까 싶어 스스로 닦달하게 되었다. 혹여 하루라도 빠지면 주말에 나와 근무일수를 채웠고, 당연히 국경일과 추석 휴일에도 근무했다.

하루 5시간, 주 5일, 한 달을 4주로 계산하면 한 달에 100시간을 일한다. 그래서 받는 돈은 60여 만 원. 이 정도면 알바하면서 충전하는 기회로, 또 못 읽었던 책도 읽고 다른 일을 준비할 수 있는 기회로 활용할 수 있겠다고 생각했다. 그래서 원래 계획은 알바를 끝내고 오후 시간을 알차게 보낼 생각이었다. 엄밀히 말하면, 이 오후 시간을 위해 알바를 시작한 것이다. 그런데 어느 순간 주객전도가 되어서 나머지 시간은 재충전 시간이 되어버렸다. 허기진 배 때문에 체력은 점점 떨어졌고, 스트레스와 짜증을 풀 시간도 필요했다. 그렇게 녹다운된 채로 아까운 시간을 허비해버렸다.

사실 사무실에서 일하는 노동자가 근무 시간 내내 일하는 건 아닐 테다. 인터넷 검색도 하고, 커피도 마시고, 동료와 대화도 나누고, 그러다 짬짬이 휴식도 취하고. 이런 시간을 제하고 실 노동시간을 따지면, 표면적인 8시간보다 적을 것이다. 그러나 단시간 노동은 딱 그 시간만큼 노동을 해야 한다. 하루 5시간 노동이 말 그대로 꽉 찬 5시간의 노동이었으니까. 화장실 가는 것도 간식 먹는 것도 눈치가 보였고, 5시간 내내 쉴 새 없이 전화받는 일은 고문 같았다. 잠깐의 휴식 시간도, 옆 동료와 짧은 대화를 나눌 짬도 없었다. 옆 사람과 말이라도 붙이려면 "옆 사람과 잡담하지 마세요"라는 관리자의 '상냥한' 제재가 들어오기 때문이다. 그래서 단시간 노동이었지만, 단시간에 반비례하는 강한 노동강도였다.

그래서일까. 처음에 같이 들어갔던 9명의 동기들은 어느새 하나둘 자취를 감추더니, 한 달도 안 되어 파트타임에는 나 혼자 남게 되었다. 사람이 줄어들면 그만큼 내가 받아야 할 전화량도 늘어날 수밖에 없다. 콜센터는 24시간제로 운영되기 때문에 내가 출근할 때 누군가는 퇴근하고, 내가 퇴근할 때 누군가가 출근하는 시스템이다. 자리도 주기적으로 바뀌고, 일하는 사람도 쉽게 들어오고 쉽게 그만두었다. 그러니 홍수처럼 밀려오는 전화더미 속에서 외딴섬처럼 힘겹게 일해야했다. 노동자가 당연히 누려야 할 최저임금의 권리가 특별한 혜택이되고, 회사가 지켜야 할 의무가 마치 은혜로운 자비처럼 되어버린 것이 지금의 사회이다. 그래서 비교적 높은 시급을 보고 왔다가 생각 이상으로 힘든 노동강도와 스트레스 때문에 그만두었을 것이다. 그래도 최저임금보다는 많으니 다행인 건가. 수습기간이랍시고 10퍼센트를 떼지 않으니 고마워해야 하는 건가. 아니면, 4대 보험을 들어주니 황송해야 하나.

회사를 다닌 지 6개월째 되던 날, 일을 그만두었다. 그리고 나서 평일에 먹는 12시 점심밥의 고마움을 새삼 느꼈다. 버스를 타다가도 지하철을 타다가도, 케이블 TV를 보다가도 내가 받았던 전화의 광고를 심심찮게 본다. 24시간 상담전화라는 말을 들을 때면, 지금도 전화기를 붙들고 고객을 응대하고 있을 수많은 전화 상담원들과 도떼기시장 같

앉던 콜센터를 떠올린다. 콜센터에서 보낸 6개월은 고객의 불만을 이해하면서도, 육두문자를 참아내고 죄송하다는 말을 입에 붙이며 스트레스와 싸워야 했던 시간이었다. 그리고 파트타임 알바라는 단시간 노동에 숨겨진 높은 노동강도의 잔혹함을 뼈저리게 느꼈던 시간이었다.

| 김미선(2011) |

퀵서비스 회사

✦

이륜차나 경상용차를 이용해 소화물을
운송하는 서비스를 제공하는 곳.

"사장님 왜 빨리 안 오세요?"

살을 에는 듯 칼바람이 뼛속까지 스며드는 1월 어느 날 늦은 오후, 짧은 해는 서서히 임무를 마치고 쉬려 하는데 핸드폰으로 앙칼진 단발마의 목소리가 전해져온다. 천호동에서 오후 4시 30분쯤 고객에게 물건을 건네받고 목적지인 문래동으로 가는 중이었다.

"고객님, 지금 물건 건네받은 지 불과 20분밖에 되지 않았는데 그렇게 재촉하십니까?"

"천호동에서 문래동까지 20~30분이면 오지 않나요?"

"네에? 무슨 말씀을 그렇게 하십니까? 비행기도 아니고 오토바이로 20킬로미터 넘는 거리를 어떻게 그 시간에 갑니까?"

"88도로 타고 오는 것 아닌가요?"

"88도로는 자동차 전용도로이고요, 만약 이 도로를 탔다가 교통경

찰에게 걸리면 어떻게 되는 줄 아십니까?" 기가 막혀서 웃음도 나오지 않았다.

"됐고요, 빨리나 오세요."

그리고 무뚝뚝하게 전화를 끊어버리는 것이었다. 황당하기도 하고 기가 막혔지만 마음을 진정시켰다. 고객이 업무를 진행하는 데 급히 필요한 물건임에 틀림없다고 판단해 최대한 빨리 가기 위해 액셀러레이터 레버를 당겼다. 하지만 3일 전 폭설이 내려서 도로는 군데군데 얼음 딱지가 크레바스처럼 버티고 있었다. 급브레이크라도 밟았다가는 자칫 그대로 나동그라질 것이 자명했다. 어깨 근육은 잔뜩 경직된 채 여기저기 깨져 용접된 볼품없는 오토바이 위에 몸을 싣고, 몇 번의 신호위반과 끼어들기 끝에 드디어 목적지인 문래동에 무사히 도착했다. 빌딩 3층으로 올라가 사무실에 노크하고 들어섰다.

"이영순 씨 계십니까?"

"(곁눈으로 힐끔 쳐다보며) 아저씨 테이블 위에 놓고 가세요."

"그런데요, 물건 보낸 곳에서 도착지에서 운임 받으라고 하던데요."

"(볼멘 목소리로) 왜 착불로 보내고 지랄이야!"

그러고는 물건 보낸 곳에 전화를 하더니 5분 가까이 실랑이 끝에 전화를 끊고는 퉁명스럽게 내뱉는다.

"얼마에요?"

"네 1만 5000원인데요."

"아니 늦게 오는 것도 짜증나 죽겠는데 무슨 요금이 그렇게 비싸요? 1만 2000원만 받아가세요."

"고객님 천호동에서 문래동까지 40분밖에 걸리지 않았고요, 고객님이 재촉해서 신호위반을 몇 번이나 해서 빨리 왔는데 퀵 요금을 터무니

없이 깎으시면 어떻게 합니까? 그리고 천호동에서 여기까지 1만 5000 원이면 정상운임보다 싼 건데요."

"우리가 여기서 보내면 1만 2000원이니까 이것 받고 빨리 가세요."

그러면서 테이블 위에 돈을 휙 집어던진다. 내가 무슨 강아지도 아니고 돈을 집어던지다니! 가슴속에서 분노가 치미는 것을 참고 차분하게 다시 말을 건넸다.

"고객님 제가 늦은 것도 아니고 퀵서비스를 10년 넘게 하면서 천호동에서 문래동까지 1만 2000원을 받은 경우는 없습니다, 3000원 더 주십시오."

"사장님! 저 지금 바쁘니까 그거 갖고 빨리 가세요."

"참 너무하십니다. 택시를 타도 2만 원 가까이 나오는 거리를 막무가내로 억지를 부립니까?"

한동안 침묵이 흘렀다. 고객은 아예 나를 쳐다볼 생각도 없이 무언가 열심인 척한다. 저런 고객에게 3000원 더 받겠다고 말씨름하는 게 무의미한 것 같아 테이블 위에서 아무렇게나 뒹굴고 있는 돈을 주머니에 챙겨 넣고 밖으로 나왔다. 허울 좋은 사장! 도대체 왜 내가 사장이란 말인가? 제도권에서 직업으로 인정해주지도 않고, 일하다 사고가 나도 아무런 보상도 없는데, 사람들은 퀵서비스 기사인 나를 사장이라고 부른다. 그런 논리라면 이 땅의 모든 노동자는 사장이란 말인가. 이 사회가 어렵고 힘들고 위험한 직업을 얼마나 왜곡되고 천대시하는지 여실히 보여주는 예라고 본다. 천호동사거리 근처에서 언 몸으로 웅크리고 있다가 이것만 처리하고 집에 들어갈 요량으로 오더를 찍었는데, 가슴속에 멍 자국만 남았다.

무거운 발걸음으로 뚜벅뚜벅 계단을 내려왔다. 긴 한숨을 내쉬며 담배 한 대를 피워 물고 성난 마음을 달래본다. 마천루 사이로 희미하게 비추는 해가 매연과 먼지로 범벅이 된 초라한 내 모습을 비웃는 듯했다. 나도 모르게 울컥 뜨거운 눈물이 얼어버린 볼을 타고 흐른다. 하루살이 같은 막장 인생! 과거가 주마등처럼 지나간다. IMF 이전만 해도 큰돈은 벌지 못했지만 12명의 식솔을 거느린 진짜 사장님이었다. 남대문 도매시장에 옷을 만들어 납품하는 숙녀복 제조공장을 운영하면서 조그만 집도 사고 자가용도 굴렸다.

그런데 어느 순간부터 경기불황으로 내수시장은 점점 위축되었고, 일감은 줄어들기 시작했다. 조금만 견디면 나아지겠지 자위하며 집까지 팔아 월급을 주고 1년을 견뎠으나 결국 문을 닫아야만 했다. 그저 열심히 일한 죄밖에 없는데, 남들보다 밤늦게까지 코피 터지며 성실히 일해서 공장 식구들 월급 제때 주고 평범하게 애들 교육시킨 것이 전부인데, 왜 이런 시련이 나에게 온 걸까? 한동안 술로 나날을 보내다 문득 정신을 차렸다. 이대로 자포자기하고 폐인이 된다면 아이들은 어떻게 될 것인가. 공장 할 때 사용했던 오토바이를 끌고 퀵서비스 사무실의 문을 두드렸다. 오토바이 타는 것은 자신 있었기에 퀵서비스는 잘할 수 있을 것 같았다. 그날부터 퀵서비스 회사의 영업 전화번호가 찍힌 조끼를 입고 오토바이를 타기 시작했다.

그동안 크고 작은 사고를 많이 겪었고, 한때는 죽을 고비도 여러 번 넘겼다. 지금도 왼쪽 발목에는 부러진 뼛조각이 손에 잡힌다. 퀵서비스를 그만둘까 몇 번이나 생각했다. 하지만 딱히 다른 일을 할 수 있을 정도의 종잣돈을 모아둔 것도 아니라서 결국은 10여 년 넘게 퀵서비스를 했다. 매연이 자욱한 위험한 도로 위에서 하루에도 몇 번씩 사고 날 뻔했던 순간순간들, 지나가는 사람들의 힐끔거리는 따가운 시선 속에서 평균 200킬로미터를 매일 달리며 겨우 아이들 교육을 시켰고, 넉넉하지는 않지만 나름대로 생계를 이어왔다. 그렇다고 누구를 원망하지도 탓하지도 않았다.

그런데도 정말 안타까운 일들이 주위에서 자꾸만 벌어진다. 어제까지 서로 고생했다면서 웃으며 손인사하고 헤어졌던 동료가 오늘 갑자기 사고로 유명을 달리했다는 비보를 접할 때마다, 가슴속이 아리고 먹먹해지는 심정을 말로 형용할 수가 없다. 나도 언젠가는 파리 목숨처럼 돈 몇 푼 때문에 죽겠구나 생각하면 한동안 오토바이를 타지 못한다. 남은 유족들은 가장을 잃은 슬픔에 빠지는 것도 잠시, 생활고와 교육비 때문에 빚더미에 올라앉고 결국 많은 가정이 파탄의 지경에 이른다. 최소한 남은 식구들만이라도 살아갈 방도를 정부가 세워줘야 하는 것 아닌가? 단지 특수고용 노동자라는 이유 하나로 가장 기초적인 사회안전망인 산업재해보상보험 혜택도 받지 못하고 이방인처럼 살아가야 한단 말인가?* 언제 저런 개죽음이 나를 엄습할지 모른다는 불안감 때문에 요즘은 잠도 오지 않는다.

일을 하면 그냥 노동자여야 함에도 불구하고 퀵서비스 기사는 특수고용 노동자라고 편을 갈라놓았다. 오토바이 하나로 겨우 생계를 이어가는 노동자가 어떻게 사장이란 말인가? 세상은 끊임없이 변화하는데 오직 정부와 자본의 노동자 천대 정책만 변할 줄 모른다. 노동자 없이 과연 경제 질서 유지와 생존이 가능한지 묻고 싶다. 게다가 국회, 정부

---

* 퀵서비스 기사는 2012년 5월부터 산재보험 적용 대상에 포함되었으나, 퀵서비스 업무의 특성에 부합하지 않는 '전속성 요건'이 산재보험의 사각지대를 조장한다는 비판이 꾸준히 제기되었다. 이에 '전속성 요건'을 삭제하는 산재보험법 개정안이 2022년 5월 29일 국회에서 가결되었으며, 2023년 7월부터 시행된다.

주요기관, 대기업, 중소 상공업체, 심지어 가정주부와 학생에 이르기까지 전 국민이 퀵서비스를 이용한다. 앞으로도 특수고용 형태의 직업들이 계속 생겨날 수밖에 없는 사회구조 속에서 언제까지 특수고용직은 법의 사각지대에 방치되어 부평초처럼 살아야 하는가?

나는 오늘도 언제 닥칠지 모를 죽음에 맞서 도로를 질주하고 있다. 딱 한 가지 소망이 있다면 모든 노동자가 안심하고 일할 수 있도록 산재보험이 전면 적용되고, 부당해고나 살인적인 중간착취가 없는 사업장에서 보람차게 일하며 살아가는 것이다.

양용민(2011)

텔레마케팅 회사

✦

전화 등의 매체를 이용해 소비자의
구매이력 데이터베이스에 근거한 판매를 진행하는 회사.

5월 어느 날, 무려 시급 1만 원의 아웃바운드 알바를 찾아서 지원하고 면접을 봤다. 사무실에 도착했더니 일하는 사람들은 대부분 여성이었다. 생각보다 콜센터 같은 분위기는 아니고 조용했다. 정부와 은행의 정책자금을 저금리로 중소기업에 연결시켜주는 기업인 듯했다. 즉, 중소기업컨설팅 회사의 텔레마케터 알바였다. 텔레마케터는 줄여서 '티엠TM'이라고 한다. TM알바를 경험한 한 친구는 말도 안 되는 상품을 속여서 파는 전화를 걸었다고, 도저히 못 하겠어서 그만두었다기에, 혹시라도 내가 지원한 곳이 사람들한테 사기 치는 곳이면 어떡하나 걱정했다. 하지만 면접을 보는 팀장님은 친절하셨고, 일단 시급이 높았으며, 근무하는 분들이 다 여성이었다. 그래서 꼭 붙었으면 하는 생각이 들었다. 면접을 보면서도 내가 매년 얼마나 전화를 많이 돌리는지를 어필했다.

265

면접이 끝나고 팀장의 전화가 왔다. 경력자들이 면접을 많이 보러 와서 1만 원은 힘들고 8000원짜리 자리에 가는 게 어떠냐고 했다. 장소는 같은 곳인지, 시간도 동일한지, 하는 일도 똑같은지 물었더니 그렇단다. 똑같은 장소에서 똑같은 시간 동안 똑같은 일을 하는데 임금이 다르다니! 기분이 나빠졌다. 속았다는 기분도 들고, 한 달에 60만 원 수입을 예상하고 있다가 갑자기 48만 원으로 낮아지자 '알바를 하나 더 해야 하나' 하는 생각도 들었다. 진심으로 부당하다는 생각이 들었지만 아무 말도 할 수 없었다. 나는 잠깐의 침묵 뒤에 "괜찮아요, 할게요"라고 말했다. 그렇게 나는 1만 원짜리 알바 공고를 보고 가서 8000원짜리 알바를 하게 되었다.

첫 출근 날, 7시 반에 일어나서 9시 5분 전에 마포구청역 쪽으로 출근했다. 주임님에게 어떤 멘트를 해야 하는지에 대한 안내를 받았다. 그리고 10시까지 다른 텔레마케터 분이 전화를 걸고 멘트하는 모습을 보았다. 영혼 없는 목소리가 인상 깊었다. 기계 같은 목소리이거나 작위적으로 곡예를 타는 목소리. 나도 나중에 저렇게 되어야 하나 …. 하루에 몇 통 정도 거냐고 물어보니 150~200통이라고 했다. 그중 상담에 성공하는 경우는 몇 번이냐고 물으니 보통은 한 건, 많으면 두 건이란다. 그때까지만 해도 한두 건만 하면 되는구나, 별로 어려운 일은 아니네 하고 생각했다. 하지만 150~200통 중에 한두 건만 성공한다는 것은 나머지 통화에서는 모두 거절당한다는 의미였다.

나는 5억 이상 매출을 가진 중소기업들에 전화해서 국가 예산을 신용으로 지원받으라는 내용의 멘트를 해야 했다. 회사가 관심을 보이면, 정책자금 대출에 무리가 되는 결격사유가 있는지 확인해야 했다. 하지만 오늘 내가 전화를 건 곳에서는 다 거절해서 결격사유를 물어볼 틈도

없었다. 나의 팀장님은 포항에 있어서 나는 경남 지역에 전화를 돌려야
했다. 사무실 벽면에는 중소기업청에 중소기업 상담회사라고 등록한
증명서 같은 것이 붙어 있었다. 여성기업인증 같은 것도 붙어 있었다.
직원들이 다 여자라서 그런 것 같았다. 사기 치는 회사는 아닌 것 같아
생각보다 양심을 덜 팔아도 되겠구나 생각했다. 또 아침 세 시간만 투
자하면 되는 꽤 할 만한 알바라는 생각이 들었다. 일찍 일어나는 동기
도 되고 말이다.

둘째 날에는 200통 가까이 전화를 하며, 무례하게는 아니더라도 계
속 거절을 당하다 보니 아주 조금씩 기분이 다운되어가고 있었다. 그러
다 끝나기 몇 분 전에 드디어 한 건을 했다! 혼자 박수를 치고 상담기록
지를 전달하면서 "와~ 했어요" 하고 칭찬도 받았다. 그리고 나흘 차에
는 하루 만에 세 배의 건수를 했다. 나 진짜 잘하나 봐. 아니면 초심자
의 행운인가? 주임 언니에게 물어보니 급여는 원래 주급으로 준다고
한다. 너무 좋았다. 밥 먹을 돈이 없어서 굶는 시기였기 때문에 빨리 돈
이 들어왔으면 좋겠다고 생각했다. 주휴수당을 주는지는 물어보지 못
했다. 일주일에 딱 15시간 일하면 3시간을 줘야 하는데, 물어봤다가 한
시간 덜 일하게 할까 봐 걱정되어서 사실 지금까지 못 물어보고 있다.
그냥 어련히 주휴수당이 포함된 시급이려니 하고 말이다.

알바 10일 차, 내 옆에 새로운 분 A가 들어왔다. 나와 같은 팀장님
밑에서 일한다. 월요일에 주급을 받았는데, 나는 시급이 8000원이고
하루 3시간 주 4일 일했으니 9만 6000원이 들어왔다. 그런데 A가 급여
가 좀 이상하게 들어왔다며, 나랑 똑같이 하루 3시간 주 4일 일했는데
12만 원이 들어왔다고 한다. 자기는 원래 시급 9000원을 받아야 한다
는 것이었다. A가 이상해서 주임에게 물어봤더니 팀장님은 A가 시급 1

만 원이라고 생각했다고 한다. A는 시급 1만 원짜리 자리와 9000원짜리 자리를 동시에 지원했는데 결국 9000원으로 통일되었단다. 하지만 경력자인데도 건수 잡아내는 건 나보다 못한다. 성과에 따라서 다른 시급을 받아야 한다고 생각하는 건 아니지만, 이건 아니지 싶었다. 하는 일은 똑같은데 왜 누구는 8000원, 누구는 9000원, 누구는 1만 원인가?

"아침부터 자꾸 뭐 이런 거 하고 싶어요?" 알바 14일 차에는 시작하자마자 짜증 섞인 목소리로 무시를 당했다. '이런 거'는 뭘까? 월세를 버는 거? 하루 세 시간 일하고 2만 4000원 버는 거? 그래 너무 하고 싶다! 최저시급만 딱 맞춰주면서 노예처럼 부리는 다른 알바에 비해 너무 조건이 좋으니까. 사람들은 우리더러 보이스피싱 아니냐고, 사채 아니냐고, 대부업체 아니냐고 의심한다. 왜 공기업 같은 이름을 쓰면서 사기를 치냐고 따지는 사람들도 있다. 이쯤 되면 정말 내가 사기를 치는 건지도 모르겠다는 생각이 든다. 수화기 너머에 사람이 있다. 사정이 있고 감정이 있고 판단을 하는 인간이 있다.

여기는 여성기업확인서가 있을 만큼 여성 노동자들이 많다. 하지만 대표급인 위원장은 중년 남자다. 위원장이라는 남자는 전화업무를 하지 않는다. 가끔 사무실에 어슬렁 나타나서 스윽 둘러보고 다시 나간다. 한번은 손님들이 사무실을 찾은 적이 있었는데, 주임에게 커피를 타 오라고 시켰다. 나는 경악했다. 아직도 여직원에게 자기 커피를 타 오라고 시키는 남자가 있다니. 그리고 TM과 팀장들이 앉아 있는 사이를 왔다 갔다 하면서 한 팀장님에게 "역시 날씬해서 지나다니기가 편해"라며 성희롱을 했다. 팀장님의 표정은 어색하게 굳어 있었다.

강도 높은 감정노동에 못 이겨 매일 사람들이 나가고, 또 면접을 보러 온다. 전화를 받는 사람이 "사기 아니냐", "왜 자꾸 전화하냐"며 짜증내면서 공격할 때는 기분이 더러워져서 나도 같이 화를 내고 싶다. 간혹 말하는 도중에 그냥 끊는 사람들이 있는데 그렇게 끊기고 나면 기분이 안 좋다. 도대체 수화기 너머에 있는 존재가 뭐라고 생각하는 건지. 요새는 그렇게 화가 많이 나지 않는데, 내가 무뎌진 것인지, 스스로 감정을 무시하고 있는 건 아닌지 걱정이 되기도 한다. "해당사항 없습니다." "필요 없습니다." 별로 친절하게 받아주지 않아도 거절 멘트를 해주면 그래도 낫다. "필요하면 연락드리겠습니다." "저희는 자금이 충분합니다." "저희는 괜찮습니다." 사정을 말하며 친절하게 거절할 때는 고맙기까지 했다. 한창 스트레스를 많이 받을 때는 전화 걸었는데 없는 번호일 때가 제일 좋았다.

알바를 어느 정도 하고 나니 생긴 습관이 있다. 상대방이 전화를 먼저 끊기 전에 내가 먼저 버튼을 눌러서 끊는 것이다. 상대방이 전화를 끊을 때 수화기가 본체에 부딪혀 나는 탁 소리가 너무 커서 깜짝 놀라기 때문이다. 그래서 먼저 전화를 끊거나, 끊는 소리가 날 것 같으면 수화기를 귀에서 떨어뜨린다. 별 것 아닌 것 같은데 탁 소리를 그대로 듣고 있는 건 왠지 상처가 되고 모욕적이다. 아무리 나를 모욕하려는 의도가 없더라도 내가 하는 노동이 나에게 그런 감정을 가져다준다.

얼마 전에는 웃지 못할 경험을 했다. 나는 텔레마케터의 고충을 알기에 웬만한 광고전화는 아예 받지 않는다. 그러다 치아보험에 가입하라는 전화가 광고로 뜨지 않아 받게 되었다. 텔레마케터 분이 열심히 설명하시는 걸 들으며 필요 없다고 정중하게 말한 뒤 끊으려 했는데, 안내만 드리고 끊는다고 해서 차마 끊을 수가 없었다. '아, 이 기분 알지. 이분 잘하시네?'라고 생각하며 계속 듣고 있었다. 20분 뒤 정신을 차려보니 한 달에 3만 원 하는 치아보험에 가입해버렸다. 다음 날 전화

해서 다시 생각해보니 필요 없을 것 같다고 세 번이나 말한 다음에야
해약할 수 있었다. 상품이 필요 없다면 한마디 거절의 말이라도 하고
끊어주길! 수화기 뒤에 있는 존재는 기계가 아닌, 상처를 받는 인간이
기 때문이다.

| 이가현(2017) |

통신회사

유무선 전화·인터넷 서비스를 제공하는 회사.

담배 연기 한 모금이 창밖으로 흘러내려간다. 이 한 모금으로 하루의 고단함을 잊으려 한다. 그러나 오늘 일과는 깜깜한 밤처럼 어둡기만 했다. 내가 뭘 잘못했기에 하루가 지옥 같을까? 나의 미래는 어떻게 될까? 뜬구름 같지만 이런 질문을 날마다 한다.

　나는 인터넷을 설치하고 수리하는 하청노동자다. 일 년에 한 번씩 업체가 바뀌면 새로운 사장을 포함한 관리자와 똥개마냥 서로의 영역을 확인하는 싸움을 한다. 헤어진 업체와도 싸운다. 미정산 임금과 퇴직금을 떼이지는 않을까? 나름 치열한 두뇌싸움을 해야 한다. 이렇게 10년을 살아왔다. 글을 쓰는 지금은 10월 중순이지만 주변이 시끄럽다. 동료들이 업체가 교체된다느니, 새로운 업체는 어쩌구 저쩌구 하는 통에 업무에 집중도 안 된다. 벌써부터 숨이 조여온다. 나는 무사하겠지? 모르겠다. 이전에도 무사했으니 앞으로도 무사하겠지? 스스로를 다독인다.

불안하고 짜증나는 마음으로 현장에 가보지만 만나는 고객 또한 만만치 않다. 솔직히 고객 댁에 방문하는 것이 이젠 두렵기까지 하다. 몸에서 담배 냄새가 나지 않도록 탈취제도 뿌리고 가글도 하고 현관 앞에서 마지막 옷차림과 미소를 점검한 뒤 조심스럽게 노크를 한다. 빠르게 고객의 요구를 확인한 뒤 최대한 빨리 작업하고 나가야 한다는 생각에 조바심이 난다. 요즘 고객들, 아니 사람들을 보면 칼날 위에 서 있는 것처럼 털끝만큼의 여유도 없어 보인다. 그래서 괜한 트집과 무리한 요구도 굴욕적으로 수긍하고 들어줘야 할 때가 종종 있다. 심지어 "올 때 담배와 술을 사오라"는 고객들도 있다. 심지어는 일을 마치고 나가려 할 때 자기가 어디 가야 하니 데려다달라는 분도 있다. '고객은 왕이다'라는 프레임을 내세운 대기업의 상술에 세뇌당한 것 같다. 강하게 거부하면 고객 불만을 제기하는 경우가 다반사다.

오늘은 운이 좋았다. 비상식적인 고객을 만나지도 않았으며 영업도 한 건 했다. 회사 관리자가 칭찬까지 하니 기분이 더 좋았다. 그런데 마음 한편으로는 고객에게 미안한 마음도 든다. 이 상품이 고객에게 진짜 필요한 상품일까? 이런 반문을 수없이 했지만 그 고객은 원청에서 알려준 프로세스의 타깃이었으며, 원청에서 알려준 말과 행동을 따라 하니 고객은 추가 상품에 가입했다. 나보다 1000배는 똑똑한 사람들이 상품으로 만들어 내놓은 것이고, 원청에서 알려준 타깃 고객에게는 필요할 거라 위안을 삼고 뒤돌아설 수밖에 없었다. 영업을 채우지 않으면 관리자에게 혼나고, 200만 원도 되지 않는 월급에 점심은 빵으로 때워야 하며, 내년에 나는 직장을 잃고 거리를 헤맬지 모르니 ….

나는 어떻게 될까? 고민을 해보지만 쉽지 않다. 정말 미치겠다. 욕이 절로 나온다. 오늘은 생각을 그만하자며 마음도 닫아버려야겠다. 어찌 되겠지, 되새기며 닫아버린다. 따르릉! 따르릉! 자명종이 힘차게 운다. 근데 문득 이런 생각이 든다. 나는 자명종의 부품처럼 기계적으로 일어나 기업의 부품이 되기 위한 준비를 하고 있구나! 나는 이전에 부품처럼 살아왔구나! 나는 앞으로도 부품처럼 살아가겠구나! 슬퍼지며 화가 나지만 이내 체념하고 기계의 부품이 되어 출근한다.

기계부품1: 센터 바뀐다고 하니?

기계부품2: 응, 그렇다고 하네.

기계부품3: 그럼 우리는?

기계부품4: 야, 그럼 지금 회사에서 월급이랑 퇴직금 준대? 우리 12월 31일이면 딱 1년이잖아? 근데 우리 근로계약서상 기간이 1일은 신정이라 2일부터로 기재되어 있지 않았나?

기계부품5: 모르지. 전에 그 사장놈처럼 도망갈지도 모르지.

기계부품6: 설마 그럴라고? 물어볼까? 근데 누가 물어보지? 난 팀장이랑 안 친해서 물어보기 뭐한데 ….

우리들의 대화는 늘 이런 식이다. 아무도 나서지 않고 아무도 책임지지 않는다. 관리자들은 이런 우리들의 상황을 누구보다 잘 알고 있으며, 우리는 문제제기한 사람들이 어느덧 우리 시야에 사라지고 없다는 것을 잘 알고 있기 때문이다. 무의미한 대화를 마치고 다들 현장으로 출동한다. 아마 내일도 이런 대화를 하고 현장으로 가겠지. 이런 일과가 날마다 반복되는 것을 이젠 참을 수 없을 것 같다. 내가 어떻게 하면 될까? 누군가의 도움이 필요하다. 누구에게 도움을 청할 수 있을까? 생각해보지만 막막하기에 이내 포기하고 만다. 나만 아니면 돼! 생각을 닫아버리고 눈을 감아버리자! 그래 그러면 될 거야.

지옥 같은 하루가 끝나고 씩씩하게 집으로 간다. 뒤에서 까만색 자동차가 나를 치고 달아났다. 비교적 가벼운 사고였지만 오른손 손목관절이 너무 아파 응급실에 가서 깁스를 하고 팀장에게 전화를 걸었다. 자동차가 손을 치고 달아났다고 하니 그의 첫말은 "그럼 내일 일은? 그리고 출근할 거지?"였다. 나는 아무 대답도 못하고 전화를 끊었으며 다시 걸려오는 전화도 받지 않았다. 내일은 출근하지 않을 거라는 굳은 결심을 하고 또 했다. 10년이면 이젠 바꿀 때가 되었다. 이렇게 10년이면 지나온 10년을 반성하고 사과해야 한다. 이렇게 10년이면 앞으로는 이런 일들이 더 이상 생기지 않아야 하지 않을까?

그러나 회사는 바뀌려 하지 않는다. 아니 바꾸고 싶지 않은지도 모르겠다. 지독한 10년이었다. 악몽 같은 10년이었다. 내 삶과 일터는 가진 것 없고 배고픈 자들이 살아남기 위한 피와 살이 튀는 전쟁터였으며, 온갖 부당노동행위가 판을 치고, 원청 관리자들과 하청 사장들은 그들만의 밥줄과 이익을 위해 밀실거래를 이어간다. 내일은 오늘과 다른, 아니 더 좋은 내일이 왔으면 하는 간절한 마음을 담아 싸운다. 이글을 읽는 모두에게 간절한 마음을 전달하고 싶다. 우리들의 싸움을 지켜봐달라고. 한 걸음 더 나아가 연대해달라고.

최영열(2018)

편의점

✦

고객의 편의를 위하여 24시간 문을 여는 잡화점.

"김 양! 나 또 왔어~"

점심시간이 되면 한 할아버지가 들어와 매번 나를 이렇게 부른다. 참고로 나는 성이 김 씨도 아니고, ○○ 양이라 부르는 걸 좋아하지도 않는다. 도대체 어떤 이유로 나를 김 양으로 부르는 건지는 모르겠지만, 그래도 할아버지니까 옛날 사람이니까 그러려니 한다. 그 할아버지는 우리 매장에서 매일 연금복권 한 장, 1000원짜리 즉석복권 한 장, 그리고 로또 1000원어치를 사간다. 조금 있으면 매일 편의점 도시락 두 개를 사가는 할아버지가 나타날 것이다. 보헴 시가 미니 5미리를 매일 사가는 공익근무요원도 온다.

나는 편의점 알바 노동자이다. 언제부터 일했는지는 정확히 기억나진 않지만, 2~3년은 넘은 것 같다. 지금 일하는 매장에서만 1년 넘게 일했다. 꽤 오래 일하다 보니 매일 오는 단골들과는 몇 마디씩 농담을 주고받을 만큼 친해졌다. 물론 나를 김 양이라고 부르는 할아버지께는 어떤 표정을 지어야 할지 아직 난감하기는 하다.

　나는 아침 8시면 편의점에 출근한다. 출근해 시재점검(들어오고 나간 돈의 액수와 현재 보유 중인 현금 액수를 비교해 확인하는 작업)을 하고 나면, 8시 10분쯤에는 출근길에 간식을 사가려는 손님들이 우르르 들어온다. 바로 옆에 구청이 있고, 또 그 옆에는 방송국이 있어서 편의점은 늘 바쁘다. 긴 줄을 선 손님들을 맞이해 물건을 팔다 보면 한 시간은 후딱 가버린다. 그러고 나서 아침 9시로 유통기한이 지나는 도시락 등 냉장식품들을 꺼낸다. 그중 일부는 내 아침밥이 된다.

　2년 동안 유통기한이 지난 편의점 음식으로 식사를 하다 보니 편의점 음식을 쳐다보기도 싫어져서 굶을 때도 있다. 생각해보면 어떤 걸 먹어도 편의점 알바를 하면서는 맛이 없을 것 같기도 하다. 라면 면을 집자마자 손님이 들어오고, 밥 한 술 뜨자마자 손님이 물건을 찾는다. 그럴 때면 밥맛이 정말 뚝 떨어진다. 가끔은 손님들이 아는 척을 하거나 놀릴 때도 있다. 그럴 때면 왠지 부끄럽고 민망해져서 더는 먹을 수 없게 된다. 그 과정이 너무 싫어서 자주 굶게 된다.

　아침시간이 지나면 가게는 조금 한가해진다. 그렇다고 마냥 쉴 수 있는 것은 아니다. 사실 편의점에서 일하기 전에는 편의점이 마냥 '꿀알바'인 줄만 알았다. 그냥 계산대 앞에 서서 계산만 해주면 모든 것이 잘되는 줄 알았다. 그러나 그건 착각이었다. 생각보다 편의점 알바가 해야 할 것은 많다. 커피 기계도 청소해야 하고, 매장 청소도 해야 하고, 손님이 물건을 사가면 창고에서 물건을 꺼내 채워야 하며, 온장고와 냉장고의 물건도 채워야 한다. 그렇게 오전시간에 일을 하다 보면 점심시간이 되고, 물류 배달이 온다.

내가 일하는 매장은 오후 1시쯤 되면 30개 넘는 물류 상자가 온다. 혼자 도저히 마무리할 수 없어서 점장님이나 다른 알바가 출근하면 함께 정리한다. 배달이 오면 물류를 창고에 넣거나 판매대에 올려야 하고, 중간에 복권도 팔아야 하고, 정신이 없다. 알바를 시작하기 전에는 온갖 귀찮은 것들을 누가 하나 싶었는데, 정신 차리고 보니 다 내가 하고 있었다. 그렇게 정신없이 7시간 동안 일하고 나면 퇴근할 수 있다. 퇴근할 때는 해방감이 엄청 크지만 사실 배고픔이 먼저다. 아침 8시부터 오후 4시까지 아무것도 먹지 않거나 삼각김밥 한두 개를 먹으며 버텼기 때문이다. 가끔 너무 배고파서 인터넷으로 맛있는 음식 사진을 구경하기도 한다. 알바가 끝나자마자 서둘러 식당에 가거나 집에 가서 밥을 먹는데, 그때는 거의 매번 속이 쓰리다.

이런 루트를 한 달 동안 반복하면 월급이 들어온다. 최저임금에 맞춰진 임금이라 넉넉하지는 않다. 놀러도 가고 적금도 넣고 예쁜 옷도 사고 싶지만, 교통비와 식비로 대부분을 사용한다. 알바비를 받는 당일은 좋은데 금방 사라져버리는 것을 바라보면 기쁜 마음도 오래가지 못한다. 알바를 하고 받는 돈이 조금만 많았으면 김밥집 앞에 서서 1800원짜리 김밥을 먹을지, 2500원짜리 김밥을 먹을지 그토록 오래 고민하지 않아도 될 것 같다는 생각이 든다.

가끔은 이상한 손님들이 나를 괴롭히기도 한다. 예의 바르고 착한 손님들도 있지만 가끔은 무례한 손님들을 만나기도 한다. 머리 길이가 짧을 때는 거의 매일 "혹시, 총각이야 아가씨야?" 하고 물어왔고, 내가 '아가씨'라는 것을 알아낸 남자 손님은 30~40분간 내게 말을 건네기도 했다. 예전에 일했던 편의점은 술집이 줄지어 서 있는 골목 중앙에 위치해 있어서 만취한 손님들이 오기도 했다. 상대적으로 어리고, 성별

이 헷갈릴 만큼 머리가 짧은 나에게 취객들은 가끔 위협적인 농담들을 던졌다. 집이 어딘지, 퇴근 시간이 언젠지, 나이가 몇 살인지, 총각인지 아가씨인지 집요하게 얼굴을 들이밀고 물어보는 탓에 겁에 질린 적도 있었다. 몇 번은 아직 집에 가지 않은 야간 알바의 도움을 받아 창고에 숨어 있기도 했다. 시간이 지나 머리를 기른 후에는 총각이야 아가씨야 하고 물어보는 손님들은 줄었으나, 괜히 화를 내거나 매장에서 담배를 피거나 술을 먹는 손님들은 그대로였다. 무섭게 화장을 하고 출근하면 손님들이 안 그럴까 싶어서 한때는 진한 화장을 하기도 했었는데, 별로 통하지 않았다.

사실 나는 꽤 많은 종류의 아르바이트를 하며 살았다. 수능이 끝난 열아홉 살에 바로 집 근처의 아르바이트를 구했다. 돈이 당장 필요한 것은 아니었지만 수능이 끝나면 꼭 해볼 만한 일로 정해둔 것 중에 아르바이트도 있었기 때문이다. 정말로 어른들이 말하는 '경험을 위해' 알바를 시작한 나는 꽤나 많이 알바 경험을 하고도 돈이 없어서 계속 알바를 해야 했다. 알바가 너무 지긋지긋해서 그만두었다가도 한두 달 후에는 돈이 없어 새로운 아르바이트를 구했다. 정신 차리고 보니 벌써 아르바이트를 5년째 하고 있다.

떡집, 빵집, 전단지, 카페, 편의점, 방청 알바를 전전하며 내가 깨달은 것은 알바는 결코 '좋은 경험'을 위해 하는 것이 아니라는 점이었다. 알바를 하면서 만난 친구들 중 단 한 명도 '인생 경험'을 위해 하는 사람은 없었다. 그런데도 수업 시간에 교수님이 "알바 한다고 대학 생활을 즐기지 못하고, 공부도 안 하는 학생"에 대해서 말할 때면 좀 슬프기도 하다. 학기 중에는 수업을 들으며 알바를 하다가도 방학 중에는 공장에 가거나 주 6일 뷔페 알바를 하는 친구들도 많다는 걸 교수님이 알았으면 좋겠다고 생각한다.

편의점 알바를 하기 전에는 꽤 오랜 시간 카페 아르바이트를 했다. 당시에는 음료 만드는 일이 재미있게 느껴질 때도 있었고, 오래 일하다 보니 지역을 옮겨가도 같은 브랜드에는 취업이 잘 되어서 카페 알바만 골라가며 했다. 손이 재빠르거나 일을 잘하는 편은 아니었지만 아주 모자라지 않게는 했었던 것 같다. 카페에서는 멋진 바리스타들이 향기로운 커피를 내려주는 것으로 알고 있었는데, 정신을 차려 보니 바리스타 자격증 하나 없는 내가 커피도 내리고 청소도 하고 계산대도 보고 정산도 하고 마감도 했다. 카페는 여유와 낭만의 공간이지만 카페에서 일하는 내 마음에는 정작 여유도 낭만도 없었다. 브랜드 커피 중 가장 싸다고 알려진 카페에서 일했기 때문에 손님이 정말 많았다.

하루는 알바를 하다가 실수로 끓는 물을 팔목에 부어버렸다. 순간적으로 얼굴이 확 뜨거워지는 게 느껴졌다. 아프기도 하고 무섭기도 했다. 팔에 화상을 입었다는 것을 직감적으로 알았으나 화장실에 가거나 응급조치를 취하기에는 손님 줄이 너무 길었다. 응급조치도 없이 한참 동안 일하다가 화상연고를 바르려고 찾았는데, 매장에는 그 흔한 화상연고도 없었다. 어쩔 수 없이 그냥 일을 했다. 퇴근할 때쯤 되니 데인 부분에서 진물과 물집이 올라오기 시작했다. 퇴근은 밤 12시였고, 병원은 모두 문을 닫은 시간이었다. 물집은 다 터져서 진물이 흐르고 있었다. 결국 나는 응급실에 가서 화상 입은 곳의 조직을 다 벗겨냈다.

산업재해를 인정해달라고 하자 사장님이 "가게에 민폐만 끼친다"며 소리를 질렀다. 그 말이 몸에 푹 꽂히는 것 같았다. 가게에 나오지 말라고 소리치며 내가 "일을 못해서" 해고하는 거라고 했다. 사장님과 한 번도 같이 일해보지 않았는데, 어쨌든 사장은 내가 일을 못한다는 사실은 안다고 얘기했다. 나는 한참이나 폭언을 듣다가 버티지 못하고 일을 관두겠다고 말했다. 그러니까 사장이 비로소 상처는 괜찮냐며 치료비로 쓰라고 10만 원을 건넸다. 10만 원은 내가 쓴 치료비의 삼분의 일도 안 되는 돈이었다. 모멸감에 얼굴이 화끈거리는 것을 느끼며 10만 원을 돌려주고 가게를 나왔다. 10만 원을 받는 대신 노동조합과 노무사의 도움을 받아 산재 서류를 냈다. 다행히 산재처리가 받아들여져 치료비를 받을 수 있었다. 그러나 팔목에 남은 흉터는 지금도 사라지지 않았다.

그 일이 있은 후, 나는 살면서 가장 오랫동안 알바를 하지 않았다. 알바를 하는 게 너무 무서웠다. 내가 이 사건을 언론에 제보했다는 사실을 알자마자 사장은 나에게 정말 미안하다고 연락했다. 나는 정말로 묻고 싶었다. 왜 그때 당신의 폭언을 들으며 벌벌 떨다가 울었던 알바에게 미안하다는 말을 하지 않았는지, 팔에 살 껍질을 다 벗겨내고 붕대를 감고 일하던 알바가 불쌍하지는 않았는지, 노동법이나 제도를 다 떠나 기껏 최저임금을 받고 일하는 알바가 당한 사고가 안타깝지는 않았는지 묻고 싶었다.

다시 알바를 시작했을 때는 사장이나 매니저와 같이 일하지 않아도 되는 편의점만 골라서 일했다. 다시 그들과 부대껴서 일을 할 자신이 없었다. 나는 계산대 뒤에서 배고픔을 참으며 끝나고 먹을 밥에 대해 생각하는 사람이지만, 손님들과 사장님에게 나는 인격이 없는 계산원으로 기억되었다. 나는 정말 한 명의 계산원인 '김 양'으로만 그 공간에 존재할까? 나의 이름도, 삶도, 꿈도, 일을 하는 이유도 알바를 하는 도중에는 사라져버리고 만다. 아무도 나에 대해 궁금해하지 않고, 또 나를 인격적으로 대해주는 사람도 적다. 손님들은 나를 물건을 살 때 한번 거쳐야 할 관문 정도로 인식하는 것 같다. 그렇다면 알바를 하는 내 삶의 시간은 어떠한 의미도 없이 표류하는 시간들일까? 수업 시간에 교수님이 말했듯이 나는 즐거운 대학 생활의 시간을 빼서 알바에 허송세월하는 사람인 걸까?

아직은 많은 해답을 찾아나가야 하지만, 나는 내 일이 존중받았으면 좋겠다. 계산대 뒤에 있는 내가 '김 양'이 아니라 신민주인 것처럼, 사람들도 알바에게 최소한의 존중을 보여줄 수 있는 사회에 살았으면 좋겠다. 밥을 굶으면서 1800원짜리 김밥을 먹을지 2500원짜리 김밥을 먹을지 오래 고민하지 않는 삶을 살고 싶다. 일한 만큼 돈을 받는 그런 알바를 해보고 싶다. 다쳤다고 욕먹지 않고, 총각인지 아가씨인지 물어보지 않는 사회에서 살고 싶다. 최저임금을 받고 일하는 알바이지만, 일하는 시간 동안 내가 '최저'의 사람이 되지 않는 사회를 진심으로 원한다.

| 신민주(2017) |

폰케이스 공장

✦

휴대폰의 겉에 씌워 본체를 보호하거나 장식하는
액세서리를 제조하는 곳.

내가 들어간 곳은 휴대전화 케이스를 조립하는 ○○전자다. 독산동에
있고 직원이 50명쯤 되는 이른바 가족 회사인데 사장과 아내, 사장의
친척 중 하나로 보이는 '이모님'이 경영관리를 하고 있다. 이들은 작업
장 맨 뒤에서 시험 보는 아이들을 감시하는 선생처럼 살피다 컨베이어
벨트를 조절한다.

　아침 9시 출근과 저녁 6시 퇴근으로 정해져 있지만 정시에 끝나는
경우란 거의 없다. 퇴근 시간은 부품이 떨어지는 때다. 그러니 울퉁불
퉁하다. 누구도 오늘의 잔업 시간을 예측할 수 없다. 입사한 후 퇴근 시
간이 다 되어 동료에게 물었다. "오늘 잔업 있나요? 몇 시까지 해요?"
"여기는 그것 아무도 몰라요. 사장님만 알아요." 한 시간 반 넘게 컨베
이어벨트가 쉬지 않는다. 7시 30분이 되니 빵이 지급된다. '빵 잔업'이
다. 잔업은 일이 끝나야 끝나는 식이다. 잔업 할 때 제공하는 식사도 불

규칙하다. 대개 2시간 잔업이면 그냥 저녁을 건너뛰고 연속 잔업을 한다. 2시간 이상 3시간 정도의 잔업이면 빵이 제공되고, 3시간 이상이 되면 밥을 준다. 그래서 이 공장에서 잔업은 '잔업', '빵 잔업', '밥 잔업'으로 나뉜다. 그렇게 일을 해봤자 150만 원 이상을 받는 이가 없는 공장이다.

매주 월요일에는 조회를 한다. 빨리 작업하라, 불량 내지 마라, 조립 과정에서 누락하지 마라, 누락 2개면 당장 회사 그만두고 집으로 가라는 말이 대부분이다. 이런 식의 다그치는 말은 일상적으로도 듣게 된다. 작업 도중에 "집합"을 외치면 누군가 불량을 내고 누락한 것이다. 우리는 조회 때처럼 모인다. 그날은 납품 회사에서 불량을 팩스로 전해 온 날이다. 우선 검사하는 이들을 다그치고, 누락이나 불량이 나면 다시 수리해 조립하는 것이 아니라 출근부 앞에 전시를 해 여러 사람에게 '경종'이 되도록 한다.

작업 중에 불량이 발생하면 쉬는 시간이나 식사 시간에 수리해 채워야 한다. 알아서 하는 것이 아니라 불량분을 관리자가 가져다주며 일을 시킨다. 또한 컨베이어가 돌다 보면 밀리고, 그러면 작업이 지체되어 쌓이기도 하는데, 그러면 정체된 분량도 쉬는 시간이나 식사 시간에 채워야 한다. 그러다 보니 일부 사람들은 컨베이어 속도에 딸리지 않기 위해 쉬는 시간에 미리 작업을 한다. 이 기가 막힌 현실에 내가 이전에 다녔던 기륭전자의 비정규직 노동은 어느새 옛날이구나 하는 생각을 떨칠 수가 없었다.

나는 어려서부터 손이 빨랐다. 그래서 어떤 공장을 가도 작업량이나 속도로 구박을 받은 적이 없다. 오히려 항상 칭찬을 받는 편이었다. 기륭전자 비정규직 때도 나는 적어도 일이 밀리거나 딸린 적이 없다. 그래서 내가 작업의 첫 라인에 있으면 사람들의 눈총을 받기도 했다. 하지만 ○○전자에 들어와서 난생처음 컨베이어 속도를 따라잡기가 어려웠다. 대단한 노동 속도와 강도에 정말 내가 나이가 먹어 그런가 한탄했다. 자발적이라는 외형을 띤 이런 강제가 너무나 자연스럽게 진행되어 당황했다.

○○전자의 생산직 노동자는 70퍼센트가 이주노동자들이었다. 특히 중국동포 노동자들이 많았는데 이들은 처음부터 악화된 노동조건을 정상적이고 당연한 것으로 여기도록 훈련되어 있었다. 그들은 정신없이 일하면서도 정신없이 떠든다. 그런 모습이 예전의 우리 모습이라서 흥미롭게 지켜봤다. 사장과 관리자들은 떠드는 것을 싫어한다. 일에 집중하지 못해 물량이 덜 나온다고 생각하기 때문이다. 그래서 바로 "조용히 일해"라고 외친다. 그러면 조용해진다. 하지만 그것도 잠시, 다시 수다 기운이 일어난다. 그래서 "조용히 해"라는 말을 귀에 달고 일을 해야 했다. 어느 날은 컨베이어벨트가 유난히 아주 천천히 돈다. 웬일인가 했더니 납품 업체에서 감독이 나온다고 한다. 그래서 규정 속도로 일을 시킨다고 한다. 일의 양이 거의 3분의 1 수준이다. 그런데 감독이 있는 순간에는 쉬지 않고 일을 했다. 그래서 정기적으로 쉬는 시간인데도 쉬지 못했다. 참으로 더러웠다. 결국 감독이 떠난 후에야 잠시 휴식 시간이 생겼다.

돌이켜보면 그날만 휴식 시간이 불규칙했던 것은 아니다. 쉬는 시간 전후에 정해진 일감이 있고 부품이 있다면 다 하고 나서야 쉰다. 그러니 30분, 한 시간씩 휴식 없이 일을 한다. 휴대전화 모델을 바꾸어야 해서 잠시 짬이 나는 시간도 휴게시간으로 부여한다. 일도 그렇다. 많으면 특근 잔업이지만 가끔 부품이 떨어지면 바로 귀가 조치한다. 일종의 조퇴 조치다. 주 5일제라고는 하지만 토요일 근무는 의무적으로 강제한다. 이런 강도다 보니 국내 노동자들 중 이 회사를 견디는 이들이 드물다. 매일 사람을 뽑고 매일 사람이 그만둔다. 그래서 회사는 웬만하면 근로계약서를 쓰지 않는다. 바로 그만둘 사람들에게 일당이나 2~3일치 일급을 주지 않기 위해서라고밖에 이해할 수 없다.

기륭은 파견 노동이었지만 ○○전자는 파견 노동이 아니었다. 그래서 고용불안은 덜했다. 스스로 견디면 되기 때문이다. 하지만 너무나 불규칙적이고 강한 노동강도다. 고용불안 대신 지옥 같은 노동의 고통을 견뎌야 하는 것이다. 중소 영세업체에서는 정규직이든 비정규직이든 엄청난 장시간 노동과 견딜 수 없는 노동강도를 강요당한다. 몇 달도 견딜 수 없는데 1년, 2년 고용계약 기간이 무슨 의미가 있을까?

그러면서도 이상하고 낯선 것이 있었다. 노동자가 50명 정도니 사장 등은 마치 큰오빠가 막냇동생 혼내듯 정이 가득한 말투로 지적한다. 하지만 그 내용은 아무 권리 없이 의무만 지는 노동을 수용하라는 것이다. 기륭전자에서 정규직으로 일하면서 손 빠르고 일 잘한다고 소문이 났던 친구를 이곳에서 다시 만났다. 하지만 그 친구도 일주일을 못 견디고 그만두었다. "언니 나 여기서 도저히 컨베이어 속도를 맞출 수 없어. 견딜 수 없어요." 나도 일의 강도를 견디지 못해 몸이 아팠다. 견디고 했지만 도저히 안 된다고 봤는지 사모가 일찍 퇴근해 병원에 가라고 한다. 내가 1986년 맨 처음 갔던 공장은 라면을 만드는 삼양식품이었다. 그때는 주야 맞교대였고 참으로 봉건적이었는데, 그때 노동이나 지금 노동이나 도대체 구별할 수 없는 지경이다.

우리가 나이 든 걸까? 이놈의 세상이 사람을 기계보다 더 강하게 여기고 다그치는 것일까? 나는 기륭전자 비정규직 노동의 설움에 저항했지만, 그사이 공장의 현실은 이주노동자들의 설움과 눈물과 고통 속에 더욱더 악화되어 있었다. 일이라는 것이, 그래 경제라는 것이 사람을 위해 존재하는 것인데, 어쩌다 돈 때문에 사람을 다 죽이는 것이 됐는지 정말로 억울하다. 정규직도 비정규직도 모두가 하루하루를 견뎌야 하는 공장, 참으로 깜깜했다. 1986년이나 2011년이나 다를 것 없는 현장, 정말 나로서는 견딜 수 없는 노동강도. 여기에 이미 적응한 노동자나, 휴식 시간이나 식사 시간을 희생해야 하는 노동자의 현실을 보면서 오랜 투쟁, 일상적인 연대 투쟁의 피로에 투덜대던 내 모습이 부끄러워졌다. 함께 환하게 웃는 세상을 위해 우리는 얼마나 더 노력해야 하는 것인지, 희망은 도대체 어디서 어떻게 살아 있는 것인지. 하지만 내가 기륭 투쟁을 통해 배운 것이 있다. 희망은 포기하지 않는 이들의 몫이라는 것을.

| 오석순(2011) |

287

학교 도서관

+

도서, 문서, 기록 등의 자료를 모아두고
학생들이 볼 수 있도록 한 시설.

'도서관에 근무하고 싶은 A씨'는 서울시 교육청 홈페이지 구인·구직
란에 들어가요. '비정규직'을 선택하면, 병가나 육아휴직으로 대체 근
로자를 구하는 학교의 채용공고가 보여요. '○○초등학교 사서 대체
채용'. 주 5일, 하루 8시간, 일급 8만 2400원, 6개월 근무 …. 학교 도서
관 근무경력이 있거나 자격증이 있어야 한대요. 다행히 '도서관에 근
무하고 싶은 A씨'는 학교에서 근무한 경력이 있어요.

　이력서를 제출해요. 면접을 보러 오래요. 노동자 한 명을 뽑는데 다
섯 명을 불렀어요. 그리고 여섯 명의 면접관 앞에서 한 명씩 면접을 봐
요. 교감선생님이 첫 질문을 해요. "사서 업무 외 업무를 시키는 것은
잘못된 것이니 안 하는 것이 맞죠?" 질문인지 협박인지 모르겠어요. 어
처구니가 없지만 '도서관에 근무하고 싶은 A씨'는 세상 좋은 미소로 뽑
아만 준다면 뭐든 하겠다는 심경을 최소한의 자존심을 세우며 말해요.

"학교장이 지시하는 업무를 하는 것이 모든 교직원의 역할이지요." 대답이 마음에 들었는지 다음 날부터 출근하래요. '도서관에 근무하고 싶은 A씨'는 행복해요. '열심히 하면 학교 도서관에서 오래 근무할 수 있는 기회가 생길지도 몰라. 열심히 해야지!' 책과 아이들이 있는 공간에서 오래도록 일하는 것이 '도서관에 근무하고 싶은 A씨'의 꿈이에요.

출근 첫날, 먼저 행정실로 출근하래요. 근무하는 데 필요한 것들, 점심 식사는 어떻게 하는지 등 기본 사항에 대해 이야기해주려나 봐요. 하지만 처음 마주친 행정실 공무원은 인사도 하지 않아요.

"어떻게 오셨어요?"

"안녕하세요. 저는 새로 도서관에서 근무하게 된 ○○○입니다."

"아, 네. 도서관은 2층이에요. 올라가서 근무하세요."

"네."

'인수인계를 못 받아 아무것도 모르는 A씨'는 도서관을 찾아 올라가요. 새로 온 교사에게도 이렇게 할까 하는 불쾌감이 잠시 스쳤지만, 올라가면 누군가 있겠지 생각하며 도서관에 들어서요. 역시나 연세가 좀 있어 보이는 어른 한 분이 계세요.

"안녕하세요. 새로 도서관에서 근무하게 된 ○○○입니다. 선생님은 누구세요?"

"네, 저는 수업 전까지 아침 돌봄을 해요. 봉사직이에요. 도서관에서 8시 40분까지 근무해요."

"아, 네. 돌봄 선생님이시군요. 잘 부탁드립니다. 선생님 성함은 어떻게 되세요?"

"네? 왜 물어봐요?"

"아니 … 그냥 … 몇 달간 아침마다 뵐 분이니 여쭤본 건데 …. 실례

했다면 죄송합니다."

"아니에요. 저는 ○○○입니다. 이 학교에서 7년간 근무했는데 이름 물어본 사람이 처음이라."

"아… 네…."

원래는 '하루 두 시간 근무 근로자'였는데, 올해부터 근무 시간이 '수업 전'까지로 적힌 애매한 '봉사직' 계약서를 썼다는 아침 돌봄 선생님과 어색한 인사를 나눈 뒤 컴퓨터 책상에 앉아요. '인수인계를 못 받아 아무것도 모르는 A씨'지만 도서관에서 일한다는 것에 즐거워, 쌓여 있는 반납 도서를 제자리에 꽂아놓으며 도서관이라는 공간이면 어디서나 할 법한 일들을 시작해요.

잠시 뒤 전산실무사 선생님이 들어와요. 역시 이름은 말하지 않고, 자신은 육아휴직 대체로 근무하고 있다고 소개해요. 그리고 학교 메신저를 연결시켜줘요. 궁금한 것이 있으면 물어보래요. 드디어 소통할 사람이 생겨서 좋아요. 학생 수, 학교 규모, 수업 시간 등 기본적인 것을 물어보고, 근무 시 유의해야 할 점 등 궁금한 것을 물어봐요. 전산실무사 선생님이 한마디 해요.

"선생님, 너무 열심히 일하지 마세요. 잘 웃고, 애들한테 친절하게 하시면 돼요."

'대체 근로여서 무시하나?' 기분은 별로 좋지 않았지만 내색하지 않고 웃으면서 알겠다고 대답해요. 그게 사회생활이니까요. 우연히 학교 달력을 봐요. 다음 주가 '도서관 축제'래요. 학교 달력에 찍혀 나올 정도면 누가 봐도 큰 행사예요. '큰 행사를 일주일 앞두고 난감한 A씨'는 점심 식사를 하며 비정규직 선생님들께 여쭤봐요.

"도서관 축제가 뭐예요?"

이름도 소속도 밝히지 않았지만, 함께 밥을 먹기에 비정규직 선생님으로 추정되는 분이 놀란 토끼처럼 눈을 뜨며 물어요.

"선생님, 그거 엄청 큰 행사예요. 담당 부장님이나 교감선생님이 알고 계세요?"

"아니요. 제가 방금 학교 달력에서 본 거예요."

비정규직으로 추정되는 선생님은 내 얼굴 가까이 자신의 얼굴을 낮추며, 작은 목소리로 충고해요.

"선생님, 가만히 있으세요. 먼저 나서지 마세요. 가만히 있으면 누군가가 시킬 거예요. 시키는 일만 하세요."

'큰 행사를 일주일 앞두고 난감한 A씨'는 불쾌했지만, 다들 왜 같은 이야기를 할까 생각해봐요. '열심히 일하지 말아라.' '시키는 일만 해라.' 뭔가 찝찝한 기분도 잠시, 당장 일주일 앞둔 행사를 망칠 수 없어서 빨리 상황을 해결하기로 해요. '일 잘한다고 인정받고 싶은 A씨'는 그날부터 열심히 행사를 준비해요. 준비 기간이 짧아서 퇴근 후에도 열심히 일해요. 혹시나 이번 기회에 교장, 교감선생님께 잘 보이면 삶이 더 나아질지도 모른다는 기대를 가져요. 행사 당일, 수백의 사람들이 도서관에 찾아오고, '일 잘한다고 인정받고 싶은 A씨'는 점심도 거른 채 행사를 치러요. 하루가 어떻게 지나갔는지 모르겠어요. 다행히 행사가 잘 끝났고, 모두 고생했다고 잘했다고 칭찬해요. 정말 뿌듯하고 기분이 좋아요.

행사 다음 날, 도서관은 거짓말처럼 평범한 일상으로 돌아와요. 큰 행사를 치렀다는 것이 꿈같이 느껴져요. 행사 보고라든지 보완할 사항이라든지, 평가할 게 수두룩한데 다시 그냥 일상이에요. '일 잘한다고 인정받고 싶은 A씨'는 약간 허무해요. 그때 도서관 담당 부장교사가 들어와 행사에 사용했던 전시물 파일과 사진을 달래요. 수행 보고를 해야한다고. 아! 뒤통수를 한 대 맞은 것 같은 깨달음을 얻어요. '내가 한 일이고, 보고든 평가든 주체인 내가 하는 것이 당연한데 나는 보조일 뿐이구나.' 출근 첫날, 비정규직 선생님들의 "열심히 일하지 말아라, 나서지 말아라, 시키는 일만 해도 된다"라는 말은 '열심히 나서서 일해도 주인공은 안 된다. 괜한 힘 빼지 마라'라는 현실적 조언이었어요. 교사와 같은 '선생님'으로 불리지만, 평생 보조인 '학교 비정규직'이니까요.

학교에서 근무하는 '노동자'는 교장, 교감, 교사, 그리고 행정실 등에 근무하는 공무원과 '교육공무직'이라 불리는 비정규직으로 나뉘어요. 비정규직은 또다시 무기계약이 된 8시간 전일 노동자, 8시간 근무지만 무기계약이 아닌 단기 노동자, 4시간 근무 노동자, 2시간 50분 근무 노동자, 그리고 노동자로 인정받지 못하는 4시간부터 1시간, 1시간 반 근무인 봉사직 등으로 수없이 쪼개져요. 학교에서 필요하다고 생각하는 시간에만 근무할 수 있기 때문이에요. 준비시간 따위 근무 시간에 들어가지 않아요. 수업이 일찍 끝나는 초등학교 저학년 담임선생님은 수업을 더 오래하는 고학년 담임선생님과 근무 시간이나 월급이 같은 것에 비교하면, 뭔가 잘못된 게 분명해요.

7년 근무했다는 봉사직 선생님 이름이 그 누구에게도 중요하지 않은 이유는 어떤 변화도 일어나지 않는 자리이기 때문이에요. 본인의 이름을 소개하는 대신 '대체직'이고 '전산' 업무를 담당한다고 소개하는 것은 그 불변의 위치에 있기 때문이겠죠. 이○○ 선생님이 이○○ 부장선생님이 되고, 또 이○○ 교감선생님이 되기도 하듯, 교사는 열심히 일하는 것에 따라 진급도 하고 재능도 발산하는데, 평생 전산 선생님,

사서 선생님, 돌봄 선생님으로 불리는 학교 비정규직은 언제 학교의 주인공으로 살 수 있을까요? 아니, 이름 세 글자가 불리는 날이 올까요?

계약 기간 마지막 날, "선생님 덕분에 큰 행사도 잘 치르고 정말 고생하셨습니다"라는 교감선생님의 상투적인 인사말을 끝으로 퇴직을 해요. 그때 불현듯 면접 때 교감선생님이 "시키는 일 잘할 거죠?"라는 질문이 아니라 "선생님은 이 학교에서 펼치고 싶은 꿈이 뭐예요? 장점이 뭐예요?"라고 질문했으면 좋았겠다는 의미 없는 생각을 해요. '도서관에서 근무하고 싶은 A씨'는 열심히 일하면 인정받을 수 있는 곳, 주인공이 될 수 있는 곳에서 일하고 싶어졌지만, 비정규직 천만 시대에 그런 곳이 있을지 회의적이에요. 힘없이 핸드폰을 켜고 '사서직 공무원 시험'을 검색하며 정문을 나서요.

| 강선화(2019) |

학습지 회사

✦

학생에게 정기적으로 교재를 배달하고
학습을 관리해주는 회사.

"기사님, 잠깐만요!" 오늘도 하루가 시작됐다. 버스에 올라타고서야
숨 가쁜 발걸음이 멈춘다. 나는 가방에서 다이어리를 꺼낸다. 한 명,
두 명, 세 명, 네 명. 오늘 만나게 될 학생 수를 체크한다. 아직 일을 시
작한 지 얼마 안 되어 혹시나 길을 잃어버릴까 봐 학생들의 집주소를
체크한다. 다 확인했을 무렵 겨우 한숨을 돌린다. 목적지에 도착하기
전까지 잠깐의 휴식에 평온함을 느낀다.

9월부터 한 학습지 회사에서 일하기 시작했다. 2월에 대학교를 졸
업하고 여러 알바를 전전했지만 그것만으로 생계를 유지하기엔 벅찼
다. 마지막으로 하던 알바를 그만두고 찾은 곳이 여기였다. 수습기간
에 매달 70만 원을 주는 것에 매우 끌렸다. 다른 학습지 회사에서도
면접을 봤는데, 그곳은 수습비가 없다고 했다. 배우는 기간인데 왜 돈
을 주냐고 했다. 너무 충격적이었다. 그래서인지 수습비 70만 원을 준

다는 이곳은 내게 매우 매력적으로 다가왔다. 초·중·고등학교 학생들에게 주로 영어/수학 방문수업을 하는 회사였다. 수습기간에 앞으로 가르칠 과목을 공부했다. 직원교육도 받았다.

계약서를 쓰던 날, 역시 예상대로 근로계약이 아닌 '개인사업주 형태의 계약'을 체결했다. 4대 보험은 없었다. 계약상으로 나는 그 회사의 근로자가 아닌데, 실상은 직원이 되는 이상한 계약이었다. 하지만 학습지 관련 업계가 다 이런 줄 알고 있었던 터라 실망감을 느끼거나 불합리하다고 생각하진 않았다. 다른 곳에 비해 낫다고 스스로 위로했다. 그저 돈이나 벌자고 생각했다. 초·중·고를 다니던 시절만 해도 나는 비정규직이 무엇인지 전혀 몰랐다. 비정규직이 뭔지 모르니, 정규직이 뭔지 모르는 것도 어찌 보면 당연했다. 자연스럽게 내가 비정규직이 될 거라는 상상조차 하지 못했다. 상상조차 못했던 비정규직의 삶은 알바를 거쳐 현재에 이르러 이젠 자연스러워졌다. 그리고 비정규직의 삶에서는 '그저 돈이나 버는 것'이 얼마나 힘든지를 뼈저리게 느꼈다.

재깍재깍. 손목시계를 바라본다. 안도의 한숨을 내쉰다. 초인종을 누르니 문이 열린다. 정시에 수업이 시작됐다. 학생의 이야기를 듣는다. 학생의 말에는 기쁨이 묻어 있을 때도 있고, 슬픔이 묻어 있을 때도 있다. 학생의 말 한마디 한마디에 공감하면서 대화를 나눴더니 어느새 15분이 흘렀다. 앞으로 나가야 할 진도들이 머릿속을 스쳐지나간다. 그리고 학생에게 오늘 배울 단원의 개념을 설명한다. 학생이 잘 이해했는지 고민하면서 계속 진도를 나간다. 설명이 끝난 후 학생은 문제를 풀기 시작한다. 재깍재깍. 손목시계를 바라본다. 10분이 남았다. 다음 수업 장소로 이동할 방법에 대한 고민이 시작된다. 수업이 끝나고 학부모님과 학생에게 인사한 뒤 바로 문을 나선다.

다음 수업 장소로 이동하는 데 주어진 시간은 15분. 걸어가기에는 너무 멀다. 택시를 기다리지만, 오지 않는다. 콜택시를 불러 급하게 택시를 탄다. 택시를 타도 여유 시간은 없다. 학부모님께 오늘 수업 내용을 정리해서 문자를 보내기에 바빴다. 다시 눈앞에는 문이 있다. 또 안도의 한숨을 내쉰다. 다섯 번 정도 내쉬었을 때 하루 일과가 끝났다. 재깍재깍. 시계는 11시를 가리킨다. 집에 도착해서 나머지 일을 마치니 시계는 자정을 가리킨다.

"수업료의 52퍼센트를 가져갈 수 있어요. 동종업계에서 가장 많아요." 직장 선배는 환하게 웃었다. 선배는 일주일에 50시간 이상을 수업한다. 그리고 월급으로 300만 원 조금 넘게 받는다. 저임금·장시간 노동이 당연한 시대에 얼핏 좋은 직업처럼 보일 수 있지만, 실상은 그렇지 않다. 한 달을 4주로 가정하고 일주일에 50시간을 수업한다고 보면, 한 달 수업 시간은 200시간이다. 이때 300만 원의 월급을 받는다고 치면 시간당 임금은 1만 5000원이 된다. 임금이 높은 것처럼 보이지만, 여기에는 포함되지 않는 노동시간과 업무상 비용이 있다. 수업이 끝난 뒤에도 노동시간은 끝나지 않는다. 좋은 수업을 하기 위해서는 준비해야 하고, 일대일 맞춤 수업이기 때문에 준비 시간은 학생들에 따라 달라질 수밖에 없다. 게다가 수업을 준비하기 위해서는 교재가 필요한데, 그 비용은 고스란히 본인 부담이다. 방문수업이기 때문에 이동할 때 드는 시간과 비용 또한 본인 몫이다. 그리고 학부모와 상담도 해야 하는데, 하루 일정이 빡빡하면 다른 날로 시간을 잡아야 한다.

빠르면 오후 3시부터 수업을 시작한다. 일이 일찍 끝나면 빨라도 자정이다. 늦어질 경우 새벽 2시까지도 한다. 이동 시간을 고려하면 하루에 8시간을 수업하기도 힘들다. 그러니 300만 원 이상의 월급을 받기 위해서는 어쩔 수 없이 주말에도 수업할 수밖에 없다. 일주일 중 쉬는 날이 하루도 없게 되는 것이다. 수업을 쉬면 보강으로 메워야 한다. 일 년에 얼마간 휴가를 쓸 수 있지만, 상황이 이렇다 보니 실제로는 무용지물이다. 회사가 정한 공식 휴일에도 제대로 쉬는 직원을 찾기가 어렵다.

"그래도 월급을 보면 기분이 좋아요." 눈가에 미소가 보인다. 그가 미래의 내 모습이라는 생각이 들었다. 나는 솔직히 집을 갖고 싶다. 월세 낼 걱정 없이 살고 싶기 때문이다. 하지만 그런 걱정을 안 하려면 돈을 벌어야 한다. 그것도 아주 많이. 재깍재깍. 시간은 멈추지 않는다. 내 몸의 시계추가 멈출지라도 말이다. 오늘도 피로한 몸을 안고서 발걸음을 옮긴다. "아파트를 저렇게 많이 짓는데, 정작 내 집은 없네요." 눈꺼풀이 지고 있을 무렵 택시 기사의 말에 눈이 떠졌다. "그러게요. 내 집도 없네요." 몇 년을 더 이렇게 살아야 할까? 언제쯤 편해질 수 있을까? 안정적인 직장과 집이 당연했던 시절은 어디 갔을까? 평생을 먹고사는 걱정 속에서 살아갈지도 모르겠다.

"아무것도 가진 것 없는 이에게 / 시와 노래는 애달픈 양식 / 아무도 뵈지 않는 암흑 속에서 조금만 읊조림은 커다란 빛 / 나의 노래는 나의 힘 / 나의 노래는 나의 삶." 김광석의 〈나의 노래〉가 들려온다. 나의 이야기가 들려온다. 아무것도 가진 것 없는 이는 바로 나다. 김광석이 〈나의 노래〉로 자신을 달랬듯이 나는 글을 쓰면서 나를 달래고 있다. 노랫가락이 잠시 멈추고 화면에는 기사 하나가 보인다. "고용노동부, 학습지교사·캐디 등 특수근로자 노동3권 인정키로" 조금

의 희망이 있을지도 모른다. 오늘도 어둠 속 한 줄기 빛을 믿고 나의
노래를 부르련다.

| **길한샘(2017)** |

휴대폰 부품공장

✦

휴대폰을 구성하는 물건을 제조하는 곳.

야간근무 전담조로 일한 적이 있다. 보통의 2교대 근무가 주야교대로 진행되는 것과 달리, S 회사는 밤 9시부터 아침 8시까지 야간근무를 전담하는 야간조가 따로 있었다. 주간조는 보통 회사의 일정처럼 운영되었는데, 오후 6시까지가 기본 근무였고 잔업할 파트만 따로 9시까지 일한 뒤 야간조와 교대했다. 물량이 많고 적음에 따라 야간조 근무 시간은 상당히 유동적이었으나, 아침 8시까지 일하는 경우는 무척 드물었다. 대체로 6시면 거의 대부분 퇴근했으며, 일이 많은 파트만 한두 시간 잔업했다.

들쭉날쭉한 발주 물량 때문에 야간조를 적극 활용해 맞추는 거라고 처음에는 생각했다. 입사한 뒤 6개월 정도는 굉장히 일이 많아서 잔업을 계속했고, 인원도 계속 보충되었다. 처음에는 30명도 안 되던 인원이 나중에는 40명 가까이 늘어났다. 내가 일하는 파트에는 담당자가 없어서 차장이 나에게 직접 일을 가르쳐줬는데, 부서장이기도 한 차장은 바빠서 오래 가르쳐주지 못했다. 처음 한 달은 여기저기 물어보고 직접 부딪치며 일을 익혔다. 그리고 두 달쯤 지나자 새로 입사한 한 명을 내게 붙여주고 일을 가르치라고 했다.

석 달 만에 파트장이 되어서 보니 회사는 쉴 새 없이 바빴다. 처음 입사했을 때는 빈자리가 많았는데 이제는 자리마다 사람이 꽉 차 있었고, 사무실 칠판에 적힌 발주 내역은 빈 곳을 찾기 어려웠다. 매일 주간조와 교대했고 교대를 받았다. 일요일과 공휴일 구분 없이 6개월 정도를 거의 쉬지 않고 매일 출근했다. 중간에 인원의 절반 정도가 교대로 출근하면서 체력적 안배를 하기도 했다. 야간근무였기에 퇴근한 뒤 아침에 24시간 영업하는 곱창 식당에서 회식도 했다. 바쁘고 고됐지만 함께 밤을 새우며 일하는 사람들끼리 서로 북돋워주며 나름 화기애애하게 일했다. 오래 일한 몇 안 되는 사람과 입사 1년이 안 된 많은 사람들이 큰 문제없이 잘 어울렸고, 일 자체는 배우기 어렵지 않았기에 한두 달 반복하면 금세 적응하곤 했다.

그러다 어느 날에 주말근무가 딱 끊어졌다. 그다음 주와 그다음 주도. 잔업도 없어지고 일감은 눈에 띄게 확 줄었다. 기본 근무가 6시까지인데 어느 날에는 5시에 퇴근하기도 했다. 버스로 퇴근하는 나는 그날 다른 직원의 차를 얻어 탄 다음 지하철을 타고 조금 걸어서 집으로 갔다. 그렇게 꽉 조여 있던 생산 현장은 느슨해지고 또 느슨해져서 뭔가가 탁 풀어져버릴 것 같은 날들이 이어졌다. 그리고 그날이 되었다.

차장은 출근한 직원들을 휴게실로 모았다. 아니, 원래부터 출근하면 휴게실에 모여 간단한 전달사항을 들었으니 일부러 모았다고는 할 수 없었다. 그런데도 사람들은 차장이 모두를 일부러 모았다고 생각하고 있었다. 한 달 동안의 분위기가 그랬다. 오래 일한 사람들의 경험에서 나온 말들이 이미 그날의 분위기를, 그 순간을 짐작하게 하고 있었다. 따로 이름을 부르지는 않았다. 모인 사람 대부분이 함께 '해고'되는 상황이었으니 '누구'를 가려서 명단을 읊을 이유가 없었다. 40여 명의 야간 직원 중에 30명이 한꺼번에 해고자 명단에 올랐고, 그날이 해고 통보를 하는 날이었다. 의외로 해고자들은 덤덤했다.

"이제 내일부터 뭐하지?"

"당장 일자리 알아봐야겠네."

삼삼오오 모여 휴게실을 나서는 사람들 사이에서 나는 공장 안으로 걸음을 옮겼다. 굳이 출근한 사람들에게 해고 통보를 하고 돌려보내는 차장의 의도를 짐작하기 어려웠다. "오늘은 기본 근무를 한 것으로 올리라고 사무실에 얘기해놨습니다." 그것이 차장이 해고자들에게 해주는 마지막 배려였다. 나는 빈자리가 많은 현장에서 여러 기계를 조작하며 많지 않은 일을 처리했다. 원래 맡아 하던 파트는 일을 가르쳐준 동생에게 맡기고, 틈틈이 다른 작업들을 해봤던 경험을 살려 해고자들의 자리를 대신 채웠다.

나는 불과 석 달 전에 정규직이 됐다. 정규직이 아니었다고 해도 나는 해고자가 되지는 않았을 것이다. 하나의 파트를 맡아서 일하고 있었고, 다른 기계들도 다룰 줄 아는 게 많았으니까. 일감이 줄었다고는 해도 아예 없는 것은 아니었고, 언제 다시 일감이 늘지 차장도 정확하게 알지는 못했다. 사람들이 휴대폰을 자주 바꾸듯이 휴대폰 부품 업체의 일감도 들쭉날쭉했다. 내가 처음 입사했을 때가 일감이 많을 때였고, 이제는 일감이 바닥을 치는 때였다.

빈자리가 많은 곳에서 여러 기계를 만지며 일한 시간은 길게 이어지지 않았다. 두 달 정도 바닥을 쳤던 일감은 서서히 늘었고, 석 달쯤 뒤에는 가장 바빴을 때의 80퍼센트 정도를 회복했다. 일감이 늘자 차장이 휴대폰을 들고 있을 때가 부쩍 늘었다. 그리고 현장의 빈자리는 하나씩 채워졌다. 대부분 얼마 전에 해고된 사람들이었다.

"이럴 거면 그냥 잠깐 쉬고 있으라고 말할 것이지!"

"이럴 줄 알았지. 그냥 한 달 잘 쉬었네, 뭐."

다시 돌아온 사람들의 반응은 해고될 때와 별 차이가 없었다. 그게 나는 신기했다. 그 덤덤함과 무심함이 어쩐지 안쓰러웠다. 해고된 사람들은 다 비정규직이었고, 재입사를 하면서 다시 비정규직이 됐다. 해고되었던 인원의 절반 이상이 다시 모였을 때쯤엔 일감이 가장 바쁠 때와 비슷할 정도가 됐다. 그전에도 비슷한 패턴으로 일감은 늘다가 줄었고, 비슷한 방식으로 인원을 줄였다가 늘렸다고 했다. 애초 정직원 수는 전체 야간조의 절반도 되지 않았고, 그 수는 좀처럼 늘지 않았다. 늘지 않는 게 당연했다. 회사에서 조정하고 있었으니까. 처음에는 단순히 일감이 일정치 않으니 야간조 근무 시간을 조정해가며 비용을 조절한다고 짐작했다. 나는 이해력이 부족한 사람임을 다시금 느꼈다. S 회사는 야간조를 비용 조절(정확히는 절감하는)의 방식으로 운영하는 것이 아니라, 필요할 때 없앨 수 있는 부분으로 활용하고 있었다.

S 회사의 야간조는 원래 없었다는 것을 나중에 알았다. 처음에는 주간조만 운영했고, 일감이 늘 때마다 잔업과 특근을 반복하던 직원들의 불만이 쌓여가자 야간조를 만든 것이라고 했다. 그러니까 애초 야간조의 시작은 주간조 정직원들의 바람에 의한 것이었다. S 회사는 20년쯤된 회사였고, 주간근무자들은 전원 정규직이었다. 같은 일을 하는 야간조는 대부분이 비정규직인 데다가 일감이 줄면 인원도 줄이는 방식으

302

로 운영되었다. 너무 뚜렷한 차별이었다.

집단해고 이후 많은 생각이 들었다. 그리고 처음의 집단해고에서 1년쯤 지난 시기에 다시 똑같은 일이 일어났다. 그전에 겪었기에 이미 다들 짐작은 하고 있었다. 반복은 짐작을, 짐작은 마음의 준비를 할 수 있게 해줬기에 사람들은 그전보다 더 덤덤한 모습으로 차장의 말을 듣고 있었다. 전과 같은 이야기였고, 차장의 표정도 전과 비슷했다. 비슷한 인원이 다시 해고 명단에 올랐고, 휴게실 안은 역시나 조용했다. 정규직인 나는 같은 야간조지만 야간조의 운명에 동승하지는 않았다. 그것이 다행인지 불행인지 구분할 수 없었다. 해고됐다가 다시 원래 자리로 돌아온 사람의 처지에 대해서도 마찬가지였다. 나는 좀 헷갈렸고, 어느 순간 하나의 결심을 하게 되었다. 그 결심을 실행한 때는 내가 S 회사에서 일한 지 2년이 다 되어가던 날이었다. 텅 빈 휴게실에서 가장 끝까지 앉아 있던 나는 생각을 굳혔고, 사무실에 있던 차장에게 가서 말했다. "저도 그만두겠습니다."

멀뚱한 표정의 차장은 아무 말도 하지 않았다. 나는 차장이 작성한 명단에 없었지만 그 명단에 포함되고 싶었다. 잘한 일이라고는 생각하지 않지만, 그렇다고 다시 반복될 일과 또다시 비어 있는 사람들의 자리를 보고 싶지 않았다. 더 정확히 말하면, 그 빈자리에 가서 그 사람들의 일을 대신하고 싶지 않았다. "그래 알겠다." 한참 후 입을 연 차장은 그 말밖에 하지 않았고, 나는 바로 짧은 인사를 한 뒤에 탈의실에서 짐을 챙겨 공장을 나섰다. 나중에 S 회사에 남아 있던 직원과 통화를 한 적이 있는데, 아예 야간조가 없어지고 남아 있던 야간조 직원들이 주간근무를 하고 있다고 했다. 더 나중의 통화에서는 다시 야간조를 운영한다는 얘기를 들었다. 나는 내 결심이 나쁘지 않았다고 생각했다.

그 뒤 나는 다시 비정규직이 됐다. 자동차 부품 생산업체에 입사한 첫날, 나에게 일을 가르쳐주던 사람에게 물었다. "여기는 일이 많나요?" 지친 기색의 얼굴이 나를 돌아다봤다. 그 얼굴과 나는 5년 가까이 함께 일했다. 그곳에서는 급격히 일감이 줄어드는 일은 없었고 직원을 해고하는 일도 없었다. 이따금 S 회사의 소식을 전해 들었다. 그곳에서 일하는 사람과 연락이 닿았기 때문이다. 그는 내가 S 회사를 나간 뒤에도 퇴사와 입사를 몇 번 더 반복한 사람이다. 마지막으로 소식을 들은 것이 3년쯤 전이니 이제는 S 회사와의 연도 다 끊어진 듯하다. 그래서 그곳에 빈자리가 또 있는지 어떤지를 나는 알 수 없다. 알 수 없지만 알 것도 같다. 그래서 알고 싶지 않다.

손영준(2020)

북펀드에 참여해주신 분들
(가나다 순)

강경민	김미금
강남규	김미란
강도수	김미현
강릉미술협회 김태규	김민솔
강병익	김민주
강성철	김보라
강지한	김서롱
고라니	김성령
고성준	김세은
고은아	김세진
고정순	김소담
구교현	김시은
권동희	김양양
권순선	김연희
권정은	김영롱
김경민	김예지
김대윤	김완형
김대환	김요섭
김동욱 현우화이팅	김은경
김리나	김재희
김명준	김정목

김정은
김정하
김주현
김주호
김지연
김직수
김진해
김진희
김태인
김하은
김현교
김현찬
김혜원
김효정
김희수
김희정
김희정
김희정
네모의꿈
노무법인 위너스
노무법인 인재경영
노아란
덕보
들불
라이더유니온
라이더유니온 손윤경
라이더유니온 이상국
라희엄마
문성호
물통 양동혁

박경라
박근남
박금미
박기효
박승민
박윤정
박진균
배현숙
백수영
범유진
산
三忍堂
상정달루시설
서울시감정노동센터
서원덕
서종건
서주현
손성봉
손인혜
송민정
수달
시금치
신성환
신소원
신혜옥
안미선
안분훈
안찬희
안혜령
양솔규

양유정	이호수
예윤해	이호영
오윤순	일석이집사
오지은	임수연
우새롬	임재연
웅둥학구셴	임태산
원동일	작은책
유여진	장그래
유현영	장현비
유희라	전명훈
윤성봉	정경윤
이규락	정남두
이금영	정다희
이남영	정민종
이동혁	정만지
이병권	정새봄
이성호	정서우
이수민	정수은
이양지	정신강
이연순	정요한
이영목	정운철(노동자주인)
이은주	정원주
이일호	정윤선
이재헌	정짜이
이전수	정현이
이정훈	정현철
이찬구	조성용
이창근	조한진희
이태오	조현태
이혜림	지소선후 이은서

짙은 책방　　　　　　황서영

쫄깃한기타　　　　　황성웅

채디　　　　　　　　황세영

최준홍　　　　　　　황은지

태지원　　　　　　　희망씨 김은선

한영섭　　　　　　　aram

한지혜　　　　　　　jjin

허수영　　　　　　　LUKA

홍기돈　　　　　　　RAY김은혜

홍영득

그 밖에 이름을 밝히지 않은 32분을 포함해 총 213분께서
참여해주셨습니다. 감사합니다.